DIJKSHOORN

Nico Dijkshoorn

DIJKS
HOORN

Nieuw Amsterdam *Uitgevers*

Eerste druk februari 2010
Tweede druk maart 2010
Derde druk maart 2010
Vierde druk maart 2010

© Nico Dijkshoorn 2010
Alle rechten voorbehouden
Omslagontwerp Bureau Beck
Foto omslag © Titia Hahne
NUR 303
ISBN 978 90 468 0721 7
www.nieuwamsterdam.nl/nicodijkshoorn
www.nicodijkshoorn.com

Mixed Sources
Productgroep uit goed beheerde bossen
en andere gecontroleerde bronnen.
www.fsc.org   Cert no. CU-COC-803902
© 1996 Forest Stewardship Council
FSC

Molletje

Vandaag liep ik met mijn vriendin langs het bos, toen we opeens wat gerommel in het struikgewas hoorden. 'Daar zit iets.
Hoor,' zei ik, 'het is een levend wezen.' We luisterden goed.
Er was geen peil op te trekken. In een heel asyncopisch ritme hoorden wij wilde verplaatsingen. De struiken bewogen.
'Misschien is het wel God, die de weg kwijt is.' Ik hield alles
voor mogelijk. Als hij aan tandeloze murmelaars verscheen of
aan half debiele kinderen, waarom dan niet aan mij? Het geraas in het kreupelhout werd nu steeds luider. We hoorden
duidelijk zeer angstig gepiep. Als het God was dan ging het
niet goed met hem. Misschien zat hij vast in een brandend
braambos.

'Ik ga even kijken,' hoorde ik naast me, en hopla, weg was ze
al, mijn vriendin. Met haar hoofd naar voren de bosjes in. Een
bijzondere eigenschap was dat, dat ze op onverwachte momenten geen angst kende. Ze was het type dat met zwaar on-
weer midden in een open veld aan een boer met een zeis op
zijn rug de weg ging vragen. Ik hield mijn hart vast. Ik hoorde
nu hetzelfde geraas en gedoe in de struiken, alleen nu met
haar gevloek erbij. 'Oeh, bijna,' hoorde ik haar grommen.
Ook een steeds herhaald: 'Weg kutbeest, weg, ga weg, optie-

fen.' Dan hoorde ik een tijdje niets en dan trok het geluid opeens weer dolby surround om me heen. 'Gaat het, schat?'
vroeg ik lafjes. 'Kan ik iets doen?' Ja, mijn kanis houden, dat
zou al helpen. Ik wachtte geduldig af. Na een enorme worste-
ling bleef het eerst doodstil en opeens verscheen haar hoofd
tussen de struiken. 'Ik heb hem gered, kijk.'

Mijn hart brak. In haar hand lag een molletje. Het piepte.
Geen aandoenlijker dier dan een mol. 'Een kutkat had hem te
pakken,' zei mijn vriendin. 'Dat is de natuur mijn reet. Ik heb
hem bevrijd uit de klauwen van dat moffenbeest. Het was een
Duitse kat. Ik heb hem keihard mijn lebensraum uitgetrapt.
Kijk dan wat lief.' Ik deed niet anders dan kijken. Er ging een
enorme magie van het diertje uit, misschien juist omdat hij
onder de grond hoorde te zitten. Het was niet de bedoeling
dat wij hem zo zagen. Ik voelde dezelfde sensatie als in het
nachtdierenhok, vroeger in Artis. Je stond te kijken en die dieren dachten dat het nacht was. Jij wist wel beter. Je zag iets wat
eigenlijk donker moest zijn. Het was jouw geheim.

Een blik op dit beestje en je wilde er zestig adopteren. Ik
merkte dat we allebei de mogelijkheid afwogen of we dit diertje mee naar huis konden nemen. Als we nou dat kleine kamertje, waar nu mijn dj-set stond, volstortten met potaarde
en we maakten er een beetje een leuk mollentuintje van, dat
zo'n beest dacht, nou ik mis niks, dan was het misschien wel
mogelijk om hem tam te krijgen en dat hij dan een beetje naar
ons luisterde. Dat als ik thuiskwam dat hij dan de voordeur
hoorde en dat hij zich dan even naar boven werkte om me te
verwelkomen. Ik zag me ook wel tv kijken met die mol op
schoot en dat ik hem vertelde wat ik zag. Mijn vriendin had

ook zo haar fantasietjes gehad. Ze gaf 's avonds toe dat ze het even voor zich had gezien, onze mol, in een klein fietsmandje vol met aarde, mee boodschappen doen, met een heel klein zonnebrilletje op. Stevie zou overal met ons mee mogen. Een keurig molletje. Om zijn pootjes zouden wij in de winter kleine zelfgebreide wollen wantjes doen en in het weekend zou hij tussen ons in mogen slapen, in een bakblik vol aarde. In onze huiskamer maakte hij kleine vreugdesprongetjes als wij een bepaalde cd opzetten.

Dat soort gevoelens maakte het beestje los. We werden er stil van. Hij was zo hulpeloos zonder gaatje. Hij wilde wanhopig ergens naartoe, maar waar? Dat probleem herkende ik wel. Stevie bewoog zijn pootjes in een vrij zinloze, instinctieve graafbeweging heen en weer en nooit keek er een diertje zieliger naar ons dan dit molletje. We moesten huilen. Hij was zo lief. Zo ontzettend lief. 'Kom, we brengen hem in veiligheid.' Tien meter verder ontdekten we, bij een open plek naast het bospad, een molshoopje. We hebben Stevie een beetje in het gat gedrukt. Hij bleef verstijfd van angst liggen. 'Je bent vrij, want je bent lief,' zei ik tegen hem. 'Naar beneden moet je, naar je moeder of je vrouw, want het is al laat. Vertel maar over ons, goed? En als je iets nodig hebt dan horen we het wel. Nu moet je echt gaan hoor.' Maar hij bewoog niet. Net nu dat zo gewenst was.

Net lagen we in bed, doodstil. We dachten allebei aan het molletje. Ik aan zijn roze buikje en zijn samengeknepen hoofd. Als ik geen mens was wilde ik een mol zijn en om eerlijk te zijn, als ik een mens was wilde ik ook een mol zijn. En als ik dan weerloos was dan wilde ik dat mijn vriendin mij vond.

Golden Lotus

Ik verliet restaurant Elf, verzamelplaats van de nieuwe hip in
Amsterdam. Ik had er met mijn oude vriend P. een avond lang
gesproken over 'bepaalde dingetjes en opzetjes'. Zo noemde P.
de vage artistieke projecten waar hij al jarenlang mee liep te leu-
ren. Ik was 'een soort van heel lekker klankbord' en hij wilde
graag even dit en dat en zus en zo tegen het licht houden, beetje
mee stoeien, nou ja, ik begreep hem wel. Terwijl ik op de auto-
matische piloot naar P. luisterde viel het me op dat enkele gasten met hun hoofd tegen het raam hingen. Een hoop gekir en
verliefd gewrijf over ruggen. Een restaurant in een flat, het liet
de bezoekers niet onberoerd. Ik keek. Pas als ze er met hun kop
veertig meter boven hingen begrepen ze hun stad. Dat stond
daar maar allemaal te zwelgen met een lamsbout binnen hand-
bereik. Ik verbeet me. Dat leek mij nu weleens een geinig pro-
jectje, deze wilsonbekwame uitvreters gekneveld in een hand-
kar smijten en ze urenlang door de stad rijden, met een
megafoon voor mijn mond. Ondertussen werd P. steeds en-
thousiaster. Hij stond op van tafel, maakte zich naast mijn stoel
zo klein mogelijk, deed zijn armen over zijn hoofd en zei: 'Kijk,
als jij dat wilt ben ik nu een heel brutaal geil balletje van vlees,
snap je?' Zo'n avond was het.

Een uur of half elf 's avonds stond ik alleen aan de kade. Eindelijk lucht. P. was doorgeschoven naar K., een vrouw die iets deed met metaal en pointillisme, en ik had me snel uit de voeten gemaakt. Ik ging aan de rand van het water staan. Heerlijk. Alleen. Ik rekte me uit en zag nu, rechts van mij, een drijvend Chinees restaurant. Wat was dat godverdomme? Hoezo drijvend? Sea Palace heette het ook nog. Wat was er mis met De Gouden Muur of Peking Kitchen? Ik liep naar de ingang. Alles aan deze Chinees was fout. Om te beginnen kon je niet naar binnen kijken. Dat moest. Geen gelul. Bij een Chinees loerde je naar binnen. Een raam, met iets van goud en rood eromheen, mensen aan een tafeltje en jij met je wang tegen het raam, kijken of het binnen gezellig genoeg is. Zo hoort het. Dat kon hier niet. Het lag midden in het water. Wie zaten hier in godsnaam te eten? Ik liep over de steiger, opende de deur en keek naar binnen.

Wat ik al vermoedde van een drijvend restaurant. Geverfde wijven en mannetjes met zonnebrillen in hun haar hingen gillend van het lachen boven een kokendhete plaat vreten. Het zogenaamde authentiek Zuid-Chinese ti pannen. Authentiek mijn reet. Echt iets voor moderne klootzakken, je eten door een onderdanige Chinees aan tafel laten bakken. Alles aan dit tafereel was verkeerd. Chinese restaurants horen in een oud filiaal van de Boerenleenbank te zitten. Chinees eten hoor je niet aan tafel klaar te maken. De essentie is juist dat het in het diepste geheim achter een luik wordt klaargemaakt. Uit de keuken hoor je geschreeuw, gelach, gesis. Je hoort iets loodzwaars omvallen, weer gelach en daarna gaat het luikje open. Je eten is klaar. Gasten in een echt Chinees restaurant zijn lelijk. Zij dragen zonnebrillen met omhoogklapbare glazen. Binnen werd een koeler met champagne op tafel gezet. Ik kon het niet langer aanzien.

Ik dacht aan Danny. Twee weken geleden was hij 's nachts in de Brouwersgracht gevallen en vreemd genoeg was hij niet in paniek geraakt. Hij had het eigenlijk wel lekker gevonden. Bert Haanstra maar dan zonder camera. Vanuit de gracht betrapte hij het leven zelf. Danny had de smaak te pakken gekregen, was via de Brouwersgracht het IJ op gezwommen, was overgestoken naar Amsterdam-Noord en volgens Danny, die ook een beetje een dichter was, had de stad hem toen 'als een mot naar zich toe getrokken'. Een uur of vier 's nachts was hij zwemmend aangekomen bij het Centraal Station, was op de kant geklauterd en tegen de voordeur van de AKO boekhandel in slaap gevallen. Heerlijk. Dat ging hij meer doen! Ik schatte. Om het restaurant heen zwemmen, zou ik dat redden? Ik was niet zo'n zwemmer als Danny. Nee, ik had een beter idee. Morgen zat ik weer bij Golden Lotus, mijn vaste stek in Uithoorn. Ik ging die drijvende Chinees uit mijn hoofd proberen te vreten.

Niets mooier dan een Chinees op dinsdagavond. Alle tien-voor-zesafhalers allang weer thuis en dan juist lekker gaan chinezen. Het fijnst is het om ongeveer half negen binnen te komen, als de Chinezen eigenlijk net naar huis willen. Ontelbare avonden heb ik doorgebracht in deze dorpschinees en nog steeds doen ze net alsof ze me niet kennen. Heel prettig. Uithoorn is ook precies de goede gemeente. De Amstel die zich met tegenzin uit Amsterdam slingert, een ontplofte verffabriek en dan opeens Golden Lotus. Uithoorn, waar ze zondag nog hun moeder meenemen naar de Chinees. Je kunt kiezen uit Chinese tomatensoep of Chinese kippensoep. Haaienvinnensoep vinden ze te modern.

Bij Golden Lotus kom ik thuis. Drijvend restaurant, de tyfus. Precies de goede nasi hebben ze hier. Met een zweem van de slager. Het menu is van een ontroerende eenvoud. Niet 634 gerechten die ook nog eens allemaal oneindig zijn te combineren. Niets ervan. Nasi en bami, al dan niet met saté en kroepoek, of babi pangang speciaal. Dat is hier nog gewoon een kluit hardgebakken vlees met een bijna snijdbare rode gembersaus eroverheen. Alles klopt. Het rekje met sambal en ketjap. Heerlijk. Een groen flesje met een witte rubberen dop. Die schattige lepeltjes onder die koddige chromen dekseltjes. Zo hoort het. Sambal, je kan in Nederland inmiddels bij een willekeurige supermarkt negen verschillende varianten kopen, maar die onpersoonlijke, hete waterige sambal van de Chinees, die vind je nergens anders.

Ik heb een geschiedenis met Chinese sambal. Sambal heeft mij eerlijker en intenser gemaakt. Twee jaar geleden haalde ik in Leiden Chinees eten. Er werd mij gevraagd of ik sambal bij mijn eten wilde. Razendsnel moest ik schakelen. Eigenlijk niet nee, want mijn hele huis stond vol met potjes. Dat kleine kutzakje, dat lullige halve condoom met sambal, nee daar schoot ik wat mee op. Ik, de sambalkoning, die zat daarom te springen, een vingerhoedje sambal. Ik dacht het niet. Toch hoorde ik mezelf 'ja graag' zeggen. Terug op de fiets dacht ik na. Wat was er nu precies gebeurd? De waarheid was pijnlijk. Ik had ja gezegd omdat de andere afhalers anders hadden gedacht dat ik niet van pittig hield. Ze zouden me automatisch hebben ingedeeld bij de slappe lullen die gillend met een hap suiker in hun mond bij een kraan staan te huilen als er per ongeluk een beetje sambal door het eten zit. Echte mannen houden van sambal. Zo zag ik dat blijkbaar.

De Golden Lotus. Ik eet, alleen aan tafel, mijn nasi goreng met kipsaté. Daar zit de eigenaar. Hij is blij als ik oplazer. Geen biertje van de zaak dit keer. Hij wil thuis televisie kijken. Ik kijk naar het afhaalgedeelte. Mooi, dat je daar vrij zicht op hebt. Dat is goed gedaan. Oogcontact tussen loners in het restaurantgedeelte en de eenzame zielen die zitten te wachten op nummertje 23 met saus apart. Er zit een oude man met een veel te dikke jas aan. Bladerend in een oud exemplaar van *Chinees en Auto* wacht hij op zijn eten. Zo kan het dus ook. Niet dat gezeik van dat je vrouw dood is en dat je niet meer weet hoe je verder moet, maar gewoon, pang, naar de Chinees en voor jezelf een loempia halen, waar zij altijd zo'n rothekel aan had. Ik herken het. Niets fijner dan Chinees van het papier af eten. Niks bord. Je vriendin is net weg met die vuile klootzak. Je vrienden hebben dus toch gelijk gekregen. Dan is een afhaalchinees ideaal. Wachten tussen al die andere mensen die niet kunnen of willen koken, beetje brommen als iemand de krant midden in je gezicht openslaat, luisteren naar het domme gelul van een mannetje naast je die 'heel lekker gaat op die nieuwe afdeling' en dan woedend naar huis, jankend je bak eten leeglepelen.

Golden Lotus stelt me nooit teleur. Altijd precies de goede treurigheid. Een ober met een vies overhemd en een muf rood vestje eroverheen, want hij is een Chinees. Bij Golden Lotus begrijpen ze heel goed wat hun vaste klanten zoeken. Troost in een troosteloze omgeving. Niks feest. Je wilt zwijgend boven je eten hangen. Je voelt je er veilig. Er gaat niets veranderen en alles is goed of slecht zoals het is. Eigenaar Li Kau bewaakt die sfeer. Het is een geruststellende gedachte dat hij niet gaat zwichten voor de all-inclusiveterreur. Lugubere avonden zijn dat, die door steeds meer noodlijdende Chinese restaurants worden georganiseerd. Onbeperkt Chinees eten voor een vaste prijs. De hel van de Turkse Rivièra. Met een roze bandje om je pols om zeven uur 's ochtends zes bacardi-cola's bestellen omdat je er nu eenmaal voor hebt betaald. Dat idee, maar dan bij de Chinees. In Amstelveen organiseert een concurrerende Chinees dit soort avonden. Dantes hel voor negentien euro, met koffie toe. Het schijnt een succes te zijn. Tja. Amstelveen.

Wij van de Golden Lotus zijn anders. We zijn een beetje kunstenaars zoals we daar zitten. We groeten elkaar, maar dat is het dan ook wel zo'n beetje. We weten van elkaar wat we eten. Dikke Tonnie eet altijd een rijsttafel voor twee personen. Met een biertje. Tegenover mij zit al jaren een iets oudere vrouw. Keurig gekleed. Met een hondje. Dat mag van Li Kau. Ze bestelt iedere week, op dinsdag, een kipsaté met kroepoek. Haar hond krijgt niets. Ze drinkt een glas cassis, kijkt om zich heen, rekent af en bij het verlaten van het restaurant stopt haar hond bij mijn tafeltje. Zij wacht. Ik geef hem mijn kroepoek. Er wordt geen woord gesproken. Dan verlaat ze Golden Lotus. Ik denk dat ze gedichten schrijft.

De dode man

Ik had nog nooit iets uit een krant geknipt. Ik zie het weleens bij andere mensen, als ik gebruikmaak van hun toilet: leuke berichtjes op de deur geplakt. Het is net als met de kleine potloodstreepjes in tweedehandsboeken: je begrijpt er vaak niets van. De vorige lezer zette een uitroepteken in de kantlijn en heeft een passage onderstreept. Je leest: 'Robert schilde de grapefruit en keek daarna om zich heen.'

Wat bewoog de lezer om dat uitroepteken te zetten? Schilde hij ooit zelf een grapefruit en dacht hij toen aan zijn studerende dochter, die hij nog maar zo weinig ziet? Waarom dat uitroepteken? Weet hij wat het is, om iets te pellen en niet eens te weten wat. Als je maar bezig bent en niet hoeft na te denken. Wat ontroerde de vorige lezer?

Drie dagen geleden heb ik voor het eerst iets uit een krant geknipt. Het stond op pagina twee. Ik las het bericht, stond op, zocht een schaar en knipte. Ik dacht niet aan de tekst op pagina een. Het maakte niet uit wat ik onherstelbaar beschadigde. Dit bericht was belangrijk. Het ligt nu voor me.

De kop luidt: NEDERLANDER DOOD IN WIJNGAARD ITALIË. De eerste zin: 'Nederlander Egbert Baas is donderdagavond dood aangetroffen in een wijngaard in het Noord-Italiaanse

Trentino.' De voorlaatste zin luidt: 'Hoe en wanneer de man in Italië terechtkwam, is onduidelijk.' In het bericht is tevens te lezen dat Egbert Baas 30.000 euro contant geld bij zich had en uiteindelijk is gestorven omdat hij de drang tot eten en drinken verloren had.

Ik zie hem steeds maar liggen, op zijn buik, tussen de wijnstokken. Een Nederlander tussen Italiaanse druiven. Het bewustzijn verloren met zijn wang op de aarde en daarna de dood. Wat zocht hij? Hoe kwam hij in Italië? En waarom juist daar? Wanneer verlies je de drang om te eten en te drinken?

Dat knipseltje vlak voor me, het is als het potloodstreepje in een boek. Ik las het bericht en het zette mij meteen in beweging. Op zoek naar een schaar. Waarom? Ik lees het nog eens over. Blijkbaar gaat dit bericht over mij.

Is het de angst om alleen – zonder een geliefde die je hand vasthoudt – te sterven in een Italiaanse wijngaard? Angst dat je je drang verliest. Angst voor de onvoorspelbare, fatale reis. Niet willen sterven in Holland.

Het televisieprogramma *Ik vertrek*, als ik ernaar kijk ben ik minimaal twee dagen in de war. Twee volwassenen op een stuk land. Zij gaan een camping in Frankrijk beginnen. Hun kinderen staan er doodsbang naast.

Die kinderen dat ben ik. Die dode man, dat ben ik. Maar waarom?

Mart Smeets over Oerol

goedenavond
ik spreek tot u
vanaf
mag ik dat zeggen
ja dat mag ik zeggen
vanaf een
ja wat is het
waar zitten we vanavond
u en ik
zoals we hier bij
elkaar zitten
de een met zijn ditjes
de ander met zijn datjes
maar allemaal
toch
mag ik dat zeggen
mensen
we zitten vanavond
en dat is misschien heel raar
wat ik nu ga zeggen
we zitten

allemaal
iedereen
jan en annemiek
en daar in de hoek
geef hem allemaal applaus
ome dirk die
en mag ik u even spreken
hier al
56 jaar
in hetzelfde café
in dit knotsgekke café
meeuwen zit te plukken
we zitten hier met
rijk en oud
arm en berooid
en allemaal op onze manier
hele grote meneren
we zitten met
zijn allen
mag ik dat zo zeggen
ja dat mag ik zo zeggen
sois
we zitten
en is dat niet heerlijk mensen
is dat niet krankzinnig
op een eiland
we zitten gewoon
met zijn allen
met al die knotsgekke mensen bij elkaar

op een eiland
en wat is dat voor een eiland
zult u zeggen
laat mij u dat vertellen
het is een eiland
en dat is misschien heel raar
wat ik nu ga zeggen
het is een eiland
dat leeft
dat broeit
dat bromt
dat zwaait
dat zingt
dat wenkt
kortom
een knots- en knots- en knotsgek eiland
waar we met zijn allen
u en ik
van zijn gaan houden
ik heb net
volwassen mannen
op het
strand zien staan
huilen
volwassen kerels die zich
niks te groot voelen
om te janken
met hun kop in de wind
want dit is uniek

wat heb ik gezien vandaag
zestien mensen verkleed als aalscholver
die een bak chinees eten leegeten
het japanse gezelschap oki-maka
die op het strand
mag ik u even spreken meneer
zestien uur naar de
zee hebben staan schreeuwen
met een makreel onder hun arm
het kan allemaal
lieve mensen
het is
mag ik dat zo zeggen
ja dat mag ik zo zeggen
het is
hier een rare
gekke
knotsgekke toestand
waar we
gewoon met zijn
allen
u en ik
van gaan genieten
u
de mensen in de kroeg
het gepeupel
de paupers
de onderbuik van theaterbezoekend nederland
het uitschot van het vasteland

en
ik natuurlijk
mart smeets
fenomeen
taalkunstenaar
wijnkenner
presentator en
mag ik dat zo zeggen
ja dat mag ik zo zeggen
neuker van ria visser

Tafelvoetbal in Zuid-Limburg

Werd ik oud? Ik vond voetbal de laatste tijd zo beweeglijk. Dat gedraaf. En waar leidde het toe? Dat veld ook. Overdreven groot eigenlijk. Jan des Bouvrie zou er wel raad mee weten. 'Die kuipstoeltjes in het stadion vervangen we door leuke bamboebankjes en dat veld is te veel een rechthoek, dat domineert de zichtdiagonaal dus daar maken we een lekker klein groen zithoekje van, een plek waar de voetballers heel intiem met hun sport bezig kunnen zijn.'

Misschien kwam het ook wel door het straatvoetbal. Dat uitgestelde orgasmegetik op de vierkante meter maakte me razend. Ik had al meerdere malen langs een veldje staan schreeuwen: 'Gooi die lange pass er nou verdomme eens uit!' In de stront gestaan en je voet tien minuten afvegen aan een bal, dat is straatvoetbal. Ik had behoefte aan rust. Iets overzichtelijks. Iets vriendelijks.

Tafelvoetbal… Oeeee, bij het noemen van het woord alleen al voelde ik de rust indalen. De romantiek van de camping. Houten mannetjes met een ijzeren staaf door hun middel. Geen kant konden ze op. Je hoefde 's avonds niet te posten bij hun voordeur of ze wel op tijd naar bed gingen. Ze kwamen altijd opdagen. Ze droegen geen rare brilletjes en sloegen niet hun houten vrouw. Je kwam de volgende ochtend het speellokaal binnen en daar stonden ze al klaar met frisgewassen houten broekjes aan. Ik wilde wel weer eens een wedstrijd zien.

Internet op. Mijn hart sloeg over. Tafelvoetbal in competitieverband bleek rond Maastricht nog fanatiek te worden beoefend. Een cafésport. Godzijdank. Geen zuur gymzaaltje met zestien tafels naast elkaar en na afloop allemaal een roze koek. Nee, lekker gemoedelijk. Eerst de hele dag zuur vlees klaarmaken in een aan het plafond opgehangen stooftheedoek, lekker door de natuur lopen, nog wat van die typische Limburgse dingetjes doen en dan 's avonds met je vrienden tafelvoetballen. Ik zag het wel voor me.

Een café uitzoeken. Café Crazy Pie in Maastricht sprak tot de verbeelding. Een kroeg beginnen en hem De Krankzinnige Appelpunt noemen, dat had wel iets. Ik zocht door. O mijn god! Café Sport! Wat een heerlijke naam. Daar klopte alles aan. Fijn om tegen je vrouw te zeggen: 'Schat, houd het eten warm, ik zit nog even met de jongens in Café Sport.' Café Sport, daar waar mannen nog in alle vrijheid over vroeger konden praten, toen er nog gewoon met de binnenkant van de voet werd geschoten en niet met buitenkant rechts. De schuld van Cruijff. In Limburg werd strak ingepasst met de wreef. Kwam door de mijnen. Doe maar gewoon. Dat was Café Sport. Ik was al op weg.

In Susteren moest ik zijn. Ik had wat informatie geprint. Tafelvoetbalclub De Heide speelde er zijn competitiewedstrijden. Vanavond, op vrijdagavond, werd er tegen Nurgus 1 gespeeld. Ja, laat ik eerlijk zijn, ik voelde me een beetje een onderzoeksjournalist. Goed voorbereid op stap. Vragen waar de

kleedkamers waren en of ik na het tafelvoetbal even strak af kon douchen, dat soort lol gingen we nu eens achterwege laten. Er werd op een officiële wedstrijdtafel gespeeld, stampte ik uit mijn hoofd. De Top2000. Fijne tafel, las ik. Mensen werden emotioneel als ze erover spraken. In een forum op de site van de NTVB probeerde iemand voorzichtig plastic poppetjes bespreekbaar te maken. Kwam uit Arnhem. Kansloos. In Limburg werden tafelvoetballertjes alleen uit een driejarige eik gesneden. Traditie.

Café Sport, een prachtige kroeg midden in een woonwijk. Fel licht door de ramen naar buiten. Zo hoorde het. Als een mot eropaf. Naar binnen. Mijn eerste gedachte: kon dat, een stamkroeg op honderdnegentig kilometer afstand? Ik wilde hier iedere vrijdag naartoe, dat wist ik nu al. Ik kwam thuis… Aan de bar werd naar me geknikt. Buiken onder elkaar, die sfeer. Achter in de kroeg dromden mannen samen onder een neonlamp. Rembrandt zou meteen zijn ezeltje hebben uitgeklapt. Dat licht, die mannen. Rouwe, stoere kerels, in een cirkel om de wedstrijdtafel heen. Ik werd geobserveerd en getolereerd. Mijn westerse zenuwenkop had men op kilometers afstand herkend. Ik kwam hun spelletje bekijken en ze gingen me imponeren, die sfeer hing er. Hopla, toch nog even de wedstrijdleider van die avond in mijn nek, René. Of ik het naar mijn zin had? Of ik de spelregels kende? Er werd me een boekje met spelregels overhandigd. Wilde hij wel graag terug hebben. Het ontroerde me, de goede zorg. Dit was weer eens iets heel anders dan een trap in je rug als je maar vijf euro fooi gaf aan een kale portier bij dancing Fistfuck in Amsterdam-Noord.

Of ik alles begreep? Goed, dan gingen ze beginnen. Bij Heiden speelde een geroutineerde Duitse spits in het eerste koppel. Men wees hem aan. Ik zag een reus van een man geconcentreerd een oud vingercondoom om de houten handvatten heen rollen. Tegen het zweten. In een heel ander circuit kon ik met een foto van deze activiteit veel geld verdienen. Daar gingen ze. Adembenemend. Oké, die stok zat door de poppetjes heen en ze waren van hout en die bal was keihard maar daar lieten de spelers zich niet door ontmoedigen. Wat een techniek. De Duister, Rainer, bleek superieur. Een bijna griezelige controle over de bal. Ik herinnerde mij van tafelvoetbal dat ik tachtig procent van de tijd op mijn knieën onder kasten en stoelen aan het zoeken was geweest. Deze mannen deden wat ze wilden. Combinaties. Positiespel, het zat er allemaal in. Subtiele houten voetbewegingen werden met dierlijk gekreun begeleid door de omstanders. Soms hield iemand het niet meer en riep iets als: 'Komaaaan heeee koek de narklolf aan dat spaanspit.' Tussen twee punten door werd er snel een blik geworpen op de televisie. Darts, nog twee legs voor King en pang, daar gingen ze alweer verder. Die keeper! Van der Sar. Armen eraf halen, stang in zijn zij en aan de doelpalen vasttimmeren, meteen! Ik liet me meeslepen.

Achter me voelde ik persoonlijkheid. Ik keek om. James Dean was binnen. De sterspeler van Nurgus 1. Een jonge god in een wit shirt. De rest van zijn team speelde in het zwart. Hij keek ook naar de wedstrijd. Bijna verveeld. Wenkbrauw omhoog en er stond een pilsje voor hem. Als je een levende legende ziet herken je hem. Ik kan later zeggen, als tafelvoetbal een olympische sport is, dat ik John Sijben nog heb zien spe-

len in Café Sport. Hij liep naar de tafel. Het neonlicht speelde een spannend spel met zijn haar. De barvrouw drukte iets harder dan normaal een borstel in het glas. John speelde en de tijd verdichtte zich. Ik keek. Wat deed hij met die bal? Hier liet iemand vierhonderd keer de zee opensplijten. Hier veranderde iemand hout in vlees. Hier werden wonderen verricht, vlak onder mijn ogen. Waarom lachte hij steeds een heel klein lachje? Om mij heen hoorde ik eerbiedig gefluister. John kon ereklasse spelen, maar hij wilde niet. Het was een bijzondere. John stuurde een houten keepertje zo de verkeerde kant op dat het hout bijna scheurde. Ik wilde hem spreken, maar had hij wel zin? Durfde ik het wel?

Ja.

Op hem af, na de wedstrijd. 'John, ik heb genoten. Ongelooflijk!'

'Ja, ik had hem goed op de drie, maar steeds als mijn maat de zijkant opzocht had ik wat problemen met de stang en dan kan je nooit die jump maken, maar op zich was het jammer dat onze psychologie er niet uitkwam want ik wist dingen over zijn meisje maar dat heb ik niet hoeven gebruiken omdat zij met hun drie ook steeds klem zaten en ik had er zin in vanavond, zeker, prachtig hoor, dank u wel mijnheer.'

Sorry. Nooit meer doen, jongen. Zwijgend aan die tafel, jij, in wit neonlicht. Niets zeggen. Kroeg uitlopen en tegen een lantaarnpaal aanleunen. Kijk, daar staat John, hij denkt na, hoor je fluisteren. Dan doe je je hand door je haar en loop je de straat uit. Niemand weet waar je woont.

Garnalen kopen

Garnalen zijn lekker, maar wel eng. Je kunt erdoorheen kijken, zoals bij sommige bejaarden. Dan zie je, dwars door dat hangende zeildoek van vlees heen, de schemerlamp waar ze al vier weken over zitten te zeiken, dat hij steeds flikkert. Garnalen hebben dat dus ook, geen schemerlamp, maar transparantie. Je ziet, als je goed kijkt, hun ingewanden. Ik vind dat een vervelende eigenschap van een eetbaar dier. Als je bij een varken die grote braadzak vol met stront in zijn lichaam heen en weer zag wiebelen, zou je toch minder enthousiast karbonaden aan staan schroeien. Transparante kip, koe, eend, dat wil je niet. Beetje een uitslovertje dus, de garnaal. Echt zo van: hé mensen, kijk eens, ik ben een kutdiertje van niks maar ik heb wel gewoon al mijn organen hoor. Dat offshowen met wat je in je lichaam hebt, zo gemakkelijk vind ik dat.

Verder is het natuurlijk doodeng. Ik ben het type mens dat liever niet weet wat hij eet. Pulk een mossel uit elkaar en je likt nooit meer je vrouw. Of omgekeerd. Maar ik moest me niet zo aanstellen, hoorde ik om me heen. Geen lekkerder gerecht dan gamba's, werd me van alle kanten bezworen. Knoflook erop, in een hete oven, oranje laten worden, eerlijker en lekkerder kon het niet. Ik moest me, net als de deelnemers aan

Bobo's in the Bush en *Expeditie Robinson,* maar eens over die rare angst heen zetten, dat dieren met veel pootjes en een hard schildje niet lekker waren.

Ik naar de markt, voor mijn ultimate challenge. Ik wilde meteen maar de grootste jongens kopen. Hollandse garnalen daar lachte ik om. Hele kleine onzin naast enorme buitenlandse exemplaren. Ook wat garnaal betreft heeft Nederland een Balkenende-uitstraling. Ik vragen, aan de visman, wat de grootste garnalen waren die hij had. Een indrukwekkend schort had hij aan: Arie van Aries Verse Visparadijs, ook voor al uw groente. Drijfnat was hij, van dode visseningewanden. Ik moest de Black Tigers hebben, vond Arie. Groter kreeg je ze niet. Of hij die had, vroeg ik. Ja, die had hij wel, kijk daar lagen ze. Grote schrik. Garnalen zo groot als mijn onderarm, met oogjes. En transparant. Dit waren meer dieren waar je een kwartiertje lekker mee ging stoeien in een kinderbadje. Drie Black Tigers kwispelden binnen tien minuten een middelgroot zwembad leeg. 'Pak er maar een in je handen. Topkwaliteitje.'

Fuck, ik moest ze aanraken. Ik pakte er voorzichtig eentje beet. Grijs met zwarte tijgerstrepen. Zijn schild scharnierde als zo'n speelgoed uitschuifzwaardje van vroeger. Schurende keiharde lichaamsdelen. Alien 5, the making of. Kijk daar zat zijn darm, zo te zien nog vol met zijn garnalenlievelingseten. Ongelooflijk hoe groot deze beesten waren. Als je hier enthousiast tegenaan zwom met je flippertjes aan, dan had je een probleem. Verplicht een helm op tijdens het zwemmen in het leefgebied van de Black Tiger. Een tsunami, Black Tiger-garnalen lachten erom. Dat was een golfslagbad voor hen.

Ik nam er vier mee, in twee plastic zakken. Ik woonde toch dicht bij de markt. Thuis meteen maar door de zure appel heen bijten. Ik legde ze op mijn aanrecht. Vier grijze monsters. Alsof je je eigen moeder ging bakken, zo voelde het. Iets bakken waar je je hand niet eens omheen kunt doen, het bleef eng. Ze waren ook zo grijs. Ik kende eigenlijk alleen de oranje garnaal, zeg maar de toastgarnaal. Dit was weer iets heel anders. Nog even goed kijken voor ik ze ging bakken. Geinig detail dat ze hun kammetje altijd bij zich hadden boven op hun kop.

Hopla, daar gingen ze, op een bakplaat de hete oven in. Kon je honderd keer tijger heten, maar daar lag je, op je rug, met knoflook tussen je poten. Ik drukte mijn hoofd tegen het ovenruitje. Nu durfde ik wel, met glas ertussen. Mooi oranje werden ze. Ik zong het ook even. 'Wij houden van Oranje om zijn daden en zijn doen!'

Open die oven. Eten. Hoe kwam ik godverdomme bij dat vlees? Ik zag het wel zitten. Ik moest ze openbreken, maar hoe? Ik tikte voorzichtig met mijn vork tegen het schildje. Hielp niet veel. Misschien de garnaal laten schrikken? Dat had ik eerder moeten doen. Nu was het te laat. Ik pakte hem bij zijn kop en voelde de oogjes. Instinctief trok ik en onthoofde de garnaal. Zo moest het voelen om een kinderhoofdje per ongeluk van de romp te draaien. 'Knap.' En daar was het, het vlees. Dik als witte biefstuk. Eerst van de garnaal, nu van mij. Heerlijk.

Serveren samen met een halve os of met een in zijn geheel, kort op de huid gebakken struisvogel.

De pelikaan

Dat kan geen toeval zijn. De Gay Pride Canal Parade is nog niet koud door de stad getrokken of er ontsnapt een roze pelikaan uit Artis. Dat krijg je dus met al dat moderne gedoe. Vroeger vierde je het niet dat je homoseksueel was. Je deed gewoon stug alsof je dol was op de buurvrouw van nummer 11 en als ze naar bed ging keek je naakt naar Rudi Carrell. De pisbak was nog een herensociëteit. Schitterende tijden.

Nu loopt heel Nederland uit om mannen met opengewerkte broeken en borstelsnorren door de grachten te zien trekken. Geaardheid als het zoveelste excuus om een feestje te vieren. Amsterdammers zijn de Friezen van het westen. Die belachelijke neiging om steeds maar met zijn allen langs het water te gaan staan juichen voor wat dan ook. Geen Europees kampioen voetbal geworden, dan maar saté vreten terwijl je naar een boot vol fistfuckers uit Geleen kijkt. Je verveelt je? Kijk met je hele gezin naar een boot vol homoseksuele krantenbezorgers. Vind je het gek dat pelikanen daarop reageren?

Pelikanen zijn extreem gevoelig voor dit soort uitwassen. Het is een van de heteroseksueelste dieren die ik ken. De roze pelikaan is, anders dan zijn naam doet vermoeden, de hardste potenrammer uit de dierenwereld. Ik heb zelf ooit vier pelikanen een homoseksuele bijeenkomst van een groep gevlekte lori's zien verstoren. Daar werden alleen nog de stukjes voorhuid van teruggevonden. Een slachting. Pelikanen maken bij het aanschouwen van maar de geringste homoseksuele activiteit enorme hoeveelheden cumsuchitrine aan, waardoor al het bloed naar de snavel stroomt en de hersenen als het ware heteroseksueel worden opgepompt.

En nu vliegt er dus een los rond in Amsterdam. Daar zijn we klaar mee. Roze pelikanen jagen op vis en homo's. Een levensgevaarlijke combinatie. Alleen mensen die echt goed bekend zijn met pelikanen en hun gedrag goed kunnen duiden, mogen de vogel voorzichtig benaderen. En daar kom ik in beeld. Ik ken deze pelikaan. Ik heb hem jarenlang getreiterd in Artis. Doe ik graag, dieren inwrijven dat ik een mens ben. Tot nu toe heb ik al een gnoe, een tapir en een miereneter kapotgeluld. Lekker tegen dat hek gaan staan en dan heel erg benadrukken dat ze gevangen zitten.

Vooral die gnoe werd gek. Zong ik een dag lang 'Freeeeeeeeee Nelson Mandela' vlak voor zijn hok. Of ik legde hem de situatie uit. 'Kijk, luister gnoe, jij staat daar, met al je goede gnoemanieren wel achter een hek, met die vier poten en je droeve hondenkop en kijk mij eens… Ik kan zo naar huis als ik dat wil. Jij moet vanavond hier met je reet tegen een schuur aan slapen en ik lig in een echt mensenbed.' Daarna drukte ik vaak een sinaasappel tegen hun voorhoofd. Worden gnoes helemaal gek van. Na drie weken bezweek hij.

Die ontsnapte pelikaan had ik ook al bijna op zijn knietjes. Alleen al door het gewicht van zijn snavel. Ik bleef er maar gebruiksvoorwerpen in gooien. In mijn linkerhand hield ik een visje en als die domme bek openklapte, hopla, verdween er weer een broodrooster, een zak vaatwasmachinetabletten, een gourmetset of een gereedschapskist in zijn snavel. En maar met die vleugels wapperen. Echt de slechtste vogel ooit. Ik vlieg beter.

Hij probeerde me mild te stemmen met typische pelikanen dingetjes. Dat moest mij dan vertederen of zo. Ik heb hem zelfs een avond mee naar huis genomen. Begon prima. Samen televisie gekeken op de bank, zijn hele bek volgestort met bor-relnootjes en net op het moment dat ik dacht: jij bent best wel een heel oké pelikaantje, fladderde hij in drie klappen met zijn vleugels een rijsttafel voor twee personen van tafel.

Nu is hij ontsnapt. En waar wordt meneer het eerste gesig-naleerd? Drie keer raden. Achter het Centraal Station. Ik be-doel maar.

Truus en Willem, een tragedie
(fragment)

PERSONEN:
Willem van Hanegem: oud-voetballer
Truus van Hanegem: ex-vrouw van oud-voetballer

EERSTE BEDRIJF

Een kleine kamer. Een deur naar de keuken. Een oud bank-stel met een klein bijzettafeltje. In de hoek van de kamer een eettafel, met stoelen. Foto's van kinderen aan de wand. Een foto van Willem van Hanegem aan de wand. Voetballend. In Feyenoord-shirt. Hij controleert een bal. Uit de keuken horen we gerommel. Truus van Hanegem komt de woonkamer binnen. Ze draagt een goedkoop huispak. Ze heeft sloffen aan. Ze eet een boterham en kijkt naar de foto's. Ze staat lang stil voor de foto van Willem van Hanegem. Ze kijkt langs hem heen en bestudeert, met haar neus bijna op de foto, het publiek op de tribunes. Ze zoekt iemand. Dan wordt er aan-gebeld. Truus neemt de huistelefoon op, drukt op de knop. Ze wacht. Er wordt geklopt.

TRUUS: Ja, kom maar. Hij is open.

Willem van Hanegem komt binnen. Roze trui aan, met een paars overhemd eronder. Hij heeft een golftas bij zich.

TRUUS: Zo.
WILLEM: Zo.

Ze staan tegenover elkaar. Zwijgen even. Willem houdt de golftas in zijn linkerhand.

TRUUS: Zo. Wezen golfen?
WILLEM: Ja. Met Joop en André.
TRUUS: Die ken ik niet.
WILLEM: O nee.
TRUUS: Maar goed. Lekker wezen golfen dus?
WILLEM: Ja. En toen dacht ik, op de terugweg haal ik dat dingetje even op.
TRUUS: Neem je je tas altijd overal mee naar boven?
WILLEM: Nee, maar ik vind dit zo'n gribusbuurt. Ik dacht, ik neem ze even mee naar boven.
TRUUS: Wil je ze tegen je aan houden, of zet je ze even neer?

Willem zet de golftas in een hoek, vlak bij de foto's. Zijn aandacht wordt getrokken door de foto met zijn eigen afbeelding. Hij gaat voor de foto staan. Hij kijkt lang. Truus kijkt naar hem. Willem blijft lang naar de foto kijken.

TRUUS: Mis je het?
WILLEM: Wat?
TRUUS: Het voetbal. Mis je het?

WILLEM: Hoe bedoel je? Ik ben toch gestopt.

TRUUS: Ja, vandaar de vraag. Mis je het?

WILLEM: Dat is toch een rare vraag. Ik ben toch zelf gestopt. Hoe kan ik het dan missen? Dat vind ik dus een rare vraag, ja sorry hoor, dat is dan misschien mijn idee, maar dat is toch raar, om dat te vragen?

TRUUS: Willem, ik ben Wilfried Genee niet. Ik vraag gewoon: mis je het?

WILLEM: Nee. Dat is zinloos. Dan kan je dat wel gaan missen, voetbal, maar wat schiet je ermee op? Niks.

TRUUS: Tegen wie was dat, deze wedstrijd?

WILLEM: *(meteen en iets te enthousiast)* Tegen FC Twente. Voor de beker. Ik nam hem hier eigenlijk verkeerd aan. 24 november 1976 was dit. Kwart voor drie.

Stilte.

TRUUS: Maar je mist het niet.

WILLEM: Nee.

Willem kijkt nog even. Hij loopt snel langs foto's met kinderen. Hij gaat bij Truus op de bank zitten. Driezitsbank. Allebei aan een kant. Ruimte tussen hen in. Ze zwijgen.

WILLEM: Je woont leuk.

TRUUS: Dank je.

WILLEM: Klein, maar leuk.

TRUUS: Ja. Het is even wennen. Maar het is een leuke ruimte.

WILLEM: Het heeft ongeveer de vorm van mijn atelier.

TRUUS: Atelier?

WILLEM: Ja, mijn atelier.

TRUUS: Jij hebt een atelier?

WILLEM: Ja, ik schilder.

TRUUS: Wat dan?

WILLEM: Indianen.

TRUUS: Wat heb jij met indianen?

WILLEM: Dat vind ik prachtgasten.

TRUUS: Wat weet jij nou van indianen? Bedoel je niet Italianen?

WILLEM: Nee, indianen. Met die speren en pijl-en-boog. Indianen.

TRUUS: En die schilder jij?

WILLEM: Ja, in mijn atelier. *(hij kijkt de kamer rond)* Je moet hier nog een stuk bij denken, aan jouw woning, en dan is het bijna precies dezelfde ruimte.

TRUUS: Hoe weet jij dat dan, dat het prachtgasten zijn, indianen?

WILLEM: Gelezen.

TRUUS: Je leest ook?

WILLEM: Ja, na het golfen. Lekker een boek lezen.

TRUUS: En ook al bezig met kernfysica?

WILLEM: Hè?

TRUUS: Nee, laat maar.

WILLEM: Is dat raar, dat ik lees?

TRUUS: Bij mij las je alleen oude gebruiksaanwijzingen als je op het toilet zat.

Ze zwijgen.

TRUUS: Weet jij dan wat van perspectief?
WILLEM: Vertelperspectief bedoel je?
TRUUS: Nee, met die indianen en dat schilderen. Kan jij dat, diepte suggereren?
WILLEM: Nee man, ik klootzak maar wat aan.
TRUUS: In je atelier.
WILLEM: Ja.

Willem kijkt even rond.

WILLEM: Mooi licht hier. Strijklicht.

Gepruttel van koffiezetapparaat uit de keuken. Truus staat op.

TRUUS: Zeg, Vincent, ik ga even koffie halen. Niet aan je oor zitten als ik weg ben.
WILLEM: Hè?

Truus gaat naar de keuken. Willem blijft zitten. Hij kijkt voor zich uit.

TRUUS: *(roept uit de keuken)* Zwart, met twee schepjes suiker?
WILLEM: *(roept terug)* Zonder suiker.

Truus komt de woonkamer binnen. Ze zet koffie voor hem neer.

WILLEM: Dank je.

TRUUS: Zonder suiker. Wat een veranderingen allemaal.

WILLEM: Ja.

TRUUS: Bij mij was het nog vier schepjes en goed roeren.

Truus doet twee klontjes in haar koffie, roert en kijkt naar Willem.

TRUUS: Je draagt roze.

WILLEM: Heb je het ook in de gaten.

TRUUS: Met paars. Is dat sinds je schildert? Of draag je in je atelier weer andere kleding? Speciale atelierkleding.

WILLEM: Ik vind dat mooi. Roze en paars.

Ze nemen een slok koffie. Zwijgen even.

TRUUS: Jij hebt samen met Henk Wery, toen we in Rotterdam waren gaan stappen met zijn allen, jij hebt toen samen met Henk Wery die man met die roze trui toen lastiggevallen. Gingen jullie hem op zijn achterhoofd slaan en de andere kant opkijken. Die droeg een roze trui, die man. Dat vonden jullie belachelijk. Jullie, Henk en jij, hebben die man toen zijn trui uit laten trekken. Dat weet ik nog heel goed.

WILLEM: Dat was een homofiel.

TRUUS: En jij niet?

WILLEM: Nee.

TRUUS: Weet je het zeker? Bijna alle schilders zijn homo's. Francis Bacon.

WILLEM: Nee, dank je. Ik heb net gegeten.

TRUUS: Bacon, Francis. Een schilder. Dood. Homo.

WILLEM: Schilderde die ook indianen?
TRUUS: Nee.
WILLEM: Wat heb die gast dan met mij te maken?
TRUUS: Niks. Helemaal niks.
WILLEM: Nou dan.

Willem pakt zijn koffie.

TRUUS: Pas op je trui.

Ze zwijgen.

WILLEM: Je woont hier leuk.
TRUUS: Ja, dat zei je net. Dank je.

Ze zwijgen.

TRUUS: Je moet de groeten hebben van Dirk.
WILLEM: Dirk?
TRUUS: Dirk van Kobi.
WILLEM: Ah leuk. Doe hem de groeten terug.

Ze zwijgen.

TRUUS: Je hebt geen idee over wie ik het heb hè.
WILLEM: Nee.
TRUUS: Dirk en Kobi. Daar zijn we mee op vakantie geweest.
Twee jaar achter elkaar. Toen had jij net die nieuwe Volvo.
WILLEM: Was dat die kale gozer?

TRUUS: Laat maar, Willem. Hij had haar tot op zijn kont.

WILLEM: En dat waren vrienden van ons? Dirk en Kobi?

TRUUS: Willem, laat maar.

Ze drinken koffie.

TRUUS: Alles goed met jullie kinderen?

WILLEM: Ja, dat is schitterend spul.

TRUUS: Hoe heette die ene ook alweer?

WILLEM: Boy.

TRUUS: Ja, die. Heb jij die naam toen verzonnen?

WILLEM: Ja, samen met Marianna.

TRUUS: Leuk. Romantisch ook.

WILLEM: Boy betekent jongen, maar dan in het Engels, dus dat vonden we wel lachen. Want het is een jongen.

TRUUS: Ja. Hilarisch.

WILLEM: Wil je ook weten wat voor naam we hadden verzonnen als het een meisje was?

TRUUS: Nee, laat maar. Ik heb wel een vermoeden.

Ze zwijgen.

TRUUS: Onze zoon heet Gert.

WILLEM: Ja.

TRUUS: Dat heb ik verzonnen. Jij was op trainingskamp.

WILLEM: Die is toch vernoemd naar jouw vader, Gert?

TRUUS: Mijn vader heette Kobus.

WILLEM: O. Dan ben ik in de war. Maar Boy, dat is geinig spul hoor. Echt een man geworden. Ken je hem?

TRUUS: Ik ken de foto's, ja. Jij op de fiets, met Boy voorop. Met toevallig een fotograaf langs het fietspad.

WILLEM: Ja. Gingen we reigers kijken. Tellen hoeveel er langs de kant stonden. En een pret dat mannetje. Nu heeft hij een vriendin. Zo snel gaat dat allemaal.

TRUUS: Heb jij Boy leren fietsen?

WILLEM: Ja. Ik met die kromme poten van me erachteraan. En hij wiebelen. Mooi spul hoor.

TRUUS: Ik weet het. Ik heb onze Gert leren fietsen.

WILLEM: *(denkt na)* Ik was zeker op trainingskamp?

TRUUS: Ik denk het.

Ze zwijgen.

WILLEM: Als hij binnenkomt, Boy, dan vind ik dat nog steeds mooi, die naam. Want het is een jongen, snap je. Het past precies.

TRUUS: Ja. Net als met een pak melk. Dat je er met grote letters melk op zet.

WILLEM: *(denkt na)* Ja, zoiets.

Ze drinken zwijgend koffie.

WILLEM: Maar verder alles zijn gangetje?

TRUUS: Ja. Het gaat prima. Ik werk weer.

WILLEM: O.

TRUUS: Bij de Digros, af en toe een paar uurtjes achter de kassa.

WILLEM: O. Leuk. Is het een aardige supermarkt?

TRUUS: Ja. Met allerlei producten. En die reken ik dan af.
WILLEM: Ja.

Korte stilte.

TRUUS: Ongeveer wat jouw vrouw doet. Die zit ook min of meer achter de kassa. Die rekent ook af. Vergelijk het daar maar mee.
WILLEM: Ik doe nooit boodschappen. Ik weet het niet.

Willem drinkt zijn koffie op.

WILLEM: Heb je het nog gevonden wat ik bedoelde?
TRUUS: Ja, het ligt op tafel. Maar ik wil het wel terug.

Willem staat op en loopt naar de tafel. Hij pakt een enveloppe. Hij loopt terug naar de bank, gaat zitten en haalt een brief uit de enveloppe. Hij leest hem.

WILLEM: Die bedoel ik niet. Het was een andere brief.
TRUUS: Dit is de enige brief die ik kon vinden.
WILLEM: Die andere brief was heel anders. Die was veel, veel…
TRUUS: Positiever?
WILLEM: Ja, dat zo'n gast me schreef dat ze altijd naar me keken en dat ik een voorbeeld was en dat ik een soort uniek talent had en dat ik een echte volksjongen was. Die brief zoek ik.
TRUUS: Deze brief is toch ook mooi.
WILLEM: Ja, maar die andere, dat was schitterend, hoe dat erin stond, dat die mensen echt van mij genoten.

TRUUS: *(pakt de brief uit zijn handen en leest hem voor)* Beste Willem, als we je zo mogen noemen, wij, mijn vrouw en ik, vinden jou een hele goede voetballer en een schitterend mens met van die streken en zo, nou ja dat weet je zelf ook wel, en we vinden Truus een moordwijf, met die geinige kop van haar, hoe ze dan kan kijken, daar heb je het echt mee getroffen, dus daar wilden we je voor bedanken. Bedankt dus.

Ze geeft de brief terug aan Willem.

TRUUS: Dat is toch ook een heel lovende brief. Gebruik die dan.
WILLEM: Maar het is niet die ene die ik zoek. Die was anders, beter.
TRUUS: Die brief die alleen over jou ging, die brief bedoel je waarschijnlijk. Bedoel je die brief, die helemaal over jou gaat, over buitenkant links en zo, en dat ze zo gelachen hebben om jou als dirigent? Die brief?
WILLEM: *(enthousiast)* Ja, die.
TRUUS: Die is verloren gegaan. Helaas.
WILLEM: Hoe bedoel je, verloren gegaan?
TRUUS: Ik heb hem per ongeluk een keer een heel klein beetje verbrand. Sorry.
WILLEM: Potverdrie. Echt waar?
TRUUS: Als een fakkel. Ik heb hem in de gootsteen moeten gooien met de kraan aan. Ik heb er wel een half uur naar staan kijken, hoe die brief langzaam in de afvoer verdween.
WILLEM: En wat ga ik nou tegen Marianna zeggen?

TRUUS: Zeg maar dat Truus de brief een beetje per ongeluk heeft verbrand. Dat begrijpt ze wel.

WILLEM: Kan je geen briefje schrijven, dat het je spijt of zo? Anders moet ik dat allemaal weer uit gaan leggen, tijdens het schilderen.

TRUUS: En wat zou daarin moeten komen te staan, in dat briefje aan Marianna?

WILLEM: Zet er anders in: Beste Marianna, het briefje is kwijtgeraakt. Sorry, T.

TRUUS: T? Dat ben ik?

WILLEM: Ja, T.

TRUUS: Truus heet ik.

WILLEM: Ik mag je naam niet noemen in ons huis. Dus schrijf nou even een briefje dat je niet wist wat je deed en dat ik er niets aan kan doen. Goed?

TRUUS: Daar begin ik niet aan. Wil je nog koffie, W?

WILLEM: Ja, leuk. Maar ik zit ermee. Ik moet met deze brief naar huis.

TRUUS: Anders kras je mijn naam door. Hier, kijk.

Ze pakt de brief van Willem af. Ze doet haar duim half over het woord 'Truus' heen en leest.

TRUUS: 'We vinden T. een moordwijf.' Dat kan toch wel? Dat vindt ze toch wel goed?

WILLEM: Dat gaat ze nooit gebruiken.

TRUUS: Waarvoor?

WILLEM: Voor het Grote Willem van Hanegem en Marianna Jubileumboek.

TRUUS: Valt er iets te vieren?

WILLEM: Marianna en ik zijn zoveel jaar bij elkaar. Het wordt een boek van zeshonderd pagina's. Over mijn carrière en dat ik Happel een wereldtrainer vond en dat ik niet naar Marseille ging en dat ik dat…

TRUUS: Ja, dat je dat liet beslissen door je hond. Dat verhaal ken ik nou wel. Als je hond zou blaffen bleef je bij Feyenoord. Dat heb ik nou al honderd keer gehoord.

WILLEM: Ze blaften wel, die honden.

TRUUS: Die honden blaften altijd. Ik was erbij. Ik was toen je vrouw, weet je nog? Tee van Hanegem, weet je nog wel?

WILLEM: Als ze blaften dan zou ik bij Feyenoord blijven. Zo ging het.

TRUUS: Weet je wat zo vreemd is? Dat ik het heel anders in mijn hoofd heb zitten. Jij hebt toen tot zes uur 's ochtends zitten rekenen wat je bij Marseille ging verdienen, maar je snapte geen reet van die Franse frank. Daarom ging je niet. Zoals altijd. Je durfde niet.

WILLEM: *(negeert haar)* Mooie honden waren dat. Van die grote. Ze herkenden me als ik thuiskwam.

TRUUS: Ik kan het niet meer horen, Willem, echt niet, dat hondenverhaal. Wéér zo'n geinig, typisch Willemverhaaltje. Hou maar op. Waar gaat dat nieuwe boek over?

WILLEM: Ja, daar bemoei ik me verder niet mee. Weet ik veel.

TRUUS: Maar je komt wel in deze levensgevaarlijke wijk, met je golftas op je rug even snel een brief ophalen voor in het boek.

WILLEM: Marianna vroeg dat. Mij doet het niks.

TRUUS: Nee, dat kennen we.

WILLEM: Hoe bedoel je?

TRUUS: Willem, als ze jou morgen vragen voor een gastrolletje in de nieuwe Paul Verhoeven, dan sta je binnen een dag met een oude lap om je kont een discipel van Jezus te spelen. O o o, wat houdt Willem niet van aandacht.

WILLEM: Ja, maar in dit boek krijg je echt een beter beeld van Marianna ook.

TRUUS: Nog beter? Ik kreeg al zo'n goed beeld van haar in je vorige boek. Hoe ze in haar nachthemdje naast je nieuwe kinderen stond. Die Marianna bedoel je toch?

WILLEM: Ja. Marianna is een moordwijf. Wat wel leuk is trouwens, dat was ik vergeten te zeggen toen, maar jij staat trouwens ook nog in dat vorige boek, weet je dat? Met een zwartwitfoto. Op bladzijde 98.

TRUUS: Ga weg! Echt? Dan ga ik hem zeker kopen. Hoe duur is dat ding?

WILLEM: Zestig euro. Als ik hem bij de uitgever bestel krijg je tien procent korting.

TRUUS: Ik denk er nog over na, is dat goed? Kom eens hier.

Ze trekt Willem, zoals vroeger, instinctief naar zich toe en pakt zijn haar.

WILLEM: Wat? Wat ga je doen?

TRUUS: Er zit verf in je haar.

Willem bukt zich. Truus pulkt met twee handen in zijn haar en haalt voorzichtig de verf eruit.

TRUUS: Als je het niet wilt, moet je maar blaffen.

Truus plukt nog wat. Willem blijft geduldig zitten, met zijn hoofd naar beneden, bijna in haar schoot.

TRUUS: Zo. Klaar.

Willem gaat weer rechtop zitten. Truus kijkt hem aan.

TRUUS: Ik heb hem nog wel.
WILLEM: Wat?
TRUUS: Die brief. Ik heb hem niet verbrand.
WILLEM: O, fijn. Dat zal Marianna fijn vinden.
TRUUS: Ik zou nooit iets verbranden van jou, iets van vroeger.
WILLEM: Nee.

Ze zwijgen. Truus staat op.

TRUUS: Ik pak hem even. Wacht.

Als Truus de woonkamer uit is, staat Willem op en loopt weer naar de foto. Hij kijkt weer intensief naar zichzelf. Truus komt binnen. Willem blijft kijken.

WILLEM: Zie je, dat ik hem eigenlijk verkeerd aanneem?
TRUUS: Ja. Maar je deed toch ook weleens wat goed?
WILLEM: Ja, maar toch.
TRUUS: Je droeg toen bijvoorbeeld gewoon grijze truien.

Truus komt naast Willem staan. Ze kijkt weer intensief naar de foto. Willem kijkt mee. Truus wijst op iemand in het publiek. Willem tuurt.

WILLEM: *(verbaasd)* Dat ben jij.

TRUUS: Ja.

WILLEM: Jij ging in die tijd toch nooit naar het stadion?

TRUUS: Dat zei ik tegen jou. Ik zat er altijd. En dan keek ik naar je.

WILLEM: Waarom dan?

TRUUS: Net als de andere mensen. Kijken, naar jou. Hoe je genoot.

WILLEM: Dat heb je nooit verteld.

TRUUS: Nee.

Willem kijkt van heel dichtbij naar de foto.

WILLEM: Het lijkt alsof je lacht.

TRUUS: Ja.

Martin Bril

Martin Bril is dood. Ik las Martin Bril graag. Niemand schreef mooier over een rotonde in een bepaald dorpje daar en daar. Niet veel mensen kunnen het eten van een uitsmijter beschrijven. Martin kon dat wel. Ik kreeg, door Martin, zin in een uitsmijter. Snapte door hem wat een volmaakte uitsmijter was. En ik walg van eieren. Als je dat kunt, ben je een groot schrijver.

Nu Martin dood is en ik over zijn werk zit te mijmeren, realiseer ik me opeens dat hij mij heeft laten voelen voor dingen waar ik anders nooit iets voor zou hebben gevoeld. Zulke slechte zinnen als de zin hiervoor, die schreef Martin nooit.

Martin liet mij van alles voelen bij Elvis Presley, bij rare bruggetjes over donkere sloten en voor Franse cafés. Vooral dat laatste is een ongelooflijke prestatie. Het liefst rijd ik met een vrachtwagen op volle snelheid door Franse cafés heen. Martin Bril kreeg het met zijn stukjes over het Franse leven voor elkaar om mij vol goede moed een Frans café binnen te tillen. Daar zat ik, door hem, te luisteren naar Fransen.

Martin leerde mij mededogen. Door Martin vond ik Elvis zijn periode in Vegas opeens heel essentieel. Door Martin ging ik nog eens luisteren naar de laatste cd van Herman Brood.

Door Martin, en nu komt het onwrikbare bewijs van een groot schrijverschap, snapte ik de schoonheid van sportvissen.

Ook hier weer: het liefst gooi ik stoeptegels naast dobbers, maar Martin heeft mij ooit tot tranen toe bewogen met een magistraal verhaal over in het water vallen. Bril rommelt wat aan de kant van een meertje, verliest zijn evenwicht en daarna schrijft hij een van de mooiste stukjes tekst ooit. De verbazing als hij valt, het gevoel weer even negen jaar oud te zijn, zo'n ongrijpbaar snel kortebroekenmoment. In het water vallen, wie het leest weet weer hoe dat voelde. Door Martin.

Ik zal Martin erg missen. Wie schrijft ons nu nog met enkele zinnetjes veertig jaar jonger?

Oom Wim

Eind 1984 kwam mijn vader opeens met het voorstel om gezellig met oom Wim naar een bluesfestival te gaan. In de Meervaart, met echte negers. Het verbaasde me, omdat ik mijn vader vooral kende als iemand die op verjaardagen heel erg dronken het vuur uit zijn hielen danste op manische banjomuziek. Ik had hem drie weken voor zijn plotseling aangewakkerde bluesinteresse nog bijna zien bezwijken aan een uitvoering van de Dueling Banjos. Hij was zijdelings in een kast gevallen en daarna had oom Wim hem naar de keuken gesleept om een vochtige doek over zijn gezicht te leggen. Waarschijnlijk mocht oom Wim daarom ook mee. Die kon nog goed van pas komen.

Ik had daar zo mijn twijfels over. Oom Wim was een junk. Verslaafd aan heroïne. Niet direct een aanbeveling als je een avondje lekker met de familie wilde gaan stappen. Ik kon mij niet voorstellen dat oom Wim dat op ging brengen, een avondje blues luisteren. Om te beginnen zat het te dicht op zijn huid. Het was mij al eerder opgevallen dat alle bluessongs die ik hoorde, geschreven leken te zijn door oom Wim zelf. Ook hij wachtte al een leven lang op iets dat nooit ging komen. Goed, Albert Collins wachtte dan op een brief van zijn dochter en oom Wim op iemand die dwars door zijn haveloze uiterlijk midden in zijn ziel keek, maar het kwam op hetzelfde neer. Het ging niet goed en daarom schreeuwden zij het uit, de bluesmensen en oom Wim.

Dat leek mij dus dubbelop. Oom Wim, die naar mannen zat te kijken die precies hetzelfde voelden. Wat ik echter vooral vreesde was oom Wims reactie op de aanwezige bezoekers. Dat ging eigenlijk nooit goed, met oom Wim naar een publieke voorstelling van welke kunstuiting dan ook. Ik was met hem naar de film *Paris Texas* geweest en de zinderende, broeierige sfeer was zo in zijn botten gekropen dat hij opeens, midden in een sleutelscène – met de huilende slidegitaar van Ry Cooder op de achtergrond – was opgestaan om aan de volle zaal uit te leggen wat ze nu eigenlijk zagen. Daar had oom Wim toch een handje van. Uitleggen waar je naar keek of luisterde. Hij wantrouwde iedereen als het om begrijpen ging. Alleen mij niet.

Ik vertelde mijn vader dat ik zo mijn bedenkingen had. We konden toch ook zonder oom Wim? Dat was misschien nog wel gezelliger. Maar nee. Zijn besluit stond vast. Oom Wim was ook weleens toe aan een verzetje.

Zo reden we in 1984, in mijn vaders bestelbusje, naar de Meervaart. Een bluesfestival, ik was er nog nooit geweest, maar vooral dat 'festival' klonk niet goed. Gelijkgezinden op een thema-avond, daar was ik niet dol op. Ook nu nog houd ik meer van toevallig aanwezig zijn. Een jazzliefhebber bij The Libertines, dat idee. Met zijn allen in Paradiso met precies hetzelfde hoedje als Pete Doherty in de zaal staan, het zijn eerder kerkdiensten dan concerten. Muziek moet je keihard in de zijkant van je gezicht beuken. Je knieën breken als je het net niet verwacht.

In de rij bij de kassa van de Meervaart begreep ik direct dat dat vanavond niet ging gebeuren. Het was alsof ik als introducé van een vriend mee was naar een reünie van Scholengemeenschap De Blues. Iedereen kende elkaar. Er werden handen opgestoken, volwassen mannen omhelsden elkaar en ik hoorde allerlei uitwisselingen over andere bluesfestivals, waar de een die en die had gezien waarop de ander dan weer wist te melden dat die en die er vanavond helaas niet bij kon zijn omdat zijn dochter afstudeerde. Maar hij deed wel iedereen de hartelijke groeten. Dat ging maar door, dat gekwek om mij heen. Ik stond met negenhonderd man in de rij voor een verjaardag. Ik keek achter mij, naar oom Wim. Hij stond ook te luisteren. Zijn mond beefde.

Eenmaal binnen viel mij nog iets op. Er was geen neger te bekennen. Alsof ik een bijeenkomst van de Nederlandse tak van de Ku Klux Klan, met als dresscode casual, bijwoonde. Oom Wim was ik meteen kwijt. Waarschijnlijk even naar het toilet. Mijn vader stond in de centrale hal te genieten van de authentieke Nederlandse bluessfeer.

Iemand sloeg me hard op mijn schouder. 'Dijkshoorn, wat doe jij hier?' Het was Arend, een jongen met wie ik had gestudeerd. Ik had hem al een tijdje niet gezien. Meneer was blijkbaar een bluesliefhebber. Hij herhaalde zijn vraag nog maar eens. 'Wat doe jij hier in godsnaam? Ik heb je nog nooit eerder gezien.' Wat moest ik hier? 'Beetje muziek luisteren. Avondje weg,' zei ik tegen Arend. Dat was niet het goede antwoord. 'Avondje weg? Dit is een bluesfestival.' 'Ja?' ant-

woordde ik. Hij leek gekwetst. 'Blues. En dat vind jij leuk?'
Dat wist ik nog niet. Tot nu toe leek het me de hel, maar dat
vertelde ik maar niet aan Arend. Het was zo te zien allemaal
nogal belangrijk voor hem. Weg was hij. Hij holde met wijd-
open armen op een iets later gearriveerd lid van de bluesfa-
milie af.

Daar was oom Wim weer. Hij zei niet veel. In zijn rechterhand had hij een jenever. In zijn linkerhand ook. Op het
podium begon een Amsterdamse bluesband te spelen. Ook
dat nog. Het deed oom Wim duidelijk geen goed, deze vierkant gespeelde interpretatie van de Chicagoblues. Wat was
dit toch erg, die janboerenfluitjesblues van kantoorbedien-
den. In het weekend op het podium staan met Little Jewel
and the Bluesblasters en maandagochtend weer vroeg naar
de Melkunie, om acht uur lang bedorven pakken melk van de
lopende band te trekken. Nederlanders deden blues er zo'n
beetje naast. En als er dan eens eentje echt voor de blues koos
en met een omgekeerd schapenvest in een schuur ging staan
schreeuwen dat hij zo ongelukkig was, dan was het ook meteen een levende legende. Cuby, de enige echte bluesman in
Nederland. Nog steeds een bezienswaardigheid. Zo gaat dat
in onze polder.

Oom Wim was opeens verdwenen. Ik hoorde hem roepen.
'Eindelijk! Je bent er!' Kende hij hier iemand? Dat leek mij onmogelijk. Ik keek wie hij zo hartelijk begroette. Het was een
neger. Geen bluesneger. Hij had geen eelt op zijn lippen, hij
miste geen schoen en bestelde net een glas cola light. Oom
Wim hing al om hem heen. 'Vriend,' hoorde ik hem roepen.
'Je bent er. Eindelijk. Kijk eens tussen welke mensen ik op je

heb staan wachten.' Hij wees om zich heen. Bezoekers bleven staan. Het was ook een vreemd gezicht, de keurige neger, in een ribpak en mijn oom met zijn jezusbaard en zijn spijkerpak zo dun als vloeipapier stevig om hem heen geklemd. Hij ging deze authentieke vertegenwoordiger van de blues niet meer loslaten.

Ondertussen bleef oom Wim maar doorlullen. 'Ze begrijpen het niet. Kijk ze staan, die witte mongolen. Blues kijken. Ja, stelletje klootzakken, kijken zeg ik, want luisteren kunnen jullie niet, met je hypotheekjes en je kinderen en je tweede autootje een beetje in de Meervaart een paar uur naar Memphis Slim gaan staan kijken die wél heeft geleefd. Kennen jullie Blind Willie Castrated Jefferson? Nee natuurlijk kennen jullie die niet want jullie willen alleen maar veilige negers, zodat jullie zo tap tap tap met je voetje kunnen doen en dat jullie dan tijdens het nummer "I'm so lonely I could cry" naar elkaar kunnen lachen, met jullie biersnorren en je garderobenummertje in jullie zwetende varkensretenachterzak.' Hij hield de neger nog steeds goed vast. 'Jullie begrijpen er geen moer van. Jullie durven ze niet eens aan te raken. Ik wel.' Hij gaf de neger nu een lange zoen op het voorhoofd. Die schudde zich los en maakte zich snel uit de voeten. Oom Wim nam nog een jenever.

Daar was mijn vader weer. Hij had goede plaatsen, midden in de zaal, zodat we volop konden genieten van een of andere legendarische vertegenwoordiger van de Deltablues. Hij leefde nog, dat was in ieder geval goed nieuws. Oom Wim liep tot mijn verbazing netjes met ons mee naar de vrijgehouden plaatsen. Op het podium stond alleen maar een stoel, verlicht door een spotje. Naast de stoel stond een glaasje water. De zaal zat vol. De authentieke bluesneger kon wat ons betreft beginnen.

Gerommel in de coulissen en verdomd, daar was hij. Ik ben zijn naam vergeten, maar dat maakt niet uit. Hij is toch al dood, of hij moet nu een jaartje of 176 zijn. Hij wankelde naar zijn stoeltje, steeds begeleid door een blanke slaaf vlak naast hem, waarschijnlijk iemand van de organisatie, die als taak had om de heer Deaf Dumb Magnificent Willie Johnson, laten we hem zo maar noemen, veilig op zijn stoel te krijgen. Daar zat hij. Hij keek de zaal in. Wij keken terug. Veel meer gebeurde er niet. Het tekende de sfeer wel ongeveer. Wij waren er om naar de blues uit het verre Amerika te kijken, zoals mensen vroeger in de rij gingen staan om naar de magische toverlantaarn te kijken en Deaf Dumb Magnificent Willie Johnson zelf wist niet wat hem overkwam. Die was gewend dat hij thuis een schop in zijn rug kreeg als hij twee akkoorden speelde en zat hier opeens voor een volle zaal op een echt grotemensenpodium.

Ah, kijk, hij deed zijn akoestische gitaar nu op schoot, rommelde wat aan de stemmechanieken, legde zijn oor tegen de klankkast en vertrok zijn smoel. Ja, we kregen waar voor ons geld. Zo stemden echte bluesnegers hun gitaar. Oom Wim naast mij keek strak voor zich uit naar het podium. Mijn vader genoot. Deaf Dumb Magnificent Willie Johnson sloeg een akkoord aan. Hij zong erbij. 'Ain't got nothin, and my key won't fit the door.' Dat had hij weer. Muisstil was het in de zaal. 'Gonna buy my little girl a brand new caddilac.' Waarom niet. Nog honderddertig jaar sparen, dan moest het lukken.

Om mij heen werd er gezucht. Ja, dit was de blues. Zo rauw, zo puur. Zo ontzettend juke joint. Zo rokerig en zo vet en zo wanhopig, maar dan nu even in de Meervaart. Prachtig vonden ze het.

'My daughter left me this morning. She don't wanna see her old man again.' Oom Wim ging staan. 'My mother died in Memphis, my father died a year ago.' Oom Wim zette zijn handen aan zijn mond, helde iets naar achteren en werd nu ook opgemerkt door Deaf Dumb Magnificent Willie Johnson, die gelukkig niet ook nog blind was. Hij stopte met spelen. Oom Wim drukte zijn bovenlichaam opeens naar voren en schreeuwde harder dan Deaf Dumb Magnificent Willie Johnson ooit nog zou zingen het woord 'Kapsones!'. Meer niet.

Even was het stil. Deaf Dumb Magnificent Willie Johnson had oom Wim niet verstaan, maar begreep geloof ik wel dat het niet positief was. Eerst schrok ik, maar al snel begreep ik dat oom Wim iets dappers had gedaan. Hij had met die ene welgemeende eruptie het feestje van negenhonderd bluesfanaten verpest. Hij had de waarheid keihard door het hoogtepunt van die filateliebeurs voor bluesliefhebbers heen geroepen. Oom Wim was blues, begreep ik opeens. Hij zocht gevaar zonder vangnet. Hij genereerde woede in de hoop dat misschien iemand, met het schuim op zijn bek, er de volgende dag een liedje over zou schrijven.

Of dat is gebeurd? Ik weet het niet. Oom Wim werd vlak na zijn oerbrul door tientallen bezoekers besprongen en hardhandig de zaal uitgewerkt. Buiten, op straat, zag ik hoe iemand hem tegen zijn hoofd schopte. Ze scholden hem verrot.

Arend stond er ook bij. De woede stroomde uit zijn ogen. En toch was het mooi. Het was oom Wim eindelijk een keer gelukt. Hij had een zaal vol mensen iets uitgelegd.

Duitsland

Duitsland is al jaren mijn favoriete vakantieland. Naar Nederlanders toe hebben Duitsers iets lekker nederigs. Dat heeft nog steeds van alles met die oorlog uit de vorige eeuw te maken. Voelen ze zich toch nog een beetje lullig over, van dat aanvallen en zo. Als je dat goed uitbuit dan heb je een topvakantie. Goed inwrijven die handel. Duitsers laten heel graag aan Nederlanders zien dat ze heus niet iedere avond met een gestrekte arm naar de maan staan te wijzen. Het heeft iets aandoenlijks, dat moreel overcompenseren. Bij hotels mag ik me dan ook graag inschrijven als Maup Cohen. Weet je zeker dat je een balkon met veel frisse lucht krijgt. Je moet het subtiel doen, maar gewoon af en toe even over de Tweede Wereldoorlog beginnen zorgt direct voor een intensievere dienstverlening. Dat kan heel speels. Als ik in Duitsland ergens in de rij sta roep ik vaak dat de joden zeker weer achteraan moeten staan en pang, daar zit ik alweer de excuses in ontvangst te nemen van de dienstdoende manager. Het is allemaal heel subtiel, en je moet je grenzen kennen, maar als je bijvoorbeeld heel onschuldig met een gele ster op je hemd een slagerij binnenwandelt en vraagt naar besneden vlees, moet je ze eens zien hollen voor je, die moffen. Is trouwens ook een misvatting, dat moffen het erg

vinden als ze moffen worden genoemd. Ik heb heel andere er-
varingen. Ze vinden het heerlijk. Vanaf nu kan dat dus gewoon.

Naamgeving

Duitsers hebben schitterende namen. Let daarop als je op vakantie bent. Ik spaar ze en de laatste vijftien jaar heb ik de volgende toppertjes verzameld. In willekeurige volgorde: Knaubi
Weiskügel, Fritz von Strumpfensache, Debi Ganzenwasser,
Gunter Faust Von Bisserlippe am Lotzberger, Dieter Buttel-
bock en natuurlijk de sympathieke Knut Heimat, een Duitser
met wie ik zelfs een vriendschap heb opgebouwd, gek als we
allebei zijn op Käsesuppe mit Schweinefleisch und Brot. Dat
schept een band, met je kin vol kaas samen met een mof een
bak kaassoep naar binnen lepelen en een beetje lullen over
Duitse dingen.

Maar wat zijn nou typisch Duitse dingen. Nou, daar gaan
we!

Zuipen in een leren broek

Duitsers zuipen graag in een leren broek met een klep. Veel
Nederlanders denken dat het hier een soort folklore betreft,
net zoals Volendammers zich 's ochtends vloekend staan om
te kleden om zich weer een dag lang door die tyfusjapanners te
laten fotograferen. (Mooi verhaal tussendoor, mij ooit verteld
door een van de zesduizend Mührens in Volendam. Die had
het op een gegeven moment helemaal gehad met de Japan-

ners. Dat hoge gegil steeds en dat domme snerpende gelach. Hij was er helemaal klaar mee. Pe Mühren heette hij en hij gaf een groep Japanners de gebruikelijke rondleiding door Volendam. Ze komen bij de reuzenklomp, hij stopt, vlak bij de kade, en hij laat een stuk of dertig Japanners tegelijk in die klomp staan. Leuk voor later. Hij wachten, tot ze allemaal staan te balanceren in die klomp, hij roept nog: 'even lachen' en toen heeft hij ze zo van de kade afgetrapt, het water in en is rustig op huis aangegaan. Die jappen zijn pas 's nachts zwaar onderkoeld ergens op het IJsselmeer teruggevonden.)

Maar goed. Duitsers hebben dat dus gewoon in hun vrije tijd aan, klederdracht. Je kunt in heel Duitsland het type Duitser herkennen aan hun driekwart leren broek. De zogenaamde Lederhose. In het Zwarte Woud trekken ze hem zo ver mogelijk tussen het kruis en combineren ze de broek met een wit hemd, groene bretels en een groen vilten vestje, vol geborduurd met streekvogeltjes. Dat luistert heel nauw. Duitsers zijn net dieren. Waar dieren aan elkaars kont snuffelen om te kijken wat voor vlees ze in de kuip hebben, daar snuffelen Duitsers aan elkaars klederdracht. Soms vinden er provocaties plaats. Ik zat twee jaar geleden in Freiburg lekker Kugelwurst mit Schweinefleisch te eten bij café-bistro Doppelgänger Im Wustenau, komt er opeens een bus uit Düsseldorf voorrijden. Meteen al een beetje een gespannen sfeer. Je voelde gewoon dat al die Zuid-Duitsers op scherp stonden. Er gebeurde eerst niets. Die bus stond daar maar midden op het plein. Een soort Duitse western. *Once upon a time* in het Zwarte Woud. Maar goed, na een kwartier gaat die voordeur van de bus sissend open en er komen een stuk of veertig van die walgelijke Düsseldorf Klatzmachers uit. Echt van die Strapatsen Ausdauers weet je wel. Helemaal in klederdracht. Zwarte leren broeken met die klep dan zogenaamd heel handig aan de zijkant en van die heel provocerende blauwe hemden aan met paddestoelen op hun gele vest genaaid, nou ja, je voelde gewoon dat ze op vechten uit waren. Gingen ze met hun vestjes over hun schouder heel uitdagend voor de etalage van Bruno Genau zijn speciaalzaak in Bittelschnauzer staan lachen. Op een gegeven moment maakt een van die Düsseldorfers een soort danspasje en slaat zich op zijn dij en dat was de druppel. Uit alle hoeken en gaten kwamen Zwarte Wouders dat plein op en dat werd een matpartij, ongelooflijk. Dan zie je dus echt die oude moffen tussen die kleding door komen. Godverdomme, alsof er honderddertig ossen op elkaar inbeukten, maar het mooie was dat ze na een kwartier alweer samen bij Diebel Brauchspritzer onbeperkt bier uit een leren laars zaten te zuipen. Zo zijn Duitsers dan ook weer.

Berlijn

Ik moet zeggen, Berlijn was pas echt happening toen je nog hangend aan de onderkant van een bus naar het Vrije Westen kon vluchten. Er viel nog iets te dromen. Nu hangt er een verveeldheid die vrijheid nu eenmaal vaak met zich meebrengt. Met de Muur er nog tussenin was alles behoorlijk flex vond ik.

Ik deed dat graag in die tijd, bij de Muur gaan staan en dan keihard in het Oost-Duits roepen dat wij in het Vrije Westen weer lekker subversieve televisie gingen kijken en of ze daar aan de andere kant van de Muur nog steeds zes jaar deden met een paar nylonkousen. Ja, ik keek daar graag naar, Oost-Duitsers in de rij voor een pak aardappelzetmeel. Dan voelde je je toch goed. Oost-Duitse zwemsters, die mis ik ook. In die tijd kon je nog eens het bed induiken met iemand die jou op kon tillen en toch zo'n lekker keihard getraind Oost-Duitse roze binnenvoering had.

Alles was gewoon fijner, makkelijker en overzichtelijker met die Oostmoffen achter de Muur. Nu weet je niet meer wie wie is. Dat loopt allemaal maar door elkaar te banjeren in Berlijn. De beroemde Berlijnse decadentie, die onder anderen David Bowie en Iggy Pop naar Berlijn trok, er is niets van over. Christiane F presenteert nu dacht ik een kinderprogramma over harddrugs en Nena bewijst dagelijks op een willekeurige Duitse televisiezender dat ze vooral de herseninhoud heeft van 99 Luftballons. Marcheren op Berlin Alexanderplatz, dat komt nooit meer terug. Jammer.

Duitse humor

In Nederland wordt altijd een beetje lacherig gedaan over Duitse humor, met dank aan Rudi Carrell. Rudi, die onlangs een staande ovatie kreeg toen hij piepend en blazend met een keel vol kanker losjes wat witzjes in de rondte strooide. De waarheid is natuurlijk dat niemand Carrell leuk vond. Die moffen verstonden hem niet eens. Ja, ze moesten lachen om zijn kleding en dat gelul over dat ie zo hard werkte. Dat vonden ze wel grappig, dat hij humor als een beroep zag. Dat hebben Duitsers namelijk helemaal niet. Die kennen ook het hele fenomeen stand-up comedy niet. Vinden ze een raar idee, dat je voor je werk lollig gaat staan doen. Duitsers zijn meer een soort naturals als het om humor gaat. Wij in Nederland hebben dan meteen weer een podium nodig, maar Duitsers zien het leven zelf als een podium en je moet jaren in Duitsland wonen om dat een beetje door te krijgen. Het is allemaal heel subtiel. Ik stond vroeger weleens bij een bakker en dan bestelde zo'n Heinrich naast me vier appeltaartjes. Niks aan de hand. Dan wees de bakker een taart aan. 'Deze?' 'Nee, liever die,' antwoordde die Duitser, en dan zei hij erachteraan: 'aber mein Weib soll das nicht im Donaubrandentoren aufschnitten.' Lag die hele bakkerij dubbel. Ik dacht dan, oké, dat is lollig, aufschnitten in verband brengen met Weib, dat zag ik wel, die humor, maar pas veel later begreep ik dat die grap specifiek terugverwijst naar een Beierse vrouw die ooit de houtskooloven heeft uitgevonden, vandaar dus dat brandentoren. Nou ja, dat soort dingen. Kan je verder niet uitleggen. Het is als met zo veel dingen, je moet je er echt in willen verdiepen en dan zie je pas hoe verfijnd die Duitse humor is.

Spanje

Spanje is een heerlijk land als je van schele vrouwen, mannen met horrelvoeten en enorme bergen ongekoeld afvalvlees verpakt in eigen darm houdt. Hier in Nederland heeft men helaas een wat romantisch beeld van Spanje en dat komt, het zal eens een keer niet zo zijn, door de band Bløf. Die moesten weer zo nodig samen met de Counting Crows een plaatje in het Nederlands opnemen. 'Neem ik Spanje als besluit,' zingen ze. Een fijne combinatie, Bløf en die zanger met die rijpe ananas op zijn hoofd die zingen dat ze naar Spanje gaan. Een luguber beeld. Je loopt door El Born in Barcelona, je komt je favoriete café binnen om een paar pinchos, wat patatas bravas en een cerveza te nemen, zit de hele band Bløf ergens in een hoek aan een tafeltje, met een pannetje mosselen voor zich.

Spanje is vooral ruig, rauw en meedogenloos. Niks voor mietjes als Bløf. Denken dat je Spanje aankan als je eens een keer garnalen hebt gepeld op een Zeeuws strand, het is een enorme misvatting. Spanje moet je veroveren. Door de stront zal je moeten. Je zult beroofd van al je kleren drie weken lang in een oude kutauto door de binnenlanden moeten trekken om het echte Spanje te ontdekken. Het is niet anders. Mensen die bijvoorbeeld Pablo Fuentes nooit hebben ontmoet weten niet eens waar ze over lullen. Pablo Fuentes is, onder de echte Spanjekenners, een begrip. Een oude stinkende Spanjaard die in een dorp ergens zeventig kilometer onder Madrid vanuit een soort plaggenhut profetieën mompelt. Het unieke aan Fuentes is dat van de 923.656 voorspellingen die hij tot nu toe heeft gedaan er geen een is uitgekomen.

Je vindt hem niet zomaar. Geen bordjes langs de weg. Niemand wil zeggen waar hij woont, maar als je hem dan uiteindelijk hebt gevonden verandert hij je leven. Het lijkt een voor zich uit prevelende melaatse maar zoals hij een stuk varkenshart kookt, erop kauwt en daarna mompelt dat je later zult trouwen met een geile vrouw, het gaat je door merg en been. Ik kan wel door blijven lullen over het echte Spanje. Allemaal dierbare plekken die ik zeker níét met jullie ga delen. Ik houd het allemaal voor mezelf. Anna, de vrouw met de wijnvlek op haar dijen die je mag neuken voor wat kruiden en Machito, het dorpje waar al vanaf de zeventiende eeuw iedere nacht, om precies drie uur 's nachts, alle geslachtsrijpe inwoners het dorpsplein opzoeken om daar naakt en met het hoofd in de nek te huilen naar de maan, jullie zullen ze niet vinden.

Ik zet de leukste plekken op een rijtje, stelletje armoedzaaiers. Gaan we.

Het schoppen van honden

Heel belangrijk is dat je je een aantal typisch Spaanse gewoontes eigen maakt, zoals het schoppen van honden. Maakt niet uit wat voor honden, als het maar beweegt en meer dan twee poten heeft. Heel belangrijk is dat je het achteloos en vanuit een mateloze dronkenschap doet, het schoppen. Het is eigenlijk, onthoud dat goed, een hond schoppen bij gebrek aan een vrouw. Dat gevoel zit erin. Het lekkerst schoppen Spanjaarden hun hond als ze op een terras zitten. Mogen ze graag doen. Klein stukje chorizo in hun handen en dan maar lokken, met hun dronken kop. De hond ruikt iets, kijkt met scheef hoofd argwanend naar de eigenaar. Paar stapjes dichterbij, snuffelen aan de hand en dan opeens die keiharde schop in zijn ribben of op zijn neus. Als je dat goed oefent maak je heel makkelijk contact met Spanjaarden. Iedere hond schop je weer anders.

Barcelona

Vermijd de dure eettenten. In Barcelona zijn ze daar erg goed in, strandtentjes zo aankleden dat alleen Patrick Kluivert zich er thuis voelt. Speciale donkere hoekjes waar voetbalnegers naar believen hun blauwzwarte paddestoel in een blanke vrouwenmond kunnen duwen, daar is geen gebrek aan, maar een stuk vlees bakken, dat lukt dan weer even minder. Het personeel in dit soort strandtenten is een hel. Je zit in Barcelona aan het strand en dat zul je weten ook. Minachting voor alles wat niet met een jacht aanlegt. Nee, dan El Rey de La Gamba!

Een visvreetketen aan de haven. Met ontblote bovenlijven gamba's in je bek proppen, meer is het niet. Onwaarschijnlijke hoeveelheden vis gaan erdoorheen. De keuken; één grote moordmachine. Duizenden kilo's levende garnalen en kreeften worden routineus naar God gekookt. Absolute aanrader is de schaal Heel Enge Vis Met Oogjes. Vinden Spanjaarden leuk,

om een vis zo te serveren dat je ziet dat hij gek van de pijn is gestorven. In speciale cafés in de hippe wijk Raval, vlak bij de
Ramblas, worden levend gefrituurde eekhoorns geserveerd. Je
moet het een keer hebben geprobeerd, maar leuk is anders,
zo'n harig beest op je bord. Zijn armpjes in doodsnood om een
beukennootje heen geklemd en dan die opengesperde schreeuwende bek met een paar smekende ogen erin, je moet ervan
houden. Vraag hem voor de zekerheid altijd goed doorbakken.

Voetbal

Neem in Barcelona een kijkje bij Nou Camp, een tempel voor
voetbalproleten. Kilometers mensen met te dikke pensen die
op de foto gaan met een kartonnen Ronaldinho. Oude zakken
van vaders met lelijke zoontjes die nooit een bal zullen raken
en gedoemd zijn om voor eeuwig in de onderklasse Drenthe-
Oost te spelen staan aan de rand van het gras te dromen van
een profcarrière. Hulpje bij de groenteman, meer zit er niet
in. Leuk om dit even in alle talen te roepen. Je kunt beter eerlijk zijn.

Het strand

Het strand in Spanje, dat is even wennen. Bent u in Sitges en
loopt u als nietsvermoedende heteroseksueel met een wit ser-
vetje uit uw achterzak over het strand, reken dan op een stevige vuistneuksessie ergens achter een strandhuisje. Sitges,
home of the rectum. Vooral op je handdoek blijven zitten en
genieten van wat de Village People en de Pet Shop Boys alle-

maal hebben aangericht. Even neuken in de zee en dan samen, hand in hand, wachten tot het zaad aanspoelt, het is hier een bekend tijdverdrijf.

In de meer toeristische heteroplaatsen gaat het er anders aan toe. Probeer vooral een keer de churros met suiker en probeer daarna een week lang de suiker uit uw zwembroek te krijgen. Spanjaarden komen altijd laat op het strand, bij voorkeur met de hele familie. Opa, oma, aangetrouwde familie en zesendertig kinderen. Vaak gaan ze net naast jou zitten. Lichamen die al vijfenveertig jaar niet meer in aanraking zijn geweest met water. Oma's overdekt met vliegen, ja, de Spanjaard geniet van het strand.

Negers

Een erg leuk couleur locale dingetje is de houten giraffen verkopende neger. Je ziet ze in heel Europa wel lopen, van die Namibiërs met allemaal een uit dezelfde mal gefabriceerde, gegarandeerd niét met de hand gesneden giraffe. In Spanje sterft het er echter van. Negers tot aan de horizon. Je ligt op het strand, ze spoelen aan, ze pakken hun tasje uit en beginnen eigenlijk meteen zonnebrillen, houtsnijwerkjes, illegale cd's van artiesten die furore maakten in de jaren tachtig en slagtanden aan een leren veter te verkopen. Als notoire Spanjeganger heb ik inmiddels een zekere routine ontwikkeld in het afwimpelen van deze zwarthandel. Gewoon luisteren, dat is het beste. Dus niet wuiven of sisgeluiden maken. Dat zien ze eigenlijk alleen maar als een aanmoediging. Nee, gewoon luisteren naar dat Afrikaanse gemompel vlak naast je. 'Bingi bangi bongo very good price.'

Laat maar lullen. Voel af en toe, om ze aan te moedigen, aan zo'n houten giraffe. Dan worden ze gek. Het zal toch niet, dat ze hun giraffe voor een eurootje of honderddertig gaan verkopen? Nog een keer voelen aan die giraffe. Eventueel aan je partner laten zien. Die moet dan knikken. Ja, mooie giraffe. De dienstdoende houtverkoper zit dan inmiddels op de rand van euforie en dan is het heel belangrijk dat je zo Amsterdams mogelijk tegen hem aan begint te lullen. 'Wat gaat dat kosten, pik?' Paniek. Hij verstaat je niet. 'Zestien giraffen wil ik graag, kan je die vanmiddag nog uit een of andere boom jassen, Kunta Kinte?' Weer paniek. En maar door blijven lullen. Desnoods over je badkamerkraan thuis, maakt niet uit, als hij het maar niet verstaat. Dan aan het eind een wanhopig gebaar maken en hem alsnog wegwuiven. Daar heb je verder geen last meer van.

Italië

Het vermoeiende van Italianen is dat je altijd moet horen dat ze ons zoveel hebben gegeven. Dat gezeik steeds over Rome en de elementaire keuken, die 'met zo veel gevoel voor het aardse element ingrediënten een eerlijke kans geeft'. Het komt erop neer dat er maar één volk op aarde is dat moederliefde, liefde voor de familie, liefde voor het eten, liefde voor het voetbal, liefde voor kleding en liefde voor de vrouw ervaart. Dat rijdt allemaal maar op scootertjes door dat banaal mooie landschap. Het heeft iets ordinairs, de schoonheid van Italië. Een soort Huilende Zigeuner mooi. Overdreven. Het ligt er te dik bovenop.

Janken, doen ze ook graag, Italianen. Volwassen Italianen kunnen jankend om een bord pasta heen staan. Sla een akkoord aan op een gitaar en die sentimentele dweilen staan je meteen weer zes uur door te zagen over de tijd dat ze zelf nog een bambino waren en dat er toen ook een man net zo'n akkoord aansloeg maar dan anders en op net zo'n gitaar maar dan anders. Meestal moet je blijven eten. Blakend van zelfvertrouwen, Italianen. En waarom? God mag het weten. Dat loopt daar allemaal met een pikkie van om en nabij de elf centimeter en lichaampjes die bijna nooit langer dan 1,56 meter worden rond te marcheren in roze poloshirtjes en foute instapschoentjes. Italianen dragen hun trui over hun schouders. Dan weet je het wel.

Italiaanse vrouwen, ook al zo'n ramp. Cicciolina, die vond ik wel oké, maar die is juist weer heel erg atypisch Italiaans. Een blonde vrouw die zich door een Amerikaanse kunstenaar in haar reet laat neuken, ik ben ze daar nog niet tegengekomen. Italiaanse vrouwen spelen graag *hard to get*. Het zijn óf kindvrouwtjes die voor vijfennegentig procent uit zonnebril bestaan of enorme vrouwen met dertig onderjurken aan die zwetend boven een pan pastasaus hangen. Om schijtziek van te worden eigenlijk, Italianen. Laten we eens even wat van die zogenaamde Italiaanse talenten doorprikken.

Landschap

Overdreven gedoe. Ik zou me schamen in een land met zo'n vorm. Een laars. Kan het lulliger. Lijkt me echt vreselijk om te moeten zeggen: 'Ik woon in de hak van Italië.' Ik vind dat een land een zekere robuustheid moet hebben. Gewoon normaal, met aan één kant zee en dan verder geen gelul. Dus strand, binnenland, een paar achterlijke bewoners op een berg en dan een hoofdstad. Nee, Italianen moeten weer overal water omheen hebben. Dat is dan meteen weer het mooiste water ter wereld. Altijd dat gezeik over water. In Rome staan zestig jaar na dato nog steeds honderden Italianen met een stijve pik tegen hun buik te trillen omdat in *La Dolce Vita* een zekere Anita Ekberg haar tepelhoven in hun fontein bevochtigde. Venetië, ook zoiets. Moeten we dan allemaal geweldig vinden, dat er een stad midden in een open riool staat. Het meest lugubere evenement ooit werd er georganiseerd. Pink Floyd in Venetië. Die dweperige softe kutmuziek van Pink Floyd gecombineerd met de geur van rottend water. Onvergetelijk.

De maffia

Ja, de maffia. Wat moet je ervan zeggen? In Nederland heten criminelen Pistolen Paultje en de Neus, in Italië heten ze Chico, Corleone, Nicky en Vincent. Vinden ze diep in hun hart dan ook weer prachtig. Lekker maffia doen. Helemaal uit het niets iemand opeens vol op zijn noten schoppen en daarna even goede vrienden. Moet allemaal gewoon kunnen in Italië. Dat rare gedweep met hun familie. Er zit een heel rare logica in. Ze behandelen hun vrouwen als stukken onbeperkt neukvlees, maar als je per ongeluk in een winkelstraatje tegen een maffiavrouwtje aanloopt lig je meteen achter in een kofferbak. Schreeuwend eten doen ze ook bij de maffia, in hemdjes vol met tomatensaus en autosmeer. Een hoop spierballengedoe, maar een beetje humor, ho maar. Ik heb vorig jaar de proef op de som genomen. In Milaan een restaurant binnengelopen en pasta di tonno besteld. Ik wachten, pingpongballetjes in mijn bek, beetje scheel om me heen kijken en wat kreunen. Ze zetten dat eten neer en ik flikker het meteen op de grond. Schreeuwen. 'Dat geef je maar aan die hoerenmoeder van je in de keuken maar niet aan mij! Begrepen!' Viel helemaal stil in die tent. Er komt een jongen tegenover me zitten en die vraagt mij het zout. Ik sla hem meteen met mijn volle hand op zijn wang. 'Wat? Wat wil je? Wat wil je godverdomme van me? Wil je zout? Ja, is dat het? Willen we zout? Zeg het maar hoor als we zout willen. Ik heb de tijd. Meneer wil zout, godverdomme. Pak het dan maar als je zo flink bent. O wat zijn we macho. We vragen gewoon het zout.' Toen even gewacht tot hij het zout pakte en pang, weer een klets op zijn wang. 'Wat doe je nou? Ja, jij ja, wat doe je nou? O, we gingen het zout pakken. Horen we het allemaal goed? Dit stuk stront wilde in aanwezigheid van mij, de grote Lucatti, het zout even pakken. Godverdomme. Wat wil je nou? Wil je zout? Wil je zout?' En daarna legde ik dan altijd uit dat het een stuk Amsterdams improvisatietoneel uit de school van Gerardjan Rijnders was, die onlangs overigens voor zijn verjaardag werd geportretteerd door Erwin Olaf, heel arty met een makreel in zijn kont, terwijl hij twaalf naakte dwergen zuigt, maar goed, dat begrijpen die Italianen dan opeens weer niet.

Literatuur

We hebben het ook aan die fokking Italianen te danken dat Dan Brown een boek heeft geschreven. Zijn we ook lekker klaar mee. Over de hele wereld zitten mislukte schrijvers, na het succes van *De Da Vinci Code* vergelijkbare, half mystieke, half historische thrillers te fabrieken. Om gek van te worden. Loop door een willekeurige boekwinkel en je ziet 168 rip-offs van Browns cover en evenzoveel enigszins naar *De Da Vinci Code* verwijzende titels. *De Mascotti Affaire, Het Bertolluci Raadsel, De Mastino Connectie.* Brrr…

Pasta

Trap er niet in, dat emotionele gelul over pasta. Ja, ze hebben allemaal een oma van een moeder en daarvan weer een aangetrouwde nicht die het geheim heeft van de ideale pasta. Waar hebben we het over? Keihard graan in een lullig vormpje. Meer is het niet. Doen we dat in Nederland, heel emotioneel over een rookworst gaan staan lullen? Laten we eerlijk zijn, pasta klaarmaken is iets voor debielen. Iedereen kan het. In kokend water gooien, beetje aan je Italiaanse pikkie gaan staan voelen, afgieten, saus eroverheen en op tafel flikkeren. Over de hele wereld heet dat studentenvoer, in Italië staan ze nog steeds een avond lang te discussiëren over de goede dikte van de saus. Die hazenlip uit Engeland, hoe heet hij, die altijd op zijn scooter winkels binnenrijdt en alles *full of flavour* vindt, kom hoe heet ie, die lispelaar met al die kutvrienden van hem, ja, Jamie Oliver. Die is ook helemaal blind van de Italiaanse keuken. Hij maakt zijn pastasaus altijd wat vochtiger door met die sputterende bek van hem boven de pan te gaan hangen. Die vertelde in een van zijn kookboeken dat je kunt zien of spaghetti goed al dente gaargekookt is, door een sliert tegen de muur van de keuken te gooien. Blijft hij plakken, dan is het precies goed. Heb ik vorig jaar in Napels gedaan. Ik kreeg mijn bord, ik pak die hele kluit in mijn handen en donder het zo tegen de muur. Kwaad. Schijn je dan zonder saus te moeten doen. Altijd wat die Italianen.

Marktplaatsbashing

Marktplaatsbashing, ik doe niet anders. Het is over met hippe logjes bekijken, tijdschriften online lezen en met zijn twaalf-duizenden tegelijk naar een foto van een vrouw kijken met een plasje zaad op haar buik. Cumshots zijn uit, het is tijd voor eerlijk en oprecht volksvermaak. En marktplaats.nl is mijn podium.

Marktplaats.nl is zo Hollands vind ik. Zo'n naar sudderen-de uien stinkende Beverwijkse koopjeshal vol beschimmelde tweedehandsboeken en zuurruikende bollen wol, maar dan op internet. Handelen voor minder begaafden. Net iets voor mij dus.

Je moet er een beetje gevoel voor krijgen om de echte ellen-degevalletjes ertussenuit te halen, maar als je je er een beetje in bekwaamt kun je mensen tot waanzin drijven. Zoek een lek-ker goedkoop aangeboden product uit waar je geen ruk ver-stand van hebt. Bijvoorbeeld '2 weerstanden 39 ohm / 100 watt'. Daar kan op geboden worden. Heel belangrijk is het om dan met een zo beledigend mogelijk bod te komen. Ik bied ei-genlijk standaard 40 eurocent, ook als het om immense elek-tronische orgels, zestig jaargangen *National Geographic* of een set nieuwe bowlingballen gaat. Schandalig laag inzetten, dat raakt de aanbieders het hardst. Wat ik ook altijd doe is een mail mee sturen, met wat vragen. In dit geval deze mail:

'Beste Rob, ik zie dat je op marktplaats 2 weerstanden 39 ohm aanbiedt en dan ook nog 100 watt dus dat kan niet op, ouwe patser. Nu zal ik je niet vermoeien met mijn privédingen maar ik dacht dat ik voorrang had bij dat ongeluk en ik kon er dus niets aan doen, maar evenzogoed zit dinges nu in een rolstoel en wat ik eigenlijk wil is dat ze minder hard rijdt, dus dat er meer weerstand op die wielen zit want nu loop ik me het lazarus naast die stoel want ik heb benen en zij niet, als je begrijpt wat ik bedoel, Rob, even als validen onder elkaar. Nu verkoop jij weerstanden, dus ik denk, weet je wat, ik mail hem even om te vragen of het goede weerstanden zijn. 39 ohm vind ik namelijk een beetje "net niet", toch een beetje in het segment "volstrekt kansloos" volgens mij. Waarom bijvoorbeeld niet 86 ohm, als je toch bezig bent, luie flikker dat je er bent. Maar, misschien zeg jij wel, het zijn hele lekkere 39 ohmers, beste van het beste en dan ga ik weer twijfelen wat ik dus ook deed met voorrang verlenen maar dat is een ander verhaal, wat tante Dini veel mooier kan vertellen maar die ontmoet je nog wel, want ik wil even langskomen met mijn familie om die weerstanden te testen, of ze wel echt 100 watt zijn, want als ze maar één watt minder zijn steek ik die hele kamer bij je in de fik want ik ben wel klant en dus koning, net zo makkelijk. Maar als alles oké is, dan wil ik er dus 40 eurocent voor betalen, dat is een deal. Nou, we spreken elkaar, Rob, het is net alsof ik je al heel lang ken, maar dinges roept dat ze klaar is met dingesen dus ik ga even helpen, voor de hygiëne. Zie je, man! Echt te gekke advertentie, bedankt vriend. Zullen we samen op vakantie gaan? Of voel je wat weerstand, hahaha, nou ja, woordgrapje moet kunnen en zo daaggg!'

Dan afwachten. Meestal komt er een berichtje dat ze net verkocht zijn. Niet door laten ontmoedigen. Negeren. 'Rob, ik lees net je mail, dat je die weerstanden wilt verkopen aan me, goed man! Maar wat die 39 ohm betreft, die wil ik traploos doorlussen via mijn integraalhelm het trapportaal in, dat je er geen last van hebt. Kan dat? Nou ja, we zien wel.'

Daarna wachten tot een dagje later het aanbod schielijk gewist wordt. Dan nagenietend in je auto stappen, wegrijden en vergeten voorrang te verlenen.

Bob houdt het voor gezien

Mijn zoon Bob kan heel goed voetballen. Eerst valt mij dat niet op. Andere vaders komen naast mij staan en zeggen dat hij het spelletje ziet. Bob is zes jaar en een van de vierendertig jongetjes die op een waterkoude ochtend op het veld van Roda '23 om half negen 's ochtends wanhopig contact proberen te maken met de bal. Het is de zogenaamde kwartjesochtend. Heel jonge kinderen mogen alvast even een uurtje snuffelen aan het voetballen. Dat resulteert iedere zaterdagochtend in de bekende kluit geestdrift die schreeuwend over het natte gras trekt.

Pas als drie vaders mij hebben gecomplimenteerd met Bob zijn spel ga ik anders kijken. Hij ziet het spelletje, zeggen ze. Wat ziet hij dan, Bob? Welk spelletje? Pas na een paar balcontacten begrijp ik wat ze bedoelen. Bob kijkt om zich heen als hij de bal heeft. Hij zoekt naar afspeelmogelijkheden. Verdomd, ze hebben gelijk, de andere vaders. De meeste andere jongetjes doen het omgekeerde. Die bal aan hun voet en ze geven hem nooit meer af. Jammer dat ze hem niet in hun handen mogen nemen. Dat zou alles een stuk eenvoudiger maken. Het liefst namen ze hem mee naar huis.

Het valt me nu ook op dat Bob de bal steeds kwijt kan op

Joris. Die zet drie stappen opzij en staat dan vrij. Bob speelt hem de bal in de voeten. Een van de vaders legt het me nog een keer uit. 'Hij ziet het, die zoon van jou. Hij speelt Joris in op zijn goede voet, zodat de voortzetting veel sneller verloopt.' Op het veld zoekt Bob even oogcontact met mij. Knipoogje. Gaat goed.

Twee jaar later voetbalt Bob nog steeds bij Roda '23. Voor een jongetje van negen doet hij wonderbaarlijke dingen met een bal. Niet eens technisch. Het ziet er juist allemaal zo vanzelfsprekend uit. Ik probeer inmiddels ook een beetje als de andere vaders te kijken. Dat is de ellende, met dat geschreeuw om je heen. Je wilt zelf het spelletje ook zien. Dat lukt slecht. Bob geeft steekballetjes die ik niet begrijp. Het lijken radeloze schuivertjes in het luchtledige. Alleen Joris begrijpt ze. Die is al gaan hollen op het moment dat de bal nog naar Bob toe rolde. Het is duidelijk: ook Joris ziet het spelletje.

In de rust van de wedstrijd gonst het. Er is een scout. Ik kijk om me heen. Opeens zijn alle mannen met driekwart jassen verdacht. Er staat een grote vent met zijn rug tegen een boom. Hij belt. Dat zou hem kunnen zijn. Scouts bellen graag, denk ik. Aan de andere scouts vertellen wat ze zien. Andere mensen halen in de rust een tosti. Scouts niet. Die zijn aan het werk. Ik houd hem tijdens de tweede helft scherp in de gaten, of hij misschien iets noteert. Hij heeft in ieder geval de rust van een voetballiefhebber. Die juichen niet of applaudisseren niet. Ze kijken anders, denk ik.

Dat steekt een beetje. Wat ziet hij in mijn zoon wat ik niet zie? Hoe krijg je, net zoals scouts, kijk op het spelletje? Ik zie altijd alleen maar de doelpunten en het juichen. Nooit het slimme vrijlopen. De man met de telefoon verlaat halverwege de tweede helft het veld. Ik voel een lichte teleurstelling. Ik kijk naar Bob. Die weet van niets. Hij opent vanaf het middenveld met links op de rechtsbuiten.

Na de wedstrijd hoor ik van de moeder van Dennis dat de scout naar Bob, Joris en haar zoon heeft geïnformeerd. Ze is in alle staten. Leuk hè, zegt ze steeds. Leuk hè! Ik zie haar hetzelfde verhaal aan andere ouders vertellen. Leuk hè, leuk hè, liplees ik. Ik ben daar zelf nog niet helemaal uit, of dat leuk is. Ik besluit om Bob niets te zeggen, maar in de kantine heeft hij het al van verschillende mensen gehoord. Hij is gescout. Door iemand van AZ.

Mijn ex-vrouw, ook altijd aanwezig, is opgewonden. Het is toch AZ, hoor ik haar tegen iemand anders zeggen. Op de terugweg, in de auto, leggen we Bob uit dat dit natuurlijk nog helemaal niets zegt. Die meneer heeft gewoon zijn naam opgevraagd. Dat doen ze zo vaak. Hij moet nergens op rekenen. Die avond belt mijn ex. Ze heeft de moeder van Dennis bijna anderhalf uur aan de telefoon gehad. Wat zou dat leuk zijn als Dennis en Bob samen naar AZ gaan! Als ik heb opgehangen denk ik: AZ, die spelen toch in Alkmaar. Wij wonen in Amstelveen. Vlak bij het Ajax-stadion.

Een week later al worden Bob, Dennis en Joris uitgenodigd voor een serie selectietrainingen bij AZ. In de auto, op weg naar de eerste training, zit Bob doodstil naast me. Hij is wit. Strakke kop. Zo heb ik hem nog nooit gezien als hij gaat voetballen. Als ik hem vraag of hij er veel zin in heeft knikt hij. Hij vraagt of de radio uit mag.

De training vindt plaats op 't Lood, het jeugdcomplex van

AZ. De velden liggen vlak bij het DSB Stadion, waar het uiteindelijk allemaal moet gaan gebeuren. De eerste training wordt
geleid door Aloys Wijnker, hoofd van de jeugdopleiding. Hij
legt de jongens uit dat ze gewoon moeten voetballen zoals ze
altijd voetballen. Plezier in het spelletje hebben, dat is het al-
lerbelangrijkste. Dan komt de rest vanzelf. Een tiental vaders
en moeders luisteren mee. Sommigen maken foto's of filmen
de training. Leuk voor later.

Bob begint slecht. Er springen wat ballen van zijn voet. Hij
kijkt me snel even aan. Ik doe mijn duim omhoog. Mijn ex-
vrouw roept. Heel hoog en schel. 'Kom op, Bob!' Pas na vijf
minuten gaat het beter. Er worden simpele oefeningen uitgevoerd. De bal hard inpassen, om wat pylonnetjes heen drib-
belen, elkaar de bal in de handen schieten. Saai eigenlijk. Pas
aan het eind van de training wordt er een partijtje gevoetbald.
Nu roepen er meer ouders. Vrijlopen! Kijk uit, achter je. Ik
roep niets. Veel jongetjes proberen bij ieder balcontact virtu-
oos te zijn. Er wordt veel gelopen met de bal. De enkele keren
dat Bob aan de bal komt, speelt hij de bal in één keer door op
een medespeler. Twee keer wordt daaruit gescoord. Niemand
juicht. Dat is nieuw.

Tijdens de tweede training ligt er een dik pak sneeuw op het
veld. Alweer bestaat de training voor een groot gedeelte uit
eenvoudige oefeningen. Aloys Wijnker en twee andere trainers staan met hun rug naar de spelers toe te praten. Af en toe
blaast Aloys op een fluitje en begint er een nieuwe oefening.
Het partijtje in de sneeuw is rommelig. Bob speelt sober. Veel
zakelijker dan bij Roda '23. Daar wil hij nog weleens iemand
door de benen spelen of met een lobje scoren. Hij probeert het

nu niet eens. Alleen een lichaamsschijnbeweging valt me op. Hij scoort met rechts. Ik kijk snel of de trainers het ook hebben gezien. Nee. Ze staan nog steeds met hun rug naar de spelers toe. Ze lachen om iets wat Wijnker zegt. Een van de trainers houdt een bal hoog. Moeiteloos.

Een dag later belt mijn ex-vrouw. Ze heeft Aloys Wijnker net aan de telefoon gehad. Ze willen met ons praten. We hebben allebei wat afspraken staan, waardoor we niet naar Alkmaar heen en weer kunnen. Dat is geen probleem. Ze komen wel naar Amstelveen. We zullen elkaar ontmoeten in Café Bar 1890. Mijn ex-vrouw en ik spreken iets eerder af op een parkeerplaats in de buurt. Even de tactiek doornemen. We moeten goed vragen hoe het met vervoer zit, stel het gaat door, en we moeten ook vragen hoe het met kleding zit, of je die zelf moet wassen. Ik zeg ook steeds dat het heel belangrijk is dat hij plezier in het spelletje houdt. Dat is mijn ex met mij eens. Niet ten koste van alles. Ze doen het uiteindelijk alleen maar om het geld, zeg ik. Dat moeten we niet vergeten. Ook dat is mijn ex met me eens. Dat moeten we niet vergeten. We sommen het nog even op, vlak voor we naar het café lopen. School, reizen, kleding en plezier. Vooral dat laatste. Hij is nog zo jong. Als we bijna bij de ingang van het café zijn weten we allebei wel beter. We gaan daarbinnen op alles ja zeggen. Diep in ons raast een ontembaar vuur door het lichaam. Onze zoon gaat voetballen bij een profclub.

Aloys en Nick van Aart zitten midden in het café een uitsmijter te eten. Dat praat wat ongemakkelijk. Zelf kan ik het niet, met mensen praten als ik iets eet. Altijd bang dat er een stuk peterselie op mijn tand zit, of dat ik een plan voor een nieuwe tv-serie zit uit te leggen met een draad gesmolten kaas op mijn wang. Eten doe je met bekenden, en dan nog… Aloys en Nick snijden tijdens het gesprek grote punten ei, en steken die, als wij aan het woord zijn, langzaam in hun mond. Ze kauwen en geven dan pas antwoord. Aloys en Nick zijn mensen die makkelijk eten in gezelschap.

Ze leggen ons, met de kin vlak boven hun dooier, uit dat ze Bob een zeer talentvolle voetballer vinden. Hij heeft iets. En hij is linksbenig. Nu ze het zeggen. Verdomd. Kun je zien dat ik er geen reet verstand van heb. Nog nooit opgevallen. Ik vraag ze hoe ze dat zo snel hebben gezien, dat hij bij AZ past. Ze leggen het uit. De manier waarop hij een bal aanneemt. Zijn hoofd omhoog, niet naar beneden. Dus toch, denk ik. Hij staat bijna altijd goed. Hij biedt zich aan. En hij deed heel fanatiek mee aan de saaie oefeningen. Aloys is trots als hij uitlegt hoe ze te werk zijn gegaan. Een slimmigheidje. Ze zijn tijdens de oefeningen expres met hun rug naar de jongens gaan staan. Uit hun ooghoeken hebben ze gekeken welke jongens gingen smokkelen. Welke jongens hun oefening niet afmaakten. Wie er een metertje smokkelde, als Aloys niet keek. Bob deed dat geen enkele keer. Ze zagen passie. Ze zouden heel graag willen dat Bob bij AZ komt voetballen. Want AZ is passie. En nuchterheid. Allebei.

We vragen hoe het zit met school. Bob gaat naar de laatste klas van de basisschool. Hij kan niet iedere dag op en neer reizen. Dat is geen enkel probleem. Hij traint op maandag, woensdag en vrijdag. Wij moeten hem zelf brengen en halen. En ja, inderdaad, ook zelf de kleding wassen. Als Bob daarna bij AZ blijft voetballen, gaat hij naar een middelbare school in

Alkmaar. Dan wordt hij iedere ochtend opgehaald met een busje en keurig weer thuisgebracht. Of we nog meer vragen hebben.

Mijn ex-vrouw vraagt nog iets over de school. Ze vindt het nogal wat, dat hij niet meer met zijn vrienden uit Amstelveen naar school gaat. Is dat niet erg ingrijpend? Ja, denk ik, maar ik zeg het niet. Stel, als Bob over twee jaar wordt weggestuurd, hoe moet dat dan? Dan moet hij weer in Amstelveen naar school en dan kent hij niemand. Ik word een beetje somber van deze vraag. Alles was zo overzichtelijk, tot die verdomde scout op het veld verscheen. Ik was gescheiden, mijn vrouw en ik keken, gelukkiger dan ooit, samen naar onze voetballende zoon en in het weekend ging ik fonduen. Alles was nog mogelijk, tot die fokking scout verscheen, met zijn kutjas. Alles lijkt opeens vast te liggen voor de komende twaalf jaar. En hoe moet dat met onze dochter? Die heeft ook aandacht nodig.

Aloys antwoordt mijn ex dat AZ natuurlijk heel zorgvuldig met die verantwoordelijkheid omgaat. We kunnen ervan uitgaan dat als zij Bob graag willen hebben dat dat dan voor een langere periode is. Hij snapt heel goed wat voor impact het heeft op een gezin. Dat onderschatten ze niet. Zouden ze maar even twijfelen, dan begonnen ze er niet eens aan. Het belang van Bob staat voorop. Hij kijkt mij aan als hij uitgesproken is. Het zal de laatste keer zijn dat hij dat doet. In de twee jaar die volgen zal ik hem alleen nog spreken bij een evaluatie. Op het veld spreekt hij met niemand. Alleen als het echt moet. Nick van Aart zegt het hele gesprek niets. Ook hij eet adembenemend mooi een uitsmijter.

Mijn ex-vrouw en ik zeggen dat we er nog even goed over

na willen denken, maar als we naar onze auto's lopen weten we het al. Bob speelt volgend seizoen bij AZ en wij gaan een jaar lang zes keer per week op de vervelendste snelweg van Nederland in de file staan.

Zes weken later besluiten de trainers, op basis van de laatste selectietraining, dat Dennis ook doorgaat. Joris valt af. Tot grote opluchting van zijn ouders. Ze lopen het veld af, met hun arm om hem heen. Hij heeft zijn best gedaan. Volgend jaar weer lekker ballen bij Roda '23. Ik ben jaloers. De ouders van Dennis rijden, meteen na het verlossende gesprek met Aloys Wijnker, naar het AZ Stadion en kopen in de fanshop een AZ-dekbed en een AZ-hangertje. Dennis laat het hangertje de volgende dag aan Bob zien. Mooi, zegt hij laf.

Bob maakt het seizoen af bij Roda '23. Daar is de sfeer opeens heel anders. De tegenstanders zijn inmiddels op de hoogte van zijn selectie en dat verandert alles. Ze spelen tegen iemand van AZ. En dat zal hij weten ook. De ouders langs de kant zijn kritischer. Als Bob een fout maakt wordt er geroepen: 'Dat kost je volgend jaar je plaats, jongen.' Er wordt net iets harder geklapt als andere jongens, die volgend jaar niet naar AZ gaan, een mooie actie maken. In de rust vragen ze aan mij of ik er niet tegen opzie. Feilloos sommen ze alle bezwaren op die al de hele week door mijn hoofd spoken. Gaat hij zijn vriendjes niet missen? Is het wel een goede school? Is dat niet een raar idee, dat je zoon alleen maar met voetbal bezig is? Hoe laat moet hij opstaan, als in het tweede seizoen het busje voor komt rijden? En vertrouw ik dat wel? Ze schijnen ex-verslaafden en ingedutte bejaarden te ronselen voor het besturen van die busjes. Al de mensen die mij die vragen stellen, zouden hun zoon blind in Den Helder laten voetballen als daar een profclub actief was.

Als Bob het weekend bij mij is, vraag ik hoe ze op school hebben gereageerd. Hij vertelt me dat hij het bijna aan niemand heeft verteld. Daar krijgt hij alleen maar gezeik mee. Als hij na school nog wat op een veldje bij ons in de buurt voetbalt, proberen ze hem te raken waar ze hem maar raken kunnen. Allemaal proberen ze dat AZ-gozertje omver te werken. Ze vermoeden kapsones. Bob vertelt me dat hij met zijn vriendjes expres wat minder goed voetbalt. Dat werkt het beste.

Na de zomervakantie is er een bijeenkomst gepland op 't Lood. Ouders en kinderen zullen daar een avond lang voorlichting krijgen over de jeugdopleiding. Bob zal zijn teamgenoten ontmoeten, er zal een diëtist een verhaal houden, de trainer zal worden voorgesteld en er zal informatie worden verstrekt over de trainingstijden, het wedstrijdschema en de huisregels. De bespreking vindt plaats in een oude kantine op het complex. Op honderd meter afstand wordt er iets uit de grond gestampt in de huiskleuren van AZ. Roze met bruin. Zoals alle bouwwerken van de bank lijkt het gebouw op een kasteel. Onneembaar, met weinig deuren.

Aloys Wijnker neemt het woord en ik hoor niets van zijn welkomstpraatje. Het zal wel. Ik kijk strak naar de rij jongetjes voor me. Daar zitten ze, naast elkaar. Ze lachen veel te hard om ieder grapje en kijken om de paar minuten naar achteren, op zoek naar hun ouders. Bob ook. Hij lacht een rare, onherkenbare lach. Mijn ex-vrouw luistert aandachtig naar Aloys zijn verhaal. Zij vreest vooral het dieet. Zij kookt vijf dagen per week voor Bob en ze is als de dood dat ze de komende jaren stükjes vetarme vis door een tefalpannetje staat te schudden. Aloys praat door. Ik luister even. Duizenden jongetjes in Nederland zouden willen wat zij nu gaan doen. Spelen voor AZ. Een droom voor velen. Of ze wel begrijpen hoe bevoorrecht ze zijn. Wat zou Aloys zelf graag profvoetballer zijn geworden. Was er in zijn tijd maar zo'n goede jeugdopleiding geweest als AZ nu heeft. Ik kijk naar Bob. Hij luistert en kijkt af en toe naar een jongetje vlak naast hem. Jordi. Alweer ontroering. Zou het tot die twee doordringen dat ze de komende negen jaar bijna dagelijks met elkaar moeten optrekken? Dat ze samen het shampooflesje van een medespeler vol staan te pissen. Het benauwt me, die volkomen willekeurige verzameling van zestien jongetjes, die een hele jeugd voetballend met elkaar moet optrekken. Zo te zien dringt dit tot geen van de jongetjes door. Ze lachen nog eens en luisteren naar de diëtist.

Dan wordt de trainer voorgesteld. Het is Dennis Haar, de zoon van Martin Haar. Niet echt een makkelijke prater. Hij houdt zich vast aan een papiertje. Dennis legt uit dat hij zich enorm verheugt op de samenwerking. Ook hij benadrukt nog eens hoe bevoorrecht deze jongens zijn. Hij zou er een moord voor hebben gedaan, profvoetballer worden. Ik probeer me intussen het gezin Haar voor te stellen. Vader Martin en zoon Dennis aan de sportmaaltijd, sprekend over het vak. Hoe Martin dat vroeger altijd oploste, naar binnen knijpen en dan opeens diep gaan. Dennis die aantekeningen maakt in een schriftje vlak naast zijn bord. Dat ik niet weet of Dennis een zus heeft verontrust me.

Dennis lijkt me een aardige gozer. Hij heeft speciaal voor

deze avond een leuke polo aangedaan. Hij hoopt met onze jongens aanvallend te gaan voetballen en vindt het een eer dat AZ hem heeft gevraagd als trainer van de D2. Dennis is tegen het eind van zijn praatje steeds moeilijker te verstaan. De ergste spanning is er nu vanaf en hij is blijkbaar vergeten wat Martin thuis nog tegen hem heeft gezegd: goed articuleren, het is toch de eerste indruk die je maakt.

Daarna Aloys Wijnker weer. Hij wil nog even iets belangrijks zeggen. Bij AZ doucht men naakt. Dat vinden ze belangrijk bij AZ, naakt douchen. In je blootje. Dus niet met een zwembroek aan. Hij begrijpt dat het volgens bepaalde geloven soms lastig kan zijn, maar voetbal is een teamsport. En in een team douche je naakt. Zo hebben ze dat afgesproken bij AZ. Het schijnt nogal een belangrijk thema te zijn voor Aloys. Hij gaat nog even door. Jongens die een zwembroek dragen, verpesten het eigenlijk voor een ander. Die hebben schijt aan naakte jongens. Met een zwembroek plaats je je buiten het team.

Het wordt wat stiller in de kantine. We hebben nu wel een beeld. Wijnkers merkt nu ook dat zijn betoog fundamentalistisch naturalistische trekjes begint te vertonen. Hij probeert nog te redden wat er te redden valt. Het is ook heel onhygiënisch, zegt hij. De demonstratie hoe je jezelf goed onder je velletje wast blijft gelukkig uit.

Daarna is er gelegenheid tot informeel kennismaken. Mijn ex staat met drie moeders over het dieet te praten. Een aantal vaders staat bij elkaar over voetbal te praten. Ik hoor allemaal namen van teams uit de 1e en 2e klasse die ik helemaal niet ken. Bijna alle vaders schijnen al jarenlang de Noord-Hollandse

velden af te struinen. Liefhebbers. Ikzelf kan nog geen zes spelers opnoemen uit het eerste van AZ. Ik doe aan de bar alsof ik
sms.

Bob komt naar me toe. Het lijken hem allemaal erg leuke
jongens. Hij heeft er veel zin in. Met Yovani kan je echt lachen.
Die zei dit en dat en toen zei die andere jongen zoiets van jaja.
Nou ja, dat was dus wel lachen. Daar staat hij, de nieuwe linkshalf van AZ, op zoek naar jongens met wie hij een beetje kan
lachen. Bob maakt zich zorgen om zijn voetbalschoenen. Moet
hij een bepaald merk dragen? AZ wordt gesponsord door
Quick, die niet echt bekendstaan om hun geile sportkleding.
Bob wil liever iets gestroomlijnds met een kleurtje. Of ik het
even aan Dennis Haar wil vragen.

Die zit aan een tafeltje en schrijft iets op een papiertje.
Waarschijnlijk dat hij de volgende keer nog iets duidelijker
moet articuleren en dat je bij AZ altijd naakt moet douchen.
Thuis doucht hij ook naakt, dus dat komt goed uit. Ik loop op
hem af en stel me voor. Ik schat hem een jaar of achtentwintig.
Ik begin te spreken. 'Dag, ik ben de vader van Bob Dijkshoorn.
Ik wilde je even iets vragen. Bob heeft een vraagje over zijn
voetbalschoenen en...' Hij onderbreekt me. Hij is even bezig.
Als hij klaar is zal hij kijken of hij nog tijd heeft. Dat laat hij me
dan weten. 'Ja?' Ik knik ja. Ik heb, zal ik later pas begrijpen,
een doodzonde begaan. Ik heb een trainer, zomaar uit het
niets, aangesproken. En misschien nog erger: ik heb hem geen
trainer genoemd.

Dat was Aloys nog vergeten te vertellen. Je doucht naakt en
je spreekt de trainer aan met trainer. Maar ik voel dat ik een
veel belangrijker, ongeschreven regel heb overtreden. Een trai-

ner spreek je nooit zomaar aan. Ik word daarvoor gestraft. Dennis wacht een tijdje, rommelt nog wat met zijn papieren, loopt vlak langs mij naar de bar, bestelt een koffie, schrijft weer door, sabbelt aan zijn pen en weet dat ik kijk. Het is als bij de huisarts, die je in je onderbroekje op een krukje laat wachten, terwijl hij nog wat gegevens van een patiënt vlak voor jou noteert. Het hiërarchisch wachten, ik zal er een meester in worden de komende jaren.

Aan het eind van de avond wenkt Dennis me. Hij blijft zitten als ik naast zijn tafeltje sta. Voetbalschoenen zijn vrije keuze. Verder moet alles van Quick zijn. De kleding zal zo snel mogelijk worden geleverd. Er is wat vertraging bij de sponsor. De letters lieten los. Ik kan nog maar net de verleiding weerstaan om hem op zijn rug te rammen. 'Dat maakt toch niet uit pik, dan gaan we gewoon lekker in ons zwembroek voetballen.' Dat doe ik niet. Ik blijf even bij zijn tafeltje staan, maar hij zegt niets meer. Als ik terugloop naar de bar sta ik opeens naast de vader van Jordi. Het blijkt oud-voetballer Roelf-Jan Tiktak te zijn.

Terug in de auto spreken we niet veel. We hebben allemaal een vaag idee van wat ons nog te wachten staat. Bob leest op de achterbank het hoofdstuk over wat hij wel en niet mag eten. Chocola met mate, hoor ik hem mompelen. Thuis vertelt hij zijn zus over de bespreking, zoals broers en zussen dat met elkaar bespreken. Chill? Ja, chill. Oké, relaxed.

Relaxed wordt het de komende twee jaar nooit meer. Ik breng Dennis en Bob op vrijdag naar de training. Mijn ex en de vader van Dennis doen het op de andere dagen. Een training duurt met naakt douchen en omkleden bij elkaar twee

uur. Veel is er niet te beleven op 't Lood. Het nieuwe onderko-
men voor de jeugd neemt steeds wanstaltiger vormen aan. Er
blijkt een massageruimte met veel glas te komen en een uit-
kijktoren.

In een kelderachtige ruimte wordt koffie verkocht in plastic
bekertjes. Door een klein raampje kunnen we naar buiten kijken. Als de jongens het veld op wandelen, lopen de vaders in
een rijtje naar het trainingsveld. Dennis Haar blijkt opeens
een behoorlijk volume te kunnen ontwikkelen. De dictie van
een zwemleraar. Langs de kant wordt weinig gesproken. Niemand roept iets. Ik durf met Roelf-Jan Tiktak langs de kant
sowieso niets te zeggen. Misschien zie ik het wel helemaal verkeerd. Zijn aanwezigheid werkt verlammend. Je gaat ook niet
lekker abstract staan schilderen naast Corneille. Dat ik de
sportcolumnist van *de Volkskrant* ben, maakt het alleen nog
maar erger. Ik ga ontzettend door de mand vallen als Roelf-
Jan mij een vraag gaat stellen over de opstelling.

Ik kijk stiekem naar Roelf-Jan, zoals je naar een zwijgend
orakel kijkt. Ik hoop op zijn gezicht te zien wat hij van Bobs
acties vindt. Dat levert niet veel op. Roelf-Jan is voorlopig alleen maar heel beweeglijk als zijn eigen zoon aan de bal komt.
Dat herken ik wel. Het meebewegen. Bij Roda '23 holden er
vaders mee langs de lijn. Hier bij AZ laat je dat wel uit je hoofd.
Het moet echt uit je polsen komen. Of desnoods een heel subtiel schopje tegen het hek. Alles wat in het nadeel van je zoon
kan zijn laat je wel uit je hoofd. We staan er pas voor de eerste
keer, langs het trainingsveld, maar op een of andere manier
begrijpen we allemaal dat we moeten zwijgen. Sprekende ouders, daar zijn ze niet dol op bij AZ. Zwijgende ouders trou-

wens ook niet. Voor straf mogen we ook niet zomaar naar het toilet. We moeten een sleutel vragen. Ik houd het wel op tot ik weer thuis ben.

Terug in Amstelveen lopen we even met Dennis mee naar binnen, om aan zijn ouders te vertellen hoe de eerste training ging. Aan de muur hangt de uitnodiging voor de selectiewedstrijden ingelijst aan de muur. Dennis zijn moeder verheugt zich erg op de rondleiding volgende week door het DSB Stadion. Uniek. Wie had dat gedacht, een paar maanden geleden. Enig is het toch! Wanneer gebeurt zoiets. Nooit. Ze zegt in de deuropening nog eens hoe ontzettend leuk het zou zijn als Dennis en Bob samen door zouden gaan bij AZ.

Terug in de auto vraagt Bob of ik binnenkort niet eens een ander type auto moet kopen. Geen lichtgroene bijvoorbeeld en geen Micra, waar ik nu in rijd. Ik moet er eentje kopen zoals Ted zijn vader heeft, of zo een als de vader van Carlos. Eentje met echte wielen en een knipperend dashboard. Eentje die je niet hoeft aan te duwen. Het voelt even als verraad. Nog maar twee maanden daarvoor heeft hij om mijn tweedehands Micra heen gelopen. Nu pas begrijp ik dat hij me heeft gespaard. Ja, mooi man. Komt hij wel boven de honderdtwintig? Ja? Tof! Goede kleur ook pap, groen.

Het wagenpark bij AZ voor de deur heeft Bob roekelozer gemaakt. Of misschien zit het anders. Waarschijnlijk ziet hij mijn inderdaad foeilelijke huisvrouwenauto als een bedreiging. Bang dat ze erover gaan lullen in het team. De dreiging van de competitieve groep. Twee keer de verkeerde broek aan en je bent een outcast. Dan kan een vader met een mintgroene Micra levensgevaarlijk zijn. Ik zeg hem dat hij in plaats van de

autokenner uit te hangen zich bij corners beter kan concentreren op zijn mannetje, die tijdens de training wel gewoon
twee keer uit zijn rug liep. En koppen met zijn ogen open, ook
misschien wel handig. Flauw van me, meteen dat terugslaan.

Maandagavond word ik gebeld. Mijn ex. Ze rijden terug
van de training en Bob heeft het pakket kleding ontvangen.
Hij is op van de zenuwen. Of hij het even kan komen laten
zien. Ik hoor Bob iets roepen. En o ja, ze moet van Bob zeggen
dat hij nummer acht heeft. Een half uur later staat hij voor me,
in een rood trainingspak dat ongeveer een maatje of twaalf te
groot is. Het lijkt of Edwin van der Sar zijn rode huispak heeft
afgestaan. Ik moet lachen. Het ziet er raar uit. De trainingsbroek moet zo veel keren worden omgevouwen dat er twee
enorme bumpers van textiel om Bobs enkels stuiteren. De trui
hangt tot op zijn knieën. We pakken de rest van het pakket uit.
Er zit een vrijetijdssetje bij, voor de representatieve aankomst
bij de club. Een poloshirt, een paar nette sokken en een paar
AZ-instappers. De wedstrijdkleding heeft hij niet bij zich. Die
wordt op de club gewassen. Nummer acht, zegt hij nog een
keer.

Op die plek speelt Bob zijn eerste wedstrijd voor AZ. Een
oefenwedstrijd. Het valt me opeens op dat hij zo traag is. Om
Bob heen sterft het van de razendsnelle backs en buitenspe-
lers. Bob speelt als een klassieke middenvelder, zegt Roelf-Jan.
Of dat goed of slecht is weet ik niet. Ik ga wat verder bij de andere vaders vandaan staan. Mijn ex zie ik aan de andere kant
van het veld ook alleen staan kijken. Ze zwaait. Voorlopig
kijkt het niet echt lekker, een zoon bij AZ. Ik lijk te voelen wat
Bob voelt. Ik zie hem loeren op een actie. Soms kijkt hij even

snel mijn kant op. Ik maak dan een raar gebaar met mijn vuist. Zoiets van: kom op hè. Niet iets waar hij veel aan heeft.

Er valt me nog iets op. Het is doodstil om het veld. Ik hoor het gehijg van de spelers, het geschreeuw naar elkaar. Elkaar coachen heet dat, volgens Bob. Dennis Haar coacht ook. Hij staat de hele wedstrijd voor zijn dug-out te schreeuwen waar de spelers moeten staan. Hij roept Bob, maar die hoort hem niet. Die is alleen gejuich gewend. 'Bob! Bob! Bob!' Eindelijk kijkt Bob om. Dennis doet ook iets met zijn arm. Waarschijnlijk moet Bob op dat moment eigenlijk ergens anders staan. Ik ga ook iets slimmer staan, aan de andere kant van het veld, wat verder bij het geschreeuw van Dennis Haar vandaan. Een voordeel is dat ik Bob, als hij in de buurt is, wat toe kan fluisteren. Ondenkbaar dat je op dit trainingsveld je stem verheft. Alleen de coaches zijn akelig goed te horen.

Bob voetbalt ongeveer zoals Aloys hem onlangs heeft aangeraden. Hij probeert plezier te hebben. Hij gooit er halverwege de eerste helft een Zidane uit. Dennis Haar wordt gek. 'Bob! Bob! Bob! Functioneel! Houd het functioneel!' Dat doet Bob daarna. Hij schuift de ballen keurig in de voeten van Giovanni, een razendsnelle aanvaller. Daar valt een doelpunt uit. Als ze teruglopen weer dat geschreeuw. 'Bob! Bob! Bob! Sneller schakelen!' Bob knikt en kijkt daarna naar mij. Ik maak automatisch het gebaar met de vuist. Nog steeds geen idee wat het betekent, maar ik bedoel er van alles mee.

In de tweede helft speelt Bob anders dan ik hem ooit heb zien voetballen. Angstig. Hij loert om zich heen naar de posities van zijn medespelers. Er zit weinig intuïtie in zijn spel. In de twintigste minuut mag hij een vrije trap nemen, net iets buiten het strafschopgebied. Hij legt de bal kort over de muur in de kruising. 4–0. Als hij terugloopt roept Dennis hem. 'Bob! Bob! Bob! Sneller inpassen hè.' Hij heeft het over een spelsituatie van een minuut of vier geleden. Ik ben in een hoek van het veld gekropen en kijk zwijgend naar de wedstrijd. Mijn ex komt even langs. Hoe ik Bob vind voetballen. Goed toch wel? Hij scoorde net. 'Hij moet het compacter houden, meer snelheid aan de bal brengen,' zeg ik. Ik schrik van mijn eigen woorden. Bob is elf. Mijn vrouw vindt ondanks dat ge- lul van mij, over compact, dat hij goed speelt. Ik knik. Ze loopt weer weg.

Daarna komt Aloys Wijnker een metertje of zes bij me van- daan staan. Zijn telefoon gaat. De telefoon die alle spelers al- tijd uit moeten hebben staan. Terwijl hij naar de wedstrijd kijkt hoor ik hem praten. Steeds luider. Dat schijnt typisch iets voor trainers te zijn. 'Natuurlijk snap ik dat. Dat is ook heel vervelend, maar wij beslissen. Ja, nee, natuurlijk is dat niet leuk. Iedereen wil spelen en zo hoort het ook.' Daarna luistert hij. Met één hand gebaart hij ondertussen naar Milan, de centrale verdediger. Die moet iets doen wat hij net niet deed. Iets met bewegen zal het wel zijn, maar dan compact. Aloys begint weer te spreken. 'Ja, dat begrijp ik. Dat mag u zo voelen, maar ik hoor heel andere verhalen over uw zoon, Edu- ardo. Ik hoor dat hij deze week slecht heeft getraind, en dat is niet de eerste keer hè. Nee, precies. Wat zegt u? Dat is dan uw keuze. Daar kan ik niets aan veranderen, als dat uw keuze is.'

Op de terugweg zegt Bob niet veel. Ik probeer het nog wel. 'Die hing er lekker in, ouwe. Zei de trainer er nog iets van?' Dat blijkt niet het geval. Hij heeft wel gezegd dat Bobs handelingssnelheid omhoog moet. Daar gaan ze aan werken. Ik stop in Alkmaar, vlak voor ik de snelweg opdraai, bij een pompstation. Even tanken en wat te drinken kopen voor onderweg. Ik vraag of Bob even met me meeloopt naar binnen. 'Nee, liever niet. Dan zien ze me in mijn trainingspak lopen.' Hij wacht wel in de auto. Als ik wat later terugloop naar de auto begrijp ik pas hoe raar deze situatie is. Mijn zoon, speler van AZ, 'de droom van duizenden jongetjes', durft niet uit de auto te komen omdat hij zich schaamt voor zijn AZ-trainingspak. Als we thuis zijn zeg ik dat hij Stefan even moet bellen, zijn oom. Dat het heel goed ging. Daar heeft hij geen zin in. Hij lult al de hele week over voetbal. 'Morgen, oké?'

Een week later wordt het stadion bezocht. De droom van Dennis zijn moeder. Die foto komt naast het ingelijste briefje van AZ, zij met haar zoon vlak voor de eretribune. Ik kan zelf niet mee. In Madrid heb ik met mijn vriendin die zomer het Bernabeu bezocht. Dat beviel niet erg. Meteen spijt. Het voelde als verraad. Een kleedkamer, daar hoor je niet zomaar in je dagelijkse kloffie doorheen te banjeren. Ik, een volwassen man, stond naar een ligbad te kijken. Mooi afwerkte tegels, dat soort dingen ging je denken. Andere bezoekers om mij heen gingen even op een van de bankjes in de kleedkamer zitten en lieten zich fotograferen. En dat was dan nog Madrid, in een stadion vol historie. Wat moeten ze in Alkmaar vertellen, tijdens zo'n rondleiding. Een kleedkamer moet je verdienen. De doucheruimte in een kleedkamer, daar moet je van dromen. Mijn zoon staat nu, als het een beetje meezit, geïnteresseerd naar de schuifdeuren van de Kees Kistzaal te kijken.

Als ik vermoed dat de rondgang door het stadion erop zit,

bel ik mijn ex. Hoe was het? Mooi? Er volgt een tirade, op die klootzakken van AZ. De ouders mochten niet mee naar binnen. Mijn ex heeft samen met de andere vaders en moeders bijna anderhalf uur zitten wachten in het restaurant. Ze vertelt dat er door Dennis Haar nogal verbaasd werd gekeken toen de ouders gezellig achter in de rij aansloten om mee naar binnen te wandelen. 'Legde hij dan niet even uit waarom dat niet mocht?' Nee, dat is niet gebeurd. Ze leken eerder verbaasd dat wij dat niet begrepen. 'We mochten dit keer wel gewoon van het toilet gebruikmaken,' zegt mijn ex. Ik krijg Bob ook nog even aan de telefoon. Bob vond het een mooi stadion, maar wel gewoon een stadion. Niet eens zo heel veel aan. Lief. Hij zit naast mijn ex in de auto en spaart haar.

Twee maanden later, na talloze wedstrijden diep in de provincie, na talloze bakken koffie die naar plastic smaken en eindeloos gewacht bij kleedkamers, rijden mijn ex, Bob en ik naar 't Lood voor de eerste halfjaarlijkse evaluatie. Bob staat de laatste tijd niet meer in de basis. Als hij invalt speelt hij stram en gevaarloos. Hij holt met aanvallers mee, voor de vorm. Hij begint steeds meer met zijn armen te wapperen als hij holt. Soms heeft hij geen zin om te trainen. Op de training heeft hij laatst iemand keihard voor zijn poten geschopt. Op zondag, de enige dag dat hij helemaal niets met voetbal hoeft te doen, kijkt hij een film. Hij voetbalt niet meer buiten met vriendjes. Zondagavond kijkt hij niet naar *Studio Sport*. Voetballen doet hij bij AZ al genoeg.

Als we bijna bij het stadion zijn, vullen mijn ex en ik Bobs hoofd met antwoorden op eventuele vragen. 'Als ze vragen wat er nog moet verbeteren, dan zeg je: ik denk mijn handelingssnelheid. Goed? Je moet goed nadenken wat hij vraagt. Dat je niet iets onnozels zegt zoals: ja, ik vind voetbal gewoon leuk of zoiets. En zeg dat je aan je snelheid wilt werken. En niet vergeten, niks over Ajax zeggen. Dat willen ze hier niet.' Bob vraagt of de radio aan mag.

Eenmaal binnen in het geïmproviseerde kantoortje, vlak naast de kantinebunker, neemt Dennis het woord. Hij probeert dat althans. Op van de zenuwen is hij. Het moet ook wat ongemakkelijk voor hem zijn. Ons contact heeft al die maanden bestaan uit wat hoofdknikjes en een op zijn campings gemompeld goeeeieeemoggee en nu zitten wij opeens vlak tegenover hem en moet hij ons een hand geven. Bob zit vlak voor Dennis. Wij zitten op iets te kleine stoeltjes er vlak naast. Aloys Wijnkers kijkt toe, met een blocnote voor zich. Dennis heeft ook papieren voor zich liggen. Ik kijk naar Bob. Bob kijkt naar zijn schoen.

Dennis begint te spreken. Ik herken de feedbackmomentjes en het voorzichtig gebrachte slechte nieuws. In potentie, zegt Dennis, is Bob, technisch gezien, de beste voetballer in zijn team. Aloys onderbreekt Dennis. In potentie, Bob, weet je wat dat betekent? Bob knikt. Wat dan, wil Aloys weten. Nou ja, dat je wel iets kunt maar dat je het niet doet, of zo. Hij lacht een zenuwenlach erachteraan. Aloys maakt een aantekening en knikt naar Dennis. Die kan door. Dennis legt uit dat hij veel van Bob verwacht, maar dat het er niet helemaal uit komt. Hij vraagt Bob of hij dat ook zo voelt. Ja, dat is wel zo. Dennis maakt een aantekening. Hij pakt er een papier bij en laat zien dat Bob zes van de tien keer iets goeds doet met een bal. Dat is niet zo'n hoog rendement. Dennis schrikt van zichzelf. Hij kijkt snel opzij naar Aloys en vraagt dan aan Bob: 'Weet je wat dat is, rendement?' Aloys maakt een aantekening.

'Dat je meer goede acties moet maken, met je voortzetting, dacht ik,' antwoordt Bob. Ja, dat is ongeveer wat Dennis bedoelt. Dennis legt uit aan Bob, zonder ons één keer aan te kijken, dat hij Bob tijdens een wedstrijd veel moet corrigeren. Bob denkt daarover na. Hij kijkt even kort naar ons. Deze hebben we niet geoefend in de auto. Mijn ex knikt naar hem. 'Nou ja, dat is soms zo,' zegt Bob, 'maar dat komt ook soms door de linksbuiten die zich niet goed aanbiedt en door Carlos die te veel loopt met de bal dus dan kan ik hem niet kwijt en dan zoek ik een vrijstaande man en dan gaat het fout en dan baal ik.'

Dennis en Aloys knikken allebei en maken een aantekening. Dennis zwijgt. Wat hem betreft is alles wel gezegd. Werken aan de snelheid en het rendement, dan is er niks aan de hand. Of er nog vragen zijn. Aloys begint onverwacht te spreken. Of Bob dat weekend naar AZ heeft gekeken. De keeper van AZ, die maakte een paar heel erge fouten en nou vindt iedereen in de pers hem een slechte keeper. De journalisten schrijven die keeper nu helemaal de grond in, maar dat moet niet uitmaken als het je vak is. Een echte prof groeit daaroverheen. Zo moet Bob ook met tegenslag leren omgaan. Aloys is zo te zien vrij tevreden met deze vergelijking. Ik begrijp ook opeens dat hij toch mijn column in *de Volkskrant* leest. Dennis vraagt nog een keer of we vragen hebben. Ik twijfel, maar zeg niets. Nee, alles is duidelijk. Mijn ex heeft nog wel een vraag, eigenlijk meer een opmerking. Dat het ook weleens aardig zou zijn als er een keer, tijdens een wedstrijd, iets positiefs wordt geroepen. Goed zo

Bob, bijvoorbeeld. Ze zegt maar wat. Ze kent Bob. Die groeit dan een halve meter.

Eerst schrik ik. Dit is geen goede opmerking. Ik loer of Aloys een aantekening maakt. Dat leggen zij natuurlijk weer uit als zwakte. Die doelman op wie iedereen nu kankert, heeft tijdens de wedstrijd toch ook geen complimentjes nodig. Ze snapt er ook geen reet van, mijn ex, hoe dat hier werkt. Godverdomme, ja dat doen ze bij een cursus pottenbakken, zeggen tegen de cursisten dat ze een schitterende asbak hebben zitten draaien. We hebben het hier over profvoetbal. Ik kijk naar Dennis Haar. Die wordt vuurrood als mijn ex is uitgesproken. Aloys kijkt hem aan. Dennis begint moeizaam uit te leggen dat hij dat inderdaad weleens meer hoort en dat hij daar ook zeker aan zal gaan denken. Hij vergeet dat weleens. Hij zegt alleen wat er misgaat. Hij bedankt mijn ex voor de opmerking. Heel goed. Iets om op te letten.

Eenmaal buiten, bij de auto, ben ik boos op mezelf. Laffe hond dat ik ben. O, wat heb ik het daarbinnen allemaal feilloos zitten analyseren, maar toen het erop aankwam zei ik niks. Blij dat mijn ex nog het woord nam. Goed dat ze het gezegd heeft. Bob speelt in de auto een spelletje op zijn mobiele telefoon. Ik vraag hem of hij nou begrepen heeft wat er beter moet. Het blijft stil. 'Ik vraag wat er beter moet.' 'O, ja, sorry, mijn rendement.' We zwijgen tot ik ze thuis afzet.

Een half jaar later. Bob mag door. Dennis niet. Daar lig je dan met je AZ-ketting onder je AZ-dekbed, denk ik. Bob is heel erg blij. Dit gevoel kent hij nog, uit zijn tijd bij Roda '23. De beste zijn. Het ging na het evaluatiegesprek ook beter. Hij stond blijkbaar wat meer op de goede plekken. Mijn dochter en mijn vriendin gaan nu ook vaker mee. Jos, mijn vriend, komt naar een wedstrijd kijken. Ik breng hem snel op de hoogte van de ongeschreven wet dat je bij wedstrijden van AZ nooit aanmoedigt. 'En wat doe jij dan?' vraagt Jos. 'Niks?' Ik laat hem mijn gebaar zien, met de vuist. 'Jaja,' zegt Jos.

Als de wedstrijd nog geen drie minuten aan de gang is en Bob met zijn linkervoet iemand vrij voor de keeper zet, schreeuwt Jos keihard: 'Lekker Bob!' Ik krimp ineen. Dat mag helemaal niet, aanmoedigen! Bob lijkt er weinig last van te hebben. Die speelt een van zijn beste wedstrijden van het seizoen. Jos blijft hem de hele wedstrijd zo hard mogelijk schreeuwend complimenteren. Na iedere eruptie kijkt Jos mij even aan. Ik zwijg.

Aan het eind van het schooljaar doet Bob mee in een schoolvoorstelling. Hij speelt een piloot. Het ontroert me erg. Hij staat met Olivier, zijn vriendje, op het toneel. Ze hebben twee maanden aan dit stuk gewerkt en krijgen een lachbui van vier minuten. Geen een van de leraren vindt dat erg. Zo zijn die twee bij elkaar. Hij heeft thuis bij mijn ex en samen met mijn vriendin de teksten geoefend. Het valt me op hoe zelf-verzekerd hij is. Zo los.

Daar staat hij, tijdens het slotapplaus, met een pet in zijn hand en een getekende snor. Zijn arm om Olivier heen. Geen idee wie over drie maanden zijn vrienden zijn. Er wordt ge-huild aan het eind van de avond. Zijn klasgenoten beloven dat ze zeker een keer komen kijken, volgend seizoen, als hij in de D1 speelt. Hij moet ze msn'en hoe zijn nieuwe school is. Dat zal hij zeker doen. Als we naar huis rijden zijn we somber. Door het afscheid, maar ook door het nieuwe begin.

Bob wordt, na de vakantie, voor het eerst opgehaald door

het AZ-busje. Hij is de tweede die instapt, dus dat betekent extra vroeg opstaan. De jongens in Amsterdam hebben mazzel. Die kunnen een half uur langer blijven liggen. Ik bel mijn ex. Hoe ging het vanochtend? Ze voelt zich kut. Dat mannetje, 's ochtends in zijn kamer al zijn boeken aan het inpakken en die enorme trainingstas. Ze had met hem te doen. Ze vertelt me dat ze door het raam naar hem heeft staan loeren. Ze zag aan zijn houding dat hij niet helemaal op zijn gemak was. 'Ja, jezus, het is allemaal nieuw,' stel ik mijzelf gerust. 'Weet ik, maar toch. Ik werd er naar van. Het busje kwam precies op tijd. Hij wilde niet dat ik met hem meeliep om te zwaaien.' Ik vraag of Bob me wil bellen als hij thuis is. Ik ben benieuwd hoe het ging.

Ja lekker. Een relaxte school. Hij zit bij een paar teamgenoten in de klas en in de pauze zaten ze bij elkaar. Je kunt er soep kopen. 's Middags heeft hij getraind. Er zijn een paar nieuwe jongens bij. 'Ook een linkspoot?' vraag ik. Nee, geen linkspoot. Maar dat zegt niets, zegt hij. 'Nee,' antwoord ik. Of hij er zin in heeft, morgen weer met het busje. 'Ja hoor. Het is wel vroeg, maar wel relaxed.' Als ze op de snelweg in de buurt van Alkmaar zijn, zwaait iedereen naar ze, omdat er AZ op de bus staat. 'Zwaai je dan terug?' vraag ik. Nee. Volgende week hebben ze een driedaags toernooi in de buurt van Eindhoven. Zit hij intern, bij een boer. Lachen.

Teds vader, die ook Ted heet, maakt zich zorgen. We staan naast elkaar naar een training te kijken. Dan kunnen die jongens meteen met ons meerijden naar huis en hoeven ze niet op het busje te wachten. Zijn zoon heeft last van heimwee. Altijd al gehad. Ted neemt, als AZ een toernooi speelt, een hotel dicht in de buurt van het veld. Dat vindt zijn zoon een prettig idee. We groeien inmiddels een beetje naar elkaar toe, de vaders. We staan al een jaar naast elkaar vier keer per week naar onze zonen te kijken. We helpen elkaar. Zij helpen mij aanduwen als mijn auto niet start en dollen me. We lullen wat met elkaar, in de kantine. Als een van onze zonen niet speelt, houden we rekening met elkaar. We juichen niet als onze eigen zoon scoort.

Roelf-Jan Tiktak fascineert mij. Ik ben nog nooit zo dicht in de buurt geweest bij een oud-prof. We praten nu iets meer met elkaar. Hij houdt van blues en Americana. Ik ook. We wisselen wat namen van bandjes uit. Hij begint mij steeds meer verhalen over vroeger te vertellen. Over Barry Hughes en Louis van Gaal. 'Dan kwam Hughes voorbijlopen en dan gaf hij ons een vette knipoog. Deed hij even een partijtje mee, en dan schopte hij die Van Gaal een partij voor zijn poten.' Over voetbal durf ik niet met hem te praten, maar tijdens wedstrijden blijf ik wel dicht bij hem in de buurt. Uit wat hij roept begrijp ik ongeveer of Bob wel of niet goed speelt. Roelf-Jan heeft de aangeboren eerlijkheid van een liefhebber. Hij spaart niemand. 'Jezus Bob, afspelen die bal. Niet gaan lopen,' hoor ik hem zeggen. Hij heeft gelijk, dat zie ik zelfs. Hij beweegt mee met zijn zoon, Jordi. Twee weken geleden stond ik naast hem toen er een bal onze kant op kwam. Als een roofdier komt hij in beweging. De reflex van een ex-prof. Die bal is voor hem. Pas als hij een stap het veld in zet, snapt hij wat hij doet. Hij lacht gegeneerd. Ik vraag hem of hij volgende week ook meegaat, naar het toernooi. Ja. Dan zie ik hem daar.

Ouders mogen niet meer meerijden met de spelersbus. In het

eerste seizoen mochten we meerijden naar een toernooi in België. Dat is Dennis Haar blijkbaar slecht bevallen. Deze nieuwe regel zorgt voor het nodige gekanker bij de ouders. Als AZ uit speelt, bij Feyenoord bijvoorbeeld, moet ik Bob eerst naar Alkmaar brengen. Ik kijk hoe de halflege bus wegrijdt, rijdt daarna in mijn eigen auto naar Rotterdam, rijdt na de wedstrijd weer terug naar Alkmaar, wachten tot de bus aankomt en daarna rijden we weer naar Amstelveen. Het vreet hele dagen weg en Bob speelt nauwelijks mee.

Mijn ex brengt Bob op vrijdagmiddag naar Alkmaar. Ze vertrekken om drie uur 's middags naar Eindhoven, om deel te nemen aan een internationaal toernooi. Bob belt me 's avonds. Hij zit bij een boer. Lachen. Ze hebben varkens. Levende. Hij heeft een kamer samen met Milan en Tom. Hij denkt wel dat hij speelt morgen. En o ja, Ted heeft heimwee. Dat was zielig, maar nu gaat het gelukkig iets beter. Ook Ted zit bij een heel leuke boer.

De volgende dag rijden mijn vriendin en ik naar een veld in de buurt van Eindhoven. Ik zoek Bob, een half uurtje voor de wedstrijd. Even vragen hoe het gaat. Daar loopt hij, met de andere jongens van het team. Hij kijkt somber. Ik weet genoeg. Reserve. Ik zal er dit seizoen steeds beter in worden. Twee maanden later zie ik het op honderden meters afstand al aan zijn schouders. Weer ernaast. Zamorano, een rechtspoot, speelt op zijn plek. Vrij goed. Ook dat nog.

De tweede wedstrijd, tegen psv, speelt Bob wel. Hij speelt goed. Gedreven, hard, snel. Hij zet drie keer Giovanni alleen voor de keeper, maar die scoort niet. Ik herken Bob bijna niet. Langs de kant krijgt hij van wat toeschouwers complimenten als hij zich tussen drie verdedigers in vrij speelt. Hij groeit. Er zit opeens weer gevoel in zijn voet. Bob speelt zijn beste wedstrijd voor AZ. Dat vindt Roelf-Jan ook. 'Hij schakelt goed om, Bob. Hij ziet het.'

Ik ben blij voor Bob. Ik zie het aan de manier waarop hij na de wedstrijd het veld af loopt. Zelfverzekerd. Een onbekende man doet zijn hand door Bobs haar. Dennis loopt vlak naast Bob. Hij schrijft iets in een boekje als hij het veld af loopt. Dat doet hij vaker als hij langs de ouders loopt.

De wedstrijden daarna speelt Bob niet meer. Vijf minuten als invaller. Na de laatste wedstrijd zeg ik hem gedag. Weg is die goede kop van hem. Ik zeg dat hij ontzettend goed heeft gespeeld. Dat vond iedereen. 'Behalve de trainer dan,' zegt hij. Ik weet niet zo goed wat ik daarop moet zeggen. 'Dat hoort erbij. Morgen kan jij weer alle wedstrijden spelen. Dat kan toch?' 'Ja, dat kan,' zegt hij.

's Avonds belt hij me weer op. Ze hebben ruzie gehad aan tafel. Ik vraag wat er is gebeurd. 'Die vader van het gastgezin, die zat tijdens het eten te vertellen dat alle buitenlanders het land uit moeten. Dat hij zich gek werkt en dat zij hier binnenkomen en lekker mogen voetballen en een beetje opgeleid worden en zo. Toen heb ik er iets van gezegd.' 'Wat dan?' vraag ik. 'Ik heb gezegd, dat is gelul. Bij AZ spelen allemaal negers.' 'Donkere mensen,' zeg ik. 'Ja, donkere negers, ouwe, dat zeg ik. Ik vind dat belachelijk.'

De volgende dag bel ik mijn ex. Zij is de tweede dag van het toernooi gaan kijken. Bob heeft van de drie wedstrijden een halve gespeeld. Hij baalt. Dat ziet ze. Zamorano speelt nog steeds linkshalf. Ted gaat goed. Even later belt ze me op. Razend. AZ staat in de finale. Ook dat nog, die kutlijers, denk ik. Bob speelt niet mee. Mijn ex vertelt me later dat allebei de teams achter elkaar met muziek het veld op kwamen, in een rij. Bob en twee andere reserves liepen langs de zijlijn en droegen de flesjes drinken en de trainingsjassen. Ze heeft Bob na de wedstrijd een doosje After Eight gegeven. Voor zijn gastgezin.

Op dinsdagochtend slapen Bob en mijn dochter bij mij. Het is voor het eerst dat hij bij mij wordt opgehaald. Ik moet hem wakker maken, om half zes 's ochtends. Het ontroert me. Zijn zus wordt even wakker en wenst hem succes. Ik maak wat boterhammen voor hem klaar, terwijl hij zijn tas inpakt. Dit doet mijn ex dus iedere ochtend. Ik kijk. Vreemd om iemand om kwart voor zes 's ochtends met voetbalschoenen te zien rommelen. 'Spelen ze lekker, je schoenen?' vraag ik. 'Ja, heel lekker.'

We zitten tegenover elkaar, om zes uur 's ochtends. Het busje komt kwart voor zeven of iets eerder. Hij eet zwijgend. Hoe gaat het op school? Goed. Ja, school is wel lachen. Maar het is wel Alkmaar hè. Ik begrijp wat hij bedoelt, maar dat ga ik nu niet zeggen. 'Laatst was er een vechtpartij midden in de aula. Iemand van AZ. Nu moet hij voor een gesprek komen bij Aloys.' 'Bij AZ slaan we nooit en douchen we naakt,' zeg ik. 'Wat?' 'Laat maar.' Bob vraagt of ik hem vanavond op kom halen. Vindt hij gezellig. Om half zeven gaat hij voor mijn flat staan. Ik woon op de achtste verdieping en kijk naar beneden. Een mannetje met een grote rode tas en een schooltas op zijn rug. In het donker. Zijn haar nat. Het duurt lang. Ik besluit mijn bed weer in te gaan. 's Middags in de auto vertelt hij mij dat hij het licht uit zag gaan. Ik voel me schuldig.

Vanaf dat moment gaat het steeds slechter. Er sluipt een somberheid in Bob. Hij doet zijn best, gaat iedere dag naar school, maar belt steeds vaker op of wij hem 's middags van de training komen halen. Hij heeft geen zin om in het busje te zitten. Dat domme gelul over voetbal de hele tijd. Een van de jongens met wie hij reist maakt hiphopteksten. Heel slecht, volgens Bob. Ik vraag hem in de auto of hij zich lekkerder zou voelen als hij meer zou spelen. Dat denkt hij wel. Maar dan nog. Die school. Alkmaar. En Dennis Haar met zijn lulbesprekingen. Ik vraag wat hij bedoelt.

'Nou ja, hij zegt van die dingen dat je binnen een minuut begrijpt wat hij bedoelt, maar dan blijft hij maar doorlullen. Gisteren moesten we in de kleedkamer blijven zitten, want er was iemand gepest of zo. Weet ik veel. Ging Dennis over een taart staan beppen. Van dat je een taart hebt en dat die uit twaalf punten bestaat. Wist ik meteen wat ie ging zeggen. Dat je alleen maar met twaalf punten een hele taart bent, of zoiets. Dat je niet je eigen punt moet willen zijn. Dat soort gelul. Hij kijkt er ook heel ernstig bij.' 'En wat doe jij dan?' vraag ik. 'Ja, weet ik veel. Luisteren en mijn lachen inhouden.'

Bob ziet dat het me goed doet, deze verhalen uit de catacomben, waar niemand ooit zal komen. Hij bedient me op mijn wenken. 'Laatst reden we, op weg naar een toernooi, langs het Ajax-stadion. Toen zei Tom dat hij dat een prachtig stadion vond. Werd Aloys helemaal gek. Dat ie daar dan maar moest gaan voetballen, als hij dat zo'n geweldige club vond. Milan, die had tijdens het evaluatiegesprek per ongeluk Ajax-sokken aan. Die kreeg vreselijk op zijn donder.' We lachen samen. Het

lucht Bob duidelijk op, uit de school klappen. Tot nu toe vertelde hij bijna niets. 'In ons spelershome, boven, hebben ze alle
vaantjes van Ajax omgekeerd gehangen. Dat je hun naam niet
ziet. Wij moeten Ajax 020 noemen. Dat wordt nog wat over
een maand. Spelen we tegen Ajax, uit.' 'Als een taart spelen hè,
jongen. Je wint alleen maar van Ajax als je als een hele taart
speelt.' Hij zal eraan denken. We lachen. Het cynisme is erin
geslopen. Het cynisme van de slechte verliezers.

Als ik Bob naar een thuiswedstrijd toe rijd hebben we een
vast ritueel. Pas nu ik het hier opschrijf begrijp ik wat we daar
deden, in die auto. Als we vlak bij Alkmaar voorbij een bepaald benzinestation rijden, zetten we Rage against the machine op. Het nummer 'Killing in the name of'. Bob vindt dat
lekker. Ik vind dat niet raar. Goed nummer, en sommige atleten doen het ook, met een koptelefoon op hun hoofd zich met
muziek van Van Halen opladen. 'Jump! Oh Jump.' En dan
over dat latje heen. Of zo ver mogelijk.

We weten inmiddels dat het nummer altijd precies afgelopen is als we de auto voor het veld neerzetten. Een minuut
voor we aankomen valt het nummer stil, een break, opbou-
wende drums en dan zanger Zack de la Rocha die het uit-
schreeuwt. Wij schreeuwen mee in de auto. '*Fuck you, I won't
do what you tell me, fuck you, I won't do what you tell me!*' En
aan het eind een langgerekt *Motherfuckerrrr!* Een paar klappen en dan is het klaar. Pathetisch vind ik, nu ik het zo opschrijf. In die tijd was het een verademing! Nu pas begrijp ik
waarom we juist dat nummer draaiden.

Twee weken later heeft Bob alweer fijn nieuws van binnen-
uit. Alle Ajax-bekers en -vaantjes zijn weggehaald uit de prij-

zenkast. Het is nu net alsof AZ en Ajax elkaar nooit hebben ontmoet. Het zet extra druk op de wedstrijd, volgende week, tegen de D1 van Ajax. 'Die worden gecoacht door Frank de Boer,' weet Bob. 'Hij draagt altijd een pak. Gaaf.' 'Laat Dennis Haar het maar niet horen,' zeg ik. 'Moet je omgekeerd in de prijzenkast gaan staan.'

Het is de wrange humor van mensen die allang weten dat alles verloren is. Bob leeft ervan op. Dan niet, dat kutvoetbal. 'Het is ook eigenlijk waanzin,' zegt hij, 'zeven dagen per week onderweg. Als ze me niet door laten gaan, dan is het gewoon zo.' Ik zeg voor de vorm dat hij wel gewoon zijn best moet blijven doen. 'Luister je, taartpunt?'

De wedstrijd tegen Ajax. We weten niet wat we zien als de jongens het veld op komen. Bijna niemand speelt op zijn eigen positie. Bob vertelt me later dat ze met een enorme hoeveelheid tactische opdrachten het veld in zijn gestuurd. Zelf speelt hij niet. Ik geloof niet eens dat hij het erg vindt. Zit hij lekker dicht bij Frank de Boer. De linksbuiten van AZ kijkt tijdens de wedstrijd steeds wanhopig naar de kant. Is dit ongeveer de bedoeling wat hij nu doet? Dennis Haar schreeuwt opeens veel minder. Het is de aanwezigheid van Frank de Boer die wonderen doet. Naast zo iemand ga je niet staan schreeuwen. Frank zelf staat rustig naast de dug-out. Af en toe zegt hij iets tegen een assistent. Hij lacht. Dat is ook nieuw voor mij. Een lachende trainer. Op het middenveld is het een chaos. Niemand weet waar hij moet lopen.

AZ verliest. Bob heeft drie minuten meegedaan. We mogen voor één keer van Dennis meteen naar huis rijden, zes kilometer verderop. Op een of andere manier verontrust mij dat.

Bob heeft zijn eindgesprek. Daar zitten we weer, dit keer in een veel moderner kantoortje, met uitzicht op een sloot. De sfeer is goed te noemen. Bob gaat niet door. Dennis Haar pakt de papieren erbij en laat ons zien wat Bobs rendement was. Aloys zegt dit keer niks. Dennis Haar legt uit dat hij de laatste maanden wel zag dat Bob er niet helemaal met zijn hoofd bij was. Of dat klopt. Ja, dat klopt wel. 'Het is ook lastig,' zegt Dennis, op een vreemde school. 'Ja,' zegt Bob.

Er hangt een rare sfeer in de kamer. Het lijkt alsof we allemaal opgelucht zijn. De verwachte schreeuwpartij blijft uit. We geven elkaar een hand. Dennis hoopt dat Bob tot het eind van het seizoen, in de oefenwedstrijden, nog wel gewoon zijn best blijft doen. Dat belooft Bob. Of hij al weet waar hij volgend jaar gaat voetballen? Bij AFC, waarschijnlijk. Dat vindt Aloys een mooie club. Daar komt Zamorano ook vandaan. Ja, Bob weet het. Als hij bij AFC heel erg goed gaat, misschien dat hij dan nog eens in beeld komt, zegt Dennis. Je weet nooit.

Het was daarna een heerlijke zomer. Bob lag naast een zwembad en hield de hele vakantie geen één keer een balletje hoog. We aten iedere avond paella. Hij heeft vier maanden voor AFC gevoetbald en is toen gestopt. Hij vond er niks meer aan, voetballen. Al een tijdje niet meer. Een paar weken geleden liep ik met hem naar de stad en stopten we even bij een voetbalveld. We keken en hoorden het geschreeuw. De aanwijzingen. Er rolde een bal onze kant op. Bob schoot hem bijna achteloos met buitenkant links in de handen van de trainer. Twaalf jaar en het instinct van een oud-prof.

Sierwortel snijden

Ik zat zonder geld. Dat werd een paar dagen nummertje 23 met kipsaté eten. Een fijne Chinees zat er bij mij om de hoek. Wat me vooral beviel was de schofterigheid van de bediening. Tegen hun zin in Nederland en dan moesten ze ook nog eens vreten voor ons klaarmaken.

Het afhaalgedeelte bevond zich midden in de Chinees, tussen de etende mensen in. Deze Chinees leefde op vernedering. Om je heen zaten de mensen die gezellig met vrienden uit eten waren en jij zat daar als Ciske de Rat midden in de zaak om je vilten pet vol te laten scheppen met bami. Ook nu hoorde ik ingehouden lachen toen ik een loempia bestelde. Ik bladerde wat in een oud nummer van het tijdschrift *Chinees en Fiets* en daarna bekeek ik het menu voor de duizendste keer. Er zat een A4'tje voor in het menu. 'Gezocht: parttime sierwortelsnijder.'

Net iets voor mij! Ik informeerde. Of ze die nog nodig hadden, een sierwortelsnijder? De dienstdoende Chinees aan het loket gooide het bestelluik open en schreeuwde naar de keuken dat ik extra veel wortel bij mijn eten wilde. 'Nee, nee, de advertentie. Sierwortel snijden, hier.' Nu begreep ze het. Of ik het eerder had gedaan was de vraag. Ik loog. Dat ik een uitgebreide siersnijervaring had. Wat had ik eigenlijk niet gesneden. Noem maar op. Je gaf me een mes en iets snijdbaars en verdomd als het niet waar was, ik sneed er iets sierlijks uit. Ik wist eigenlijk niet beter. Laatst nog aan mijn eettafel. Had ik een springende potvis uit een tafelpoot gesneden. Wat ik dan zoal aan groente had gesneden, was de vraag. Nu kwam het erop aan. 'Ik heb ooit eens drieënveertig zelfportretten uit kiwi's gesneden op een partyboot, als pauzeact.' Dat overtuigde haar blijkbaar. Ik kon de volgende dag beginnen.

Ik had werk. Alleen, hoe sneed je godverdomme een kraanvogel uit een winterpeen. Dat werd een lange nacht oefenen.

Voor de zekerheid had ik meteen maar vier kisten winterpeen meegenomen bij de groentewinkel om de hoek. Je kon nooit weten. Misschien sneed ik na vier oefenpeentjes al heel kunstig een abstracte vorm uit zo'n winterpeen, je wist het niet, met de kunst. Ja, zo was het toch? Je kon wel grommend voor een doek gaan staan wachten tot je inspiratie kreeg, maar hoe lang kon dat duren? Een vriend van mij had zeven jaar lang veertien uur per dag voor zijn schildersezeltje staan wachten. Niks. Bleek hij achteraf gewoon een automonteur te zijn in plaats van een nihilistische pointillist. Dat ging mij niet gebeuren. Kunst, waaronder ik ook zeker het sierwortel snijden rekende, moest je soms veroveren op de materie. Kunst was een strijd. Een enorme strijd als ik zo eens naar mijn eerste bak winterpenen keek.

Dat was wel een downer. Ik had in mijn haast de ongewassen variant meegenomen. Ik zag één grote kluit amorfe, keihard opgedroogde modder, waar hier en daar een stuk peen uitstak. Hier kon je dertig Rodins met een vuistbijl op loslaten

en dan begonnen ze er nog niks mee. Wat nu gedaan? Ik liet
het bad vollopen en kieperde de hele kolerezooi erin. Hopla.
Mooi gezicht hoe aarde weer stof werd. Het was allemaal heel
organisch wat ik zag, die dikzwarte oersoep in mijn bad met
op de bodem de Vruchtbaarheid, namelijk de wortels. Ach,
wat lette me eigenlijk. Ik ging er even bij zitten. Dat was voor
de klanten in het Chinese restaurant een onvermoed extra-
tje, dat de kunstenaar zelf, de man die die prachtige hagedis
op hun bord had gesneden, zelf met zijn behaarde toges op
hun wortel had gezeten.

Ik liet het bad leeglopen, spoelde de wortels nog eens goed
af en deed ze weer in hun kistjes. Naar de kamer, met wat
kranten op de vloer. Ik ging het maar gewoon proberen. Niet
meteen een kraanvogel, een reiger of een Chinees landschap-
je. Nee, ik keek wel. Ik liet de kunst haar eigen taal spreken, als
het ware. Ik pakte de eerste peen, mijn aardappelmesje en
daar ging ik. In trance. Mijn handen gingen vanzelf langs de
wortel. Geen idee wat ik deed, maar het voelde goed. Ik kwam
los van tijd en ruimte, kantelde de wortel, sneed driemaal zelf-
bewust en krachtig, liet de wortel langs het mes tollen en opeens wist ik, dit is klaar. Niets meer aan veranderen. Ik keek.
Benieuwd wat ik gesneden had. Een banaan. Fuck, dat had ik.
Ik had een perfecte banaan uit een wortel gesneden. Niet van
echt te onderscheiden. Met steeltje en al. Maar dan oranje.
Daar zat volgens mij niemand op te wachten, fruit van winterpeen. Nog maar eens.

Daar ging ik alweer. Wat een lekkere techniek had ik al. Het
wortelschaafsel zat in mijn haar. Misschien had ik de goede
raad van Tsau Wing Kau, de oude sierwortelsnijder van de ge-

sloten Chinees op de Westerkade, moeten opvolgen en de speciale sierwortelsnijbeveiligingsbril moeten kopen. Eigenwijs was ik weer. Maar ondertussen was ik wel alweer klaar. Ik keek. Een Nissan Micra 1993 had ik gesneden. Godverdomme! Ik moest decoratieve dieren snijden, zat ik vierdeursauto's voor Dick Bruna's konijnen te snijden. Daar ging ik weer. Steeds woester sneed ik. Ik schreeuwde er ook bij. Klaar alweer. Tyfus. Dit keer had ik het winnende doelpunt van Van Basten tegen de Duitsers in 1988 gesneden. Van Basten liggend op het gras met een oranje balletje aan zijn voet. Razend werd ik. Door maar weer. In drie kwartier sneed ik twee bakken wortels leeg en toen durfde ik pas weer te kijken. Om mij heen stonden drie weerhuisjes, een heel kunstig gesneden herdershond van wortel, vierendertig kleine gitaartjes, de nachtwacht, het wortelmeisje van Vermeer, alle modellen van de Nissan Micra van 1993 tot 2006 en een interpretatie van een niet-bestaand werk van Jeff Koons, getiteld *Wortel In Anus Van Mijn Vrouw*.

Daar zagen ze me mee aankomen bij die Chinees. Zat je lekker te eten, kwam het hoofdgerecht op tafel met een doodgeknuppeld zeehondje van wortel op de rand van het bord. Nog een kist had ik. Even concentreren. Pang, daar ging ik alweer. Ik werkte me schuimbekkend door de laatste kist penen heen, Ik keek. Schitterend. Wat een glorieus moment. Ik had in trance drieënvijftig koikarpers gesneden. Mooi zoals ze daar lagen. Ik liet mijn bad alweer vollopen, stortte de wortelkarpers erin en kleedde me langzaam uit.

De bijtschildpad

Hier kon je natuurlijk op wachten. Bijtschildpad ontsnapt in Diever. Hoe vaak heb ik daar niet voor gewaarschuwd, voor het houden van buitenlandse dieren die onze cultuur niet begrijpen. De manier waarop wij ons in Nederland hebben afgekeerd van oergezellige Nederlandse dieren als de huismus, de veelkruinige marmot en het konijn, die schofterige gang van zaken, de harteloze manier waarop wij dieren met puur Hollands bloed de rug hebben toegekeerd, het keert zich nu keihard tegen ons.

Nog niet eens zo heel lang geleden, een jaar of veertig, stonden we in een dierentuin met het zweet op ons rug te kijken naar vier lusteloze krokodillen. Uitheemse dieren, daar moest je nog voor reizen. Je stond voor hun hok en las op het informatiebordje waar ze leefden en wat ze daar uitvoerden. Fijne teksten waren dat. 'De schaafloerie benadert zijn vrouwtjes van achteren en geeft door het uitstoten van een accordeonachtige klank te kennen dat zijn scrotum, overigens een gewilde lekkernij in Polynesië, geledigd moet worden.' En dan ging je daar naar staan kijken. Meestal zaten ze onbeweeglijk vier uur lang naar een loshangend draadje te kijken dat uit het plafond van hun verblijf hing, maar fuck, alleen de tekst en de wetenschap dat de schaafloerie van het ene op het andere moment in een geile trekharmonica kon veranderen, het was genoeg, in die tijd. 's Avonds reed je met je gezin naar huis en vertelde je aan de buurman, over de heg heen, dat je wilde dieren had gezien. 'Met een staart, en haar. Je weet niet wat je ziet.'

Dat was toen. Tegenwoordig wil iedereen een uitheems dier door zijn kamer laten banjeren. Ik ken de verhalen, omdat ik zo dicht op de natuur zit en tegelijk een mensenmens ben. In Leeuwarden woont een alleenstaande man die twaalf gnoes houdt. Dan zeg ik, oké, als je op een boerderij woont en je kunt die gnoes een soort Nederlands dierengedrag aanleren, dus niet dat domme geloer steeds of er nog leeuwen om ze heen sluipen, maar dat ze bijvoorbeeld een koeachtig geluid maken als de zon opkomt, dan zou dat nog kunnen, maar deze man woont in een flatje met twee kamers. Ik vind dat je de gnoe dan tekortdoet. Er staan er alleen al vier in zijn keuken. Als je een flesje ketjap nodig hebt ben je drie uur bezig om je tussen die poten door naar de keukenkastjes te worstelen.

Het probleem werd tot nu toe enorm onderschat. Dat moest allemaal maar gewoon kunnen, met een vale gier aan een touwtje door het centrum van Ootmarsum wandelen. In Schiedam woont een gezin met twee miereneters in huis. Dat is een hel. Mensen denken daar niet over na. Die zijn in het buitenland, smokkelen zo'n miereneter mee in hun handbagage en zitten binnen een half jaar opeens doodsbang in hun huiskamer, terwijl er een agressief allochtoon dier rusteloos om hen heen loopt, snuivend op zoek naar mieren. Tot nu toe ging dat allemaal redelijk goed, maar ik heb steeds gezegd dat het een keer fout moest gaan. En ja hoor.

Een uitgebroken bijtschildpad in Drenthe. Daar zijn we lekker klaar mee. Het erge is dat zo'n beest helemaal geen idee heeft dat hij in Drenthe is. Die vreet zich gewoon door alles heen wat hij tegenkomt. Daar staan die beesten om bekend. Die lopen niet, zoals Hollandse dieren, even een stukje om als ze tegen een cultuurhistorisch element aan wandelen. Een hunebed, dat knabbelt een beetje bijtschildpad in een kwartier helemaal naar god. Het verkeerspark in Assen, wij zijn daar trots op, heel kleine autootjes met een echte toet-toet erop. Een bijtschildpad wordt gek als hij iets ziet bewegen, dus daar ga je al. Middelgrote bijtschildpadden vreten zich in twaalf seconden dwars door de carrosserie van een tractor heen. Die lachen om zo'n speelgoedautootje.

Wat het zo moeilijk maakt is dat bijtschildpadden niet echt bekendstaan om hun gevoel voor humor. Een Nederlandse haas, daar zat je vroeger nog weleens De Mounties mee te kijken, maar bijtschildpadden snappen het hele concept humor niet. Dat maakt ze bijna onbenaderbaar.

Nu het leed toch is geschied, dan maar enkele tips als u de bijtschildpad onverwacht tegen het lijf loopt. Neem een nederige houding aan. Kleed u voorzichtig uit, en toon hem uw oksels. Lach hem niet uit. Zeg iets over zijn schild, dat het zo mooi dik is of zo. Kijk hem nooit recht aan. Als hij bijt, niet tegenwerken. Daar wordt de wond alleen maar lelijker van.

Led Zeppelin in Frankrijk

Led Zeppelin. Mijn ogen dicht en dan zag ik Jimmy Page verveeld op zijn hotelkamer proberen of hij de motor uit de minibar ook achterwaarts over zijn hoofd door het raam kon gooien. Led Zeppelin, dat was John Bonham op een tractor in een wanstaltige echte grotemensenfilm met aftiteling. Van Phil Collins kan je dat wel hebben, dat hij bij de BBC in het programma *Silly Little Drummers* vertelt dat hij al jarenlang ansichtkaarten maakte van theezakjes, maar Bonham, in de film *The Song Remains The Same*, naast een koe, dat wilde je helemaal niet weten. Zeppelin, dat was Robert Plant met de eerste duidelijk zichtbare eikel in zijn broek. De rock-'n-roll-pose tot in de perfectie uitgevoerd, dat was Led Zeppelin. Verveelde fotografen buiten het Hilton in Detroit, loerend naar de elfde verdieping. Tijdje rustig alweer, daar boven. Dan het geluid van brekend glas en hopla, daar komt het zesde televisietoestel van die week alweer naar beneden suizen. Led Zeppelin, dat was Jimmy Page die Bob Dylan ontmoette en hem meteen keihard onder zijn troubadourreet schopte. 'Niet meer doen hè, Dylan, met dat gezeik over Johanna. Laat ik het niet meer merken.' 'Nee, meneer Page.'

Ik keek vorige week voor het eerst naar het extraatje op de

dubbele live-dvd van Led Zeppelin. Opnames uit een Franse te-
levisieshow *Tous En Scène*, een voorloper van wat wij later *vijf
uur shows* zijn gaan noemen. Fijn concept. Een man met een
cactus in de vorm van Jezus, daarna wat geinige recepten met
champignons ('droog borstelen, nooit natmaken!'), 'goh wat
erg Rita, kanker, en waar zit het, oké bedankt, maar dan nu snel
het weerbericht van gisteren voorgelezen door tante Sjaan en
dan nu muziek van een fijn bandje, dames en heren, ja, geeft u
ze maar een applaus, *The Infamous Insane Masspotatoes From
Hell* uit, waar komen jullie vandaan jongens, Vlissingen, leuk,
een applaus, ja, heel goed hoor jongens maar… dementie, als je
vader dat opeens heeft, Riek Schragen, jij, schreef er een novelle
over, welkom Riek.'

Dat werk, maar dan in Frankrijk, dus nog erger. We zien de
geboorte van de vijf uur show ergens in 1969 in een Parijse studio. Een bonte verzameling publiek op de tribune. Een volledig harmonieorkest, moeders met baby's, mannen in mooie
pakken, iemand die toastjes rondbrengt met een prijswinnen-
de paté en dit alles in een surrealistisch half afgeschilderd decor. Een kleine loods waar door arme mensen vliegtuigjes
worden gebouwd. In deze setting zien we Led Zeppelin backstage staan wachten. Het is 1969. *Up and going* zijn ze. John
Bonham werd eergisteren nog wakker op het strand van Ter-
neuzen met een kilo vis in zijn basedrum. Nu zijn ze in Frankrijk, is ze verteld. Een grote show, veel kijkers, goed voor de
verkoop. Doe die rode broek aan, Robert, want het is kleuren-
televisie, is blijkbaar het media-advies geweest. Achter de
schermen doen, om Zeppelin heen, enkele straatartiesten op-
warmoefeningen voor een pauzeact. De act: ze komen op en

vallen. Applaus, dit was Trio Ravage! Gegeneerde verbijstering op de koppen van de bandleden. Waar zijn ze godverdomme in terechtgekomen? Mooie lichaamstaal van Plant,
die wat aan zijn haar staat te pulken, vlak voor een lullig pia-
nootje vol met halfvolle flesjes bier. Opeens paniek. Ze zijn al
aangekondigd, maar in zulk slecht Charles Aznavour Engels
dat ze hun eigen bandnaam niet hebben verstaan, '*Hùùùùrrr
déééééé èèèrrrr, Luuuuutttt Zaaaplluuuiinn*'. John Paul Jones
denkt dat het de aankondiging betreft van een itempje over
Franse knaagdieren en gaat nog even snel naar het toilet. Ze
krijgen duwtjes van de stagemanager. Op, op, jongelui! Muziek maken! Zet hem op hè. We zien de mannen de televisie-
arena betreden. Een benauwd applausje. Jones komt iets later
op een sukkeldrafje, met zijn bas onder zijn arm, erachteraan
gehold.

Wat daarna volgt is geschiedenis. De band plugt in. Gedraai
aan knoppen en we zien inmiddels dat een briljante geest Zeppelin bijna het hele optreden van achteren heeft gefilmd. Over
de schouder van Bonham kijken we honderden Fransen recht
in het gezicht terwijl er een muzikale fragmentatiebom in hun
gezicht ontploft. *Tadeeendadadeng deng deng deng.* Het begin
van 'Communication Breakdown' dendert door de studio.
De akkoorden missen hun uitwerking niet. Paniek op de tribune. Het is te hard. Het is elektrieke muziek. Leden van een
harmonieorkest op de tribune, die vijf minuten geleden nog
een potpourri met verzetsliedjes hebben gespeeld, klampen
zich vast aan hun toeters. Led Zeppelin speelt zonder bladmu-
ziek! Verbijstering. Nog steeds kijken we het publiek recht in
het gezicht. Verwilderde koppen op de tribune. Een vrouw

beschermt haar zoontje. Oeremoties komen vrij. Haar kind is in gevaar. Bonham zet in, de band volgt. Uit niets blijkt dat Led Zeppelin hier, naar Nederlandse maatstaven omgerekend, bij de opening van het nieuwe papegaaienhok van Artis staat te spelen. Grimmig kijken ze. Juist nog een schepje erbovenop. Bonham speelt beter dan ooit. Plant zwaait met de microfoon en stoot met zijn kruis naar Page. Dit is de beroemde scène uit *A Clockwork Orange*. Tweehonderddertig Fransen met hun hoofden vol oude muziek en volkswijsjes kijken met opengesperde ogen, tegen wil en dank, naar deze in hun midden verkerende satan. Lekker ritmevast speelt het Kwaad, dat wel. Page leunt met zijn Gibson op zijn heup in een muur van feedback en pang, daar duikt de band in het slotakkoord.

Dit herkennen de Fransen. Een einde. Er is voorzichtig weer wat beweging op de tribune. Een kind van twee jaar oud hangt levenloos tegen zijn moeder aan. Schijndood houden lijkt hem nu het beste. Plant praat wat met Page. 'Dazed and Confused', zet maar in. We gaan deze Franse motherfuckers een nekschot geven. Page pakt zijn strijkstok. Gematigd enthousiasme bij het publiek. Sommigen durven hun handen weer voorzichtig te bewegen. Misschien was het allemaal maar gekkigheid net. Misschien was het Frans vormingstheater met een boodschap. Jimmy strijkt vol overgave zijn lage e-snaar. Spanning. *Been dazed and confused for so long it's not true*. Plant zingt, kreunt, steunt, klauwt, beeft. Zijn haren voor de ogen, gebogen. Heel anders dan de bekende Franse chansonnier Serge Cavaillon die met opengesperde ogen, zichzelf begeleidend op een trekorgel, zijn publiek anderhalf uur entertaint. *Woeeem*. Onverwachte luchtdruk op de eerste rijen.

De band beukt als één man in het nummer. 'Dazed and confused', dat kunnen we wel zeggen ja. Het publiek verandert ter
plekke in een illustratie.

En dan zie ik haar, midden in het publiek, dat ene meisje.
Doodstil. Midden in het beeld, tussen Robert Plant en Jimmy
Page in. Woest gelul om haar heen maar zij kijkt naar Led
Zeppelin en denkt aan die ene keer dat dinges toen zei dat hij
van haar hield, maar ja, hij was te jong en te wild en zij zat nog
op school want ze wilde verkoopster worden van allerlei dingen, want dat hadden mensen tegen haar gezegd, dat dingen
verkopen altijd goed was, en ze kijkt naar Jimmy Page die
wild met zijn hoofd schudt en ze weet meteen weer hoe ze
ooit in de armen lag van Jean Luc, op zijn kamertje, en Jean
Luc was eigenlijk ook een beetje een artiest want tegen zijn
bed stond een gitaar met een snoertje, maar hoe ze het ook
had gehoopt, met haar hoofd op zijn schoot, hij had niets
voor haar gespeeld, want dat kwam nog weleens, maar er
kwam niks want ze moest leren hoe je een kasboek bijhield
om uit te rekenen hoeveel klosjes garen ze had verkocht, want
dat was het geworden, garen. Garen had de toekomst want
iedereen draagt kleding had haar vader gezegd, vlak voor hij
overleed, en ze deed haar best, maar misschien moest de loop
er nog in komen, in haar winkeltje vlak buiten het centrum,
en ze zwaaide nog eens naar mevrouw Charlois aan de overkant die ook garen verkocht, maar dan veel meer omdat bij
haar de loop er al wel in zat maar nu zat ze hier bij *Tous En
Scène* en ze voelde de bas in haar borstkas en als het aan haar
lag zou ze nu opstaan en dansen, maar ze bleef zitten en keek
naar Plant die trillend op zijn benen en zijn mond wijd open

implodeerde en ze wist zeker dat als ze zo thuiskwam, in de woning boven haar winkel, dat ze dan het raam eens wijd open zou doen en ze zou Adamo opzetten maar dan hard, veel te hard, en ze zou wachten tot mevrouw Charlois voor het raam zou verschijnen, ze zou haar aankijken en langzaam haar jurk omhoogdoen en Bonham zette zijn eindroffel in en zwoer dat hij nooit meer voor de tv zou optreden want daar schoot niemand wat mee op.

Voetbal en Febo

'Sonny Silooy, die kon er wat van. Mijn god, ja, kolere, dat was er een hoor. Die had dat hele speciale, dat je dacht, ja, dat is een speciale. Dat voelde je gewoon. Kan ik niet uitleggen. Ik mocht hem Son noemen, maar die kon er wat van hoor, die trok er zo zes open. Een hele rij heb ik hem een keer naar binnen zien werken. Begon hij bovenaan en dan vrat hij zich met die rare Chinakop van hem zo naar beneden. Zes bamischijven, net zo makkelijk. Keken wij of de trainer eraan kwam. Son ten voeten uit. Vet langs zijn bek, maar een gouwe jongen. Hij heeft zijn zoon nog Giovanni genoemd, net als de zoon van mijn vrouw haar neef.'

Het was koud en ome Theo bleef maar tegen me aan lullen. Ik stond voor de Febo, vlak naast de ArenA, waar pas over twee uur Ajax–Feyenoord gespeeld zou worden. Kwart voor elf 's ochtends was het en ik stond met dertig andere liefhebbers tegen een ijzeren luik aangedrukt. Hij was nog dicht, de automatiek. Binnen hoorden we wel wat vage activiteiten. 'Ze zijn ze aan het bakken. Luister goed, jongen. Hier, doe hier je oor tegen het ijzer. Je hoort ze sissen, hoor je? Dat zijn de saté-kroketten, hoor dan, hoor je het? Je moet ze eerst laten schrikken, kroketten, en dan afbakken, dat is bekend,' zei een man vlak naast mij, tegen zijn zoon. Ademloos werd er geluisterd.

Nostalgie. Ach ja, toen Ajax nog in het Olympisch Stadion voetbalde, wat was dat een mooie wandeltocht naar het veld toe. Als negenjarige tussen honderden mannen met lange jassen in, stevig doorlopend. Alleen maar benen om mij heen. Nooit gingen we het stadion binnen zonder even te stoppen bij de Febo. Emotioneel over voetbal lullen met te hete ragout in je mond, ik wist niet beter. De damp van een kalfsvleeskroket in je gezicht en dromen van een omhaal, dat was voetbal voor mij.

Nu stond ik er weer en er was niet veel veranderd. We werden een beetje onrustig. Bijna elf uur en nog steeds zat er geen beweging in het luik. Naast me sloeg iemand twee keer met zijn vuist op de stalen schuifwand. 'Twee grillburgers, beetje doorgebakken graag. ik zit op vak GG, breng je ze even langs, lieverd?' riep hij. Gelach. Ja, dat was me er een, Dikke Dennis. Laatst met zijn vrouw, met die braadpan op haar achterhoofd, dat was natuurlijk niet goed te praten, en die brand bij de buren, die was uiteindelijk gedekt door de verzekering dus daar kon je niet over oordelen, maar in feite ook een goudeerlijke jongen die er altijd voor je was, als hij je vriend was.

Kijk aan, daar kwam een snackbediende de hoek om. Een meisje. Wie er op de wand had geramd. Of we niet goed bij ons hoofd waren? We keken wat voor ons uit. 'Kijk ze staan godverdomme, stelletje zielepoten. Hier kijk ze staan, wachten op een kroketje. Triest is het. Triest. Flinke jongens zijn jullie, beetje dom op dat luik gaan staan rammen, maar wel al dertig jaar de toto verkeerd invullen. Jongens jongens, wat hebben we een verstand van voetbal. Opzij, stelletje snackdebielen of willen jullie broodjes gezond gaan eten.' We keken met zijn allen naar de croissanterie aan de overkant. Nee, we gingen wel even opzij.

Ze verrichtte vloekend en tierend wat handelingen, drukte op een knop en hopla, daar ging het luik piepend omhoog. Meteen beweging om mij heen. Het luik ging tergend langzaam omhoog en daarachter lag de snackhemel. Iedereen kent het gevoel. Als eerste een zwembad in lopen en dan dat water. Rimpelloos. Alles alleen voor jou. Een ontmaagding maar dan met je hele lichaam. Dat gevoel, maar dan met paneermeel. Honderdtwintig ruitjes lonkten. In ieder vakje een kroketachtige of een ondersoort, zoals de kaassoufflé. Dat was meer iets voor balletdansers, vonden wij, een kaassoufflé. Daar lulden we niet mee, met soufflékopers. Echte kerels aten hete ragout. Een voor een verdwenen de mannen onder het luik door. Gerinkel van geld. Scharnierende deurtjes. Ik wachtte geduldig. Het ging mij niet om het eten. Zo direct kwamen die mannen allemaal weer naar buiten, met een kroket. En dan begon het. Sentimenteel over Ajax lullen met Febo in je rug. Geluk, meneer.

'Weet je wat het is,' hoorde ik iemand naast me zeggen, 'ze hebben het steeds over de patatgeneratie dit en dat, maar dat ontbreekt er dus juist aan, aan het Ajax van nu. Te netjes. Te gezond. Ze schrikken zich de tyfus, man, als ze per ongeluk met een aardappel worden betrapt. Gekkenwerk.' Vonden de andere mannen ook. Ze wisten hoe het kwam. 'Komt allemaal door Co Adriaanse. Die sloeg ze zes keer met een stalen vergiet op hun rug als hij ze betrapte met een frietje. Van hem moest je twee keer per dag rucola met aanhangend bladvocht eten.

Was je lekker mee. Man man, nee, dát schiet op. Die jongens van vroeger, dat waren patatvreters, ja, maar ze stonden er wel. Hoort er gewoon bij. Schijt hebben aan de trainer en lekker zo'n vette friet naar binnen jengsten en de volgende dag er net zo hard weer vier in het kruis jengsten. Méér patat vreten juist. Ze zijn te braaf man. Die Galásek, fijn dat ie er weer is. Was niet geblesseerd, maar die moest afstuderen. Is nu in zijn vrije tijd gynaecoloog geloof ik, of iets met milieu, wil ik van af wezen. Heel beleefde jongen, maar geen frituurjongen. Zie je meteen.'

'Ruud Krol,' zei ik, 'dat was een echte frituurman. Hij draagt nu wel geen sokken meer, maar dat is pas van na Italië, daar kan hij dus niks aan doen.' Ik vertelde nog eens aan de mannen om mij heen dat ik Ruud krol ooit zelf een keer in zijn eigen automatiek had gezien. Hij zat opeens in de frituurbusiness en, ja, kolere, die zaak heette Ruud Krol, dus hij moest zijn hoofd af en toe laten zien en zich dan een beetje baasachtig gedragen. Daar stond hij, met zijn naam vlak boven zijn hoofd. Iedereen naar hem kijken. De baas op bezoek, weet je wel. Was heel mooi wat hij toen deed. In zijn paniek ging hij heel dom in een kroket staan knijpen. Of hij vers was of zo. Wist hij veel. Maar het deed er niet toe. Krol begreep de romantiek van een snackbar, dat vond ik belangrijk. Een sigarenwinkel of een snackbar, een andere keuze had je niet. Dat maakte je nu niet meer mee. Van Wamberto kon ik het me niet voorstellen, snackinteresse. Die zou waarschijnlijk eerst urenlang als een schichtige zebra om een bord bitterballen heen draaien, mocht hij er ooit eens per ongeluk tegenaan lopen.

Er werd wat heen en weer geluld. Koeman, aardige jongen,

maar kon iemand niet eens met twee handen zijn haar door elkaar doen. Even tijdens een persconferentie die knar van hem beetpakken, en hopla, flink met je eeltknuisten door dat haar heen. Het leek ons sowieso goed als iemand Koeman eens ging aanraken. Precies de lijfelijkheid die wij hier voelden, elkaar op de rug slaan als er een geintje werd gemaakt, die misten we bij deze selectie.

Even weg. Ik liep om het stadion heen en liep een andere wereld in. Een trein vol Feyenoord-supporters kwam aan. Onmenselijk geloei uit de trein. Gehuil uit duizenden kelen. Aanzwellend gebrul vanuit de Ajax-menigte. De deuren van de trein open, beweging. Mannen, wild gebarend over het perron, oorlogstaal. Vuisten omhoog. Ajax-supporters schuimbekkend vooraan, tegen de ME-linie aan. Daar werden de eerste supporters een lange witte buis in geperst die rechtstreeks het stadion in liep. Steeds meer mensen verdwenen in die buis en ik zag het opeens: vlees. Het was vlees, dat het stadion in werd geperst. Kokend vlees.

Ik liep snel terug naar de Febo. Harry vertelde over Tscheu La Ling, Tante Melis wisselde geld en Sjaak lachte om een kroket met een rare vorm. Ik had me nog nooit zo oud gevoeld.

Twitterverslag voorrondes en finale Songfestival 2009

Cornald Maas: En dan nu Malta. Haar vader is overleden aan dit liedje, en ze zingt het met een knipoog naar alle vissen.

Cornald Maas: Let u op de mimiek van deze Oezbeek, die in zijn thuisland de Koffiemolen wordt genoemd.

Cornald Maas: Op de achtergrond ziet u haar achterlijke opa op een Maziki spelen, een snaarinstrument gemaakt van geplet mais.

Cornald Maas: Slovenië komt met een lied over anale verbazing, geschreven door de bekende homo Antoine.

Cornald Maas: Het liedje over geluk en kwaad wordt gezongen door een in Tsjechië verwekt kind van de toen al zieke Freddie Mercury.

Cornald Maas: De delegatie van Zweden speelt met een stuk kaas in de broek, een oud gebruik bij het oogsten. Uw aandacht voor Hoke Boke.

Cornald Maas: Dit liedje gaat over het in brand steken van een theedoek. Veel plezier met The Dishes uit Finland.

Cornald Maas: En dan gaan we stemmen. Dat gaat dit jaar door het vertrappen van zo veel mogelijk palingen. Iets typisch Russisch.

Cornald Maas: De kleding van Bika Malaba werd gemaakt door een blinde bosneuker uit Noorwegen. Heel bijzonder.

Cornald Maas: Het zit erop, het liedje van Cyprus, 'Maska La-ka Tsjou', wat zoveel betekent als 'Ik ben zo geil als een ui, dans met mij'.

Cornald Maas: Veel plezier met Karien Karien Kabeljauw, een liedje over Karien Kabeljauw.

Cornald Maas: Zes jaar geleden nog reden genoeg in Rusland om brandend lood in je kut te gieten, maar hier zijn ze, de Russische lesbiennes met het liedje 'Get Us'.

Cornald Maas: Frankrijk, met een lied over orgaanvlees. Veel plezier met Coupe Savage.

Cornald Maas: En dan gaan we naar The Blue Room, waar Sergof, een komiek uit Siberië, over de deelnemers heen zal pissen.

Cornald Maas: En dan de stemmen van de jury op Malta, die speciaal voor deze uitzending hebben leren tellen.

Cornald Maas: Nu gaat het erom spannen. Wordt het Vasi Kupa met zijn lied over berenjacht of Czisii Rbana met een lied over harde chorizo.

Cornald Maas: We zijn erdoorheen. Zoals in Rusland gebruikelijk worden nu alle buitenlandse vlaggen in brand gestoken. Goedenavond!

Cornald Maas: U luistert naar de bouzoukiversie van een bekend Slavisch lied over je rug scheren.

Cornald Maas: De toppers hebben hier in Rusland veel indruk gemaakt, Rusland waar tachtig procent van de mannen ontkent een anus te hebben.

Cornald Maas: De presentator heeft zojuist zijn overhemd op proberen te snuiven. Veel plezier met Igor Mazb, ook bekend van zijn braadharing.

Cornald Maas: De jurken zijn gemaakt door Agjar Mabkew, een blinde visser die in 1962 zelf meedeed met een liedje over liefde en wind.

Cornald Maas: De witte jurk staat voor de waanzin.

Cornald Maas: Ierland Ierland, wat ben je mooi met je ezels en dat soort dingen je weet wel, veel plezier met Cuntie Cuntflow.

Cornald Maas: De gitariste werkt doordeweeks als mosselkweekster in Oostkapelle. Een uur geleden had zij haar gitaar nog verkeerd om.

Cornald Maas: Latvia begint met een minuut stilte voor de overleden ijshockeyer Lech Biels. Luistert u naar 'Ik doe gek met een stropdas'.

Cornald Maas: Zanger Klasse Bokkra is de zoon van een krankzinnige slager en mag vandaag optreden.

Cornald Maas: Let u goed op de schoenen. Die zijn vlak voor de uitzending gemaakt door een klein bakkertje uit Belgrado.

Cornald Maas: Polen, met een lied over fonduen. Jij hebt mijn stokje, ik houd van je, laten we trouwen. Veel plezier met dinges en zo.

Cornald Maas: de choreografie met gebruikt toiletpapier is een idee van Rakke Bnag, die zelf in 1934 meedeed met een lied over benen.

Cornald Maas: Noorwegen, land van de fjorden, dit keer met een lied over schapenkaas. Een ode aan de hartstocht.

Cornald Maas: Let u op de dansende mannen om de violist heen. Zij doen maar wat, zoals iedereen in Noorwegen.

Cornald Maas: Dans met mij, sla mij, verneder mij, ruik aan mij. Uw aandacht voor de Noren.

Cornald Maas: Een lied over vuurvliegjes, toevallig met dezelfde tekst waarmee Karnei Ogov in 1924 zestiende werd.

Cornald Maas: Negentien jaar is zij pas en achter de schermen vermaakte zij deze week iedereen met haar twee navels.

Cornald Maas: Let u op haar microfoontechniek, waarmee zij de harten van vele mannen deze week sneller liet kloppen.

Cornald Maas: De zanger van Slowakije was iets later op het podium vanwege een ziekte in zijn knie.

Cornald Maas: Lach naar me hoer, lach naar me hoer van de straat. Veel plezier met Slowakije.

Cornald Maas: Ik zag een eland in mijn bezemkast, ik zag een eland, moeder. Veel plezier met Denemarken.

Cornald Maas: Let u op de hoed van de gitarist, die is gemaakt van een bepaalde stof en zo.

Cornald Maas: De leden van de band liepen net nog de stoeltjes in het stadion schoon te wrijven. Geen idee wat ze doen, maar het is wel goed.

Cornald Maas: De presentatrice heeft speciaal voor deze show, naar oud-Russisch gebruik, haar tieten af laten zagen.

Cornald Maas: Dans met mij, dans met je hart, maak jij het eten, het kind huilt, ga jij of ga ik. Een lied van Casper Boeti. Veel plezier!

Cornald Maas: De zangeres is de bekende, met brandwonden overdekte Lisa Lapi, die hier een sympathieke oplossing voor heeft gevonden.

Cornald Maas: De viool, een onderschat instrument, als je van vioolmuziek houdt.

Cornald Maas: Dans met mij, dans met mij, dans met mij, ja dans met mij, een lied over gebakken vis.

Cornald Maas: Zanger Cornelis Rubes heeft het homodansen geleerd in een oud klooster iets te zuiden van dinges.

Cornald Maas: Ik viel even weg. U zag Griekenland met een lied over je goed voelen en zo en dat je denkt ach wat zal ik me druk maken.

Cornald Maas: Mamma, speel met mij, speel piano. Mamma, dans met mij als je ogen smelten. En tief anders maar op. Veel plezier met Moldavië.

Cornald Maas: Leren broeken met aangenaaid overhemd, de dansers van Moldavië hebben deze week backstage iedereen helemaal gek gemaakt.

Cornald Maas: Naai mij in een blauw pak en laat mijn reet zweten tot je van me houdt. Veel plezier met Moldavië.

Cornald Maas: De dansers zijn in het dagelijks leven garnalenpellers.

Cornald Maas: Veel Russen spreken hier Engels alsof ze in een draaiende droogtrommel worden rondgeslingerd.

Cornald Maas: Asterix dans met mij, dans met mij tot de reigers zullen lachen. Een lied met een knipoog. Veel plezier met Oekraïne.

Cornald Maas: Deze act wordt in de Oekraïne gebruikt om kinderen op een speelse manier vertrouwd te maken met de Romeinen.

Cornald Maas: Estland, het land van de Klabitz.

Cornald Maas: Estland heeft er als een van de weinige landen voor gekozen om maar zestien violen te gebruiken.

Cornald Maas: Let u op het lichtje in hun hand, een handigheidje waarmee Gordon normaal gesproken de kont van zijn vriendjes zoekt.

Cornald Maas: Dans met mij, dikke vrouw, dans met mij met je mobiele abortusset op je buik.

Cornald Maas: En het zit erop. Nu gaan wij kijken naar de pauzeact, negenhonderd violen in een betonmolen.

Cornald Maas: Ik hoor net dat de gitarist van Cyprus is bevallen van een olijfboom.

Cornald Maas: Ik sprak net op de gang de zanger van Moldavië en hij zei: Switzla Klabuk, een bekend streekgerecht.

Cornald Maas: Ik sprak net de journalist van Slovenië en hij doet dinges uit Beverwijk, met die snackbar, de groeten en sorry van die brand.

Cornald Maas: U kunt het niet zien, maar er wordt hier veel gezwaaid met vlaggen.

Cornald Maas: Deze sporthal waar normaal gesproken paarden in worden geslacht.

Cornald Maas: Op de gang hoor ik net dat de dansers van Cyprus ook aardig viool kunnen spelen en dol zijn op Klabats, een soort dikke vla.

Cornald Maas: De telling wordt speciaal voor de mensen in Cyprus eenvoudig gehouden, met takjes en steentjes.

Cornald Maas: Kijkt u naar een ballet waarmee Rusland ooit Duitsland binnenviel.

Cornald Maas: De sirtaki is oorspronkelijk een paringsdans van wilde Bosjesmannen.

Cornald Maas: Let u op de zesde danser van rechts, die precies gelijk danst.

Cornald Maas: De stemmen zijn geteld, nu nog eerst een ballet met honderdnegentig eunuchen.

Cornald Maas: 'Wie heffe kreet nies fork joe' is Oudrussisch voor makreel.

Cornald Maas: Gordon loopt hier net voorbij met een oor in zijn hand.

Cornald Maas: Gerard Joling horen wij hiervandaan lachen, lachen lachen, laten wij samen lachen. Veel plezier met Gerard Joling.

DE FINALE

Cornald Maas: Let u zo op de uit zijn hoed springende eland, gekleed in een Katsjina.

Cornald Maas: Arabische hoer, Arabische hoer, kom in mijn armen en laten wij kijken naar een bus open verf. Veel plezier met Israël.

Cornald Maas: Patricia Kaas, die deze week achter de schermen iedereen verbaasde met een onverwacht goede imitatie van een dode vrouw.

Cornald Maas: 'Lach met mij, dans met mij, laten wij samen mijn seksoperatie vieren in witte jurken.' Geniet u van Zweden.

Cornald Maas: Een van de wat kleinere mannen deze avond, over zijn eerste zaadlozing in een rotsspleet. Luistert u naar Makaba.

Cornald Maas: Voed mij met gebakken vis, kus mijn reet, kus mijn reet terwijl ik dans dans dans, begeleid door haar zieke vader. Portugal.Cornald Maas: Let u op de manische congaspeler die deze week vier keer dwars door het decor is gehold.

Cornald Maas: IJsland, met een liedje over het bekendste tijdverdrijf in IJsland, het kapotschieten van warme dieren.

Cornald Maas: Armenië met een lied over winterbanden.

Cornald Maas: Rusland komt dit jaar met een klein liedje over gebitscorrecties.

Cornald Maas: Let u op de zanger die zijn gitaar niet begrijpt.

Cornald Maas: Bosnië, waar vorige week de eerste elektrische gitaar het land is binnengesmokkeld.

Cornald Maas: Leuk, mensen die Coldplay nu eens nadoen. Let u op de trommels vol met zaad.

Cornald Maas: Moldavië bewijst hier dat volksdansen ook opzwepend en vrolijk kan zijn. Let u op de derde man van rechts. Hij is doof.

Cornald Maas: Zij zingt dit lied voor haar dode vader die zij op zijn buik vond met een korst schuim op zijn mond in een berg oude vis.

Cornald Maas: Malta, het land van de rozijnen. Of krenten. Net wat er is.

Cornald Maas: Dans met mij, dans met mij, laten wij lachen met hoge stemmetjes en gebaren maken. Dans met mij, hoer van het laagland.

Cornald Maas: Laten wij wijdbeens dansen, wijdbeens wachten op de lemmingen. Laten wij dansen. Wijdbeens, met een hoedje op. Eventueel.

Cornald Maas: Duitsland dat gekozen heeft voor een speels ballet over de jodenvervolging. Let u op de twee geile bewaaksters.

Cornald Maas: Turkije met een lied en zo.

Cornald Maas: Dit lied gaat over rolgordijnen dacht ik. Of mengkranen. Een van de twee.

Cornald Maas: Noorwegen met ook een liedje. Met muziek. Over roltrappen en dat ze altijd anders zijn of zo.

Cornald Maas: Dinges met een liedje over dit en dat en dat alles steeds duurder wordt.

Cornald Maas: Let u op de wasmachine rechtsachter op het podium, die staat voor de ontheemding.

Cornald Maas: Engeland met een lied over watermolens en dat die steeds meer verdwijnen en dat dat jammer is als je van watermolens houdt.

Cornald Maas: Andrew Lloyd Webber, die ooit doorbrak als de pindaman in een reclame voor Mr. Peanut.

Cornald Maas: En die later natuurlijk het gezicht werd van Plastic Vorkjes Om Een Visje Mee Te Eten.

Cornald Maas: De zangeres van Finland die gisteren iedereen aan het schrikken maakte met een epileptische aanval op driekwart van het lied.

Cornald Maas: Spanje, land van de ossentong, komt met een lied over ossentong. Ossentong, ossentong dans met mij. Dans je ossentongdans!

Cornald Maas: Spanje, ook het land van de royale braadpannen en geinige vaatdoekjes, maar daar gaat dit lied niet over. Het gaat over ossentong.

Cornald Maas: Spannend wat Zwitserland, het land van de bergen, zal gaan stemmen.

Cornald Maas: Het lied van Spanje, ik krijg dat nog eens bevestigd, ging ossentong.

Cornald Maas: De zanger van Noorwegen die voor de 4975e keer deze avond aan zijn oor zit.

Cornald Maas: Noorwegen, het land van de goedkope benzine en tuimelbeker. Tot volgend jaar.

Verliefd in Madrid

Er is niets banaler dan verliefd worden in Amsterdam. Die rusteloze zoektocht met je nieuwe liefde langs al die restaurantjes waar Johannes van Dam met zijn grote hoofd op een gekopieerd velletje aan de deur hangt. Alle romantiek verdampt in de wetenschap dat je misschien zit te eten op de stoel waarop hij zijn lam naar binnen zat te zuigen. Amsterdam was te klein voor mijn verliefdheid, dat voelde ik al snel. Amsterdam liep niet lekker voor mensen die elkaar wilden omhelzen. Ruimte miste ik. Het was me allemaal te bekend. Het ontbrak Amsterdam aan stijl, aan brede straten en goedgeklede mensen. Een schande was het, dat mijn geliefde en ik daardoorheen moesten lopen. We wilden grote gebaren maken, door kletterende fonteinen dansen, maar moesten noodgedwongen plaatsnemen aan een wiebelende tafel in het Jordaanse Café De Reiger, waar een autochtone Amsterdammer inmiddels een bezienswaardigheid was geworden. Vorige week had ik ome Tonnie nog aan zes studenten economie voor zien doen hoe je een ossenworst at. Duim erin, voelen, kluit mosterd erop en dan in je kanis duwen. Enig! Applaus! Amsterdam was een peepshow geworden, een historisch woonmuseum voor gegoede voyeurs. Dat had Braakhekke goed gezien, die spiegels in zijn zaak. Loeren, loeren, maar leven, ho maar.

Ondertussen at ik niets. Verliefd, dan wist je het wel. Geen trek. Floor kwam over een kwartier langs. Wie dacht er dan nog aan zoiets ordinairs als eten. De liefde, meneer! Alles wat ik in mijn mond stopte voelde als een emmer ongebluste kalk. Het idee alleen al. Eten. Die bek op en neer, wat een platvloers gedoe. Ik zette een wok op het vuur, gooide er wat olie in en schaafde een zoete aardappel. De eentonigheid van de handeling beviel me. Ik liet de plakjes in de kokende olie vallen en zij kolkten hun groentedood door de pan. Een fraai resultaat. Ik liet de gekrulde plakjes uitlekken op keukenpapier en wachtte. Ze bewogen niet. Dat was dan al wat.

Deur open en daarna gebeurden er de gebruikelijke dingen die verliefde mensen doen. O, wat heerlijk om elkaar aan te raken als er nog iets te verkennen valt en wat vielen we romantisch opzij op de bank, rakelings langs de schaal met zoete aardappeltjes, en natuurlijk vond ze mij een lekker kookgekkie, dat wist ik zeker, en wat had ik een spijt dat ik niet iets had klaargemaakt wat ik heel sensueel in haar mond kon stoppen. Een bus slagroom kopen vier straten verderop zou de spanning enorm breken en ik wist ook niet of ze een slagroomtype was. Ik had het vlak na de release van de film 9½ weeks nog meegemaakt, dat mensen opeens een halve groentela over elkaar heen strooiden, net als de acteurs Mickey Rourke en Kim Basinger. Op zich een vooruitgang na La Grande Bouffe om het eten eens aan de buitenkant van het lichaam te smeren, maar ik had na wat geëxperimenteer gemerkt dat het alleen werkte met een goede belichting en het goede fruit. Lelijke

mensen die elkaar insmeerden met ganzenlever en heel ero-
tisch een framboos om een tepel draaiden, dat zag er toch altijd minder mooi uit dan in de film. Hetzelfde gold eigenlijk
voor mij. Wat lag ik hier nu sensueel met mijn heupen te
draaien op die Fröbel Större-bank van Ikea. Alles kwam me
opeens zo banaal voor. Dat gerommel in mijn kamertje. Ui-
termate storend, vrijen en uit je ooghoek op het tweede plankje van de boekenkast twaalf ingedroogde theezakjes van een
paar jaar oud zien staan. Ik wist het nu helemaal zeker. We
moesten hier weg. Weg uit Amsterdam, weg uit deze kamer.
Deze liefde verdiende een hotelkamer in het buitenland, verdiende uitheems voedsel en verdiende niet weten waar je wakker werd.

‘Madrid,’ hoorde ik mezelf zeggen. ‘Madrid. We gaan
naar Madrid. Vanavond nog.’ Shit, Madrid. Ik had liever iets
anders gezegd. Florence bijvoorbeeld, of Parijs. Dat had ik
weer. Madrid. Nog een mazzel dat ik niet Ljubljana had gezegd. Dat had ook gekund. Hadden we twee weken lang in
een oud communistisch spoorhuis naar verhalen over Tito
zitten luisteren. Als je het zo bekeek was Madrid zo gek nog
niet. ‘Madrid,’ zei ik nog maar eens. Hoe ging ik me hier uit-
lullen. ‘Madrid lieverd. Daar zitten nog echte Spanjaarden.
Daar luistert men nog naar elkaar. Madrid, waar de paar-
denslagers elkaar nog op de schouders slaan en men kan
huilen om een ham.’ Ah, dat werkte, zag ik, praten over eten.
Ik had haar aandacht. Hopla, nog een schepje erbovenop.
‘Madrid, waar jonge schrijvers met een baardje en een zwarte coltrui nog de ochtendkrant lezen na een doorwaakte
nacht in café El Filosofe en waar je nog op iedere straathoek

de liefde voor het eten en de minachting voor het dier voelt. Churros, lieverd, in Nederland worden die gemaakt door twee zwakbegaafde mensen met een taakstraf, die in een omgewerkte oliebollenkraam deeg door een helse machine staan te drukken en de deegslierten bakken in frituurvet uit een goed jaar. Maar Madrid lieverd, Madrid is de stad van de churros. We kunnen morgenochtend al hete deegdingetjes met chocola bij elkaar in de mond duwen, in een wereldstad met brede straten en zo. Wat denk je ervan?' Floor keek me aan. Ik stelde de vraag nog eens. 'Eh, ja, lieverd. Madrid. Ja, leuk. Vanavond. Je bent lief. Daagg.' Weg was ze, want hoe romantisch je het ook maakt, er moeten altijd wel zes paar schoenen mee.

In het vliegtuig op weg naar Madrid besloten we de stad over ons heen te laten komen. Eindelijk de sensatie weer eens voelen dat je naar buiten loopt en geen idee hebt waar dat leuke nieuwe moderne tentje zit met die hangmatten waar de rosé, wat een brutaal bedienideetje, in infuusjes door de bediening wordt rondgebracht. Wij kenden Madrid niet en Madrid kende ons niet, dat wilden we graag zo houden. In de taxi zagen we de stad aan ons voorbijschuiven. Onbekende stemmen op de radio. Geen gesprek met de chauffeur. Verliefd, daar ging je niet doorheen lullen, dat begreep hij. We hadden drie van die heerlijke bijna aanrijdingen, waarna hij steeds even achteromkeek en een vaag gebaar maakte naar het verkeer. Gekkenwerk was het, maar wat deed je eraan? Hij hielp ons met onze koffers. Hotel Victoria, in de Calle Victoria, midden in de wijk Huertas. Ik leunde uit ons raam. Kijk daar beneden. Madrid. Niemand keek omhoog. Ik leunde wat verder naar buiten. Wat was dat voor geinige winkel daar op de hoek? Of was het een speelhal? Ik keek een minuut of tien naar de stoet leprozen en oud-vakbondsleiders die er naar binnen waggelden. Ik wilde het Floor vertellen. Ze sliep. Geen lievere mensen dan slapende mensen. Ik ging even kijken daar op de hoek, dat kon geen kwaad.

Ik naderde het pand vanaf de andere kant van de straat en zag nu wat het was. Een hammuseum. Mooi. Het stond in neonletters op de gevel. *Museo del Jamón*. Langs het raam hingen ontelbare hammen en daarachter vraten mensen zich in een permanent bewegende heksenketel helemaal vol met vleeswaren. Het zag er gezellig uit. Even binnen kijken. Het hammuseum rook naar cider, bier en ham. Imponerend, die honderden varkenspoten met lekbakje aan het plafond. Tientallen mensen hingen aan de bar en ik bestelde voorzichtig een ración pata negra. Pang, het stond al voor me. De bediende schreeuwde op volle kracht mijn bestelling nog eens door de zaak. Nico hier had een portie pata negra besteld, dat we dat allemaal wisten. Het bekende tapasgeloei. Op orkaankracht brullen wat de klant aan de bar eet. Het trok wel de aandacht. Een slanke man met lang donker haar en een ruige kop kwam naast me staan. Hij lachte en moedigde me aan een hapje te nemen van mijn ham. Ik deed hem een plezier en stopte met mijn vingers een plak in mijn mond. 'Mmmm, lekker,' deed ik met mijn hand. Dat vond hij niks. Hij ging het me laten zien hoe het moest. Hij pakte de ham en duwde die tegen zijn neus. 'Kijk, zo maak je kennis met het varken. Ik probeer hem voor me te zien. Waar liep hij? Was hij gelukkig?' Hij snoof nog eens aan de ham.

Hij pakte mijn hand. 'Hier, voel.' Ik voelde. 'Voel je het vet, voel dan, voel je het, voel je hem wroeten in de aarde? Ruik dan, ruik je het, zijn voer, zijn gerookte eikeltjes? Snap je het varken? Ja, begrijp je hem echt? Eet het dan maar op. Kijk zo.' Hij legde de ham op zijn tong en liet het smelten. Nu ik. Ik deed het blijkbaar naar volle tevredenheid want opeens hing ik als een pop tegen zijn borst aan. Ik was zijn nieuwe vriend. Hoe ik heette. Nico? Nico! Weer schudde hij me heen en weer. Hij heette Jesus. Kom, we gingen hier weg. Naar de Plaza Santa Ana. Onderweg legde hij me uit dat we empanada met tonijn gingen eten. 'Kom Nico.' Hij stelde me voor aan de ober. Empanada's wilden we en cider. Hij bleef maar tegen me aan lullen over eten. Hij verketterde de nouveau riche die keurend in veel te dure restaurants aan een vissenkop zaten te voelen. Nee, hier gebeurde het. Het emotioneerde hem enorm. 'Hier Nico, kijk dan, kijk dan.' Hij pakte mijn hoofd vast. 'Hier. Voel, ruik.' Hij gaf me een empanada. Ik wilde ruiken. Nee! Wat deed ik nu? Dat was niet goed. Eerst drinken. We gingen eerst drinken en dan mocht ik pas eten. Nog een cider, waarom niet, we waren er nu toch. Geen woord kreeg ik ertussen. Hij vervloekte de stroom elitaire selfmade culinair journalisten die niets van het echte leven begrepen. Dat zat allemaal maar naar buiten te gluren vanuit een vijfsterrenrestaurant, maar ze durfden niet. Te schijterig was het allemaal! Mij ging hij het leren, omdat ik kaal was. Ik moest het maar als een soort cadeau zien. Ik rook voorzichtig aan mijn empanada maar hij gooide zijn stoel alweer naar achteren. We gingen naar de homowijk.

Daar gebeurde het nu. Hij was niet bij te houden. Druk gebarend, hier en daar handen schuddend, liep hij voor me uit. Er zat hem iets enorm dwars. We stonden opeens voor een wit gebouw. Hij wees naar de ingang. 'Wit, Nico. Alles is wit. Homowijk, dus wit. Una Casa Blanca. En dat moet niet! Alsof je in een sanatorium zit te vreten. Kom dan, kijk dan.' We stonden voor restaurant Bazaar. Hij trok me mee naar binnen en we namen plaats aan een witgespoten bamboetafel. 'Bestel een voorgerecht, Nico, doe maar. Kies maar uit.' Hij had de tijd. Ik bestelde blind een voorgerecht bij een meisje met een enorme tulband op haar hoofd. 'Wacht maar af, wacht maar,' mompelde mijn Spaanse vriend steeds. Daar was het driehoekige bord met, met... ja, met wat? Jesus begon meteen keihard te lachen. Hoofd in zijn nek. Er werd naar ons gekeken. Hij pakte een gefrituurd stokje gekonfijte aardappels van mijn bord met daaromheen zoetig gehakt, gepocheerd in duivenbouillon. Hij stond op, riep heel hard 'Viva Madrid', brak het stokje in tweeën en smeet het op de grond. Weg was hij alweer. Ik betaalde en volgde. Aan het einde van de straat stond hij druk te gebaren. We gingen terug naar Huertas, dat was zijn wijk. Hij praatte, praatte. 'Nico, luister, stel, jij komt thuis, je bent een schrijver en je wilt over Madrid schrijven dan wil ik, Jesus, geboren Madrileen, dat je over de echte smaak van Madrid schrijft. De echte smaak, snap je. Ruiken, Nico, en voelen.'

We liepen langs mijn hotel in de Calle Victoria. Floor hing over het balkon. Zo lief. Ik riep haar. 'Floor, kom je buiten spelen?' En ze begreep dat het goed was, meteen. Ze hoefde geen leuke schoenen aan en de omhelzing tussen haar en Jesus was gemeend. Daar gingen we alweer, bij El Abuelo naar binnen. Tientallen Spanjaarden stonden tot hun enkels in de gepelde garnalenlijfjes wijn te drinken. Er werd geschreeuwd. Glazen port en wijn werden boven de hoofden doorgegeven en in oorverdovend knoflookgesis werden de lekkerste garnalen klaargemaakt die ik ooit zou en zal eten en met natte citroenhanden vielen we naar buiten en kwamen we tot stilstand tegen de oranje gevel van Las Bravas en we konden het niet laten en bestelden meteen maar vier borden gebakken aardappeltjes. Met legendarische saus. We wilden die saus mee naar huis nemen, aahhhhh, toe nou, neeneeneeneenee, niks ervan, het was geheim. Aaaah toe nou, nee, nou ja dan niet we respecteerden het en weg waren we weer, want Jesus wist een café met honderd verschillende broodjes. 100 Montaditos. We geloofden het niet. Honderd broodjes? Echt? Hahaha, verdomd we gingen ze allemaal nemen, maar eerst een kipkroketje bij Casa Labra waar volgens de gidsjes 'Madrilenen na het Oud en Nieuw massaal in de rij staan om samen van het nieuwe jaar te genieten' maar Jesus lachte het weg. 'Madrilenen vieren altijd van alles, Nico, snap je? Hoera, de zon is weer opgekomen, laten we het gaan vieren! Dat werk.' Ik snapte het en sloeg mijn arm om Floor heen en daar liepen we, met zijn drietjes naar de honderd broodjes en we gingen ze allemaal bestellen. Allemaal!

Sven en Lesley Boerebach

Zaterdag mocht mijn zoon meedoen aan het Lesley Boerebach Talententoernooi in Lelystad. Het toernooi is vernoemd naar een van de zonen van oud-profvoetballer Michel Boerebach. Lesley overleed vier jaar geleden, samen met zijn broertje Sven, als gevolg van een auto-ongeluk. Lesley voetbalde graag, net als zijn vader. Sven, iets jonger, at frikadel speciaal.

Ik weet dat, van die frikadel speciaal, omdat het tijdens de openingsplechtigheid twee keer werd genoemd. Alle twintig deelnemende teams stonden 's ochtends vroeg naast elkaar op het hoofdveld en luisterden, samen met de toeschouwers, naar een verhaal. In eenvoudige taal werd uitgelegd wie Lesley en Sven waren geweest. Lesley pakte altijd zelf zijn tas in en ging iedere zaterdagochtend op stap. Lekker voetballen. Sven keek naar zijn broer en at dan een frikadel speciaal.

Vooral dit detail maakte diepe indruk. De loodzware gewoonheid van die handeling daalde neer op het veld en als vanzelf begonnen al die stoere jongetjes, die zo direct vanuit een gesloten systeem met de punt naar achteren gingen voetballen, te applaudisseren. Zij aten ook weleens een frikadel. Sven en Lesley, dat waren zij, maar dan dood. Een ontroerend applaus was het. Hugo Borst las een door Michel Boerebach geschreven gedicht voor, 'Nooit meer zaterdag'.

Hugo deed het goed. De installatie gaf het gedicht precies het juiste sportcomplexgeluid mee. Door dezelfde speakers waarover later op de middag de winnende loterijgetallen bekend zouden worden gemaakt, klonk het gedicht van Boerebach. Tranen, niet alleen bij mij. Het was, net als de frikadel speciaal, vooral de ontwapenende gewoonheid van het gedicht, die me raakte. Een bijzonder moment. Langs de kant beseften honderden mensen meer dan ooit dat ze vader of moeder waren en beseften de deelnemende jongens meer dan ooit dat ze zoon van een vader en moeder waren.

Het gedicht ontroerde. Boerebach had zijn verslagenheid geprobeerd te vangen in rijm en dat was goed gelukt. In heel simpele beelden had hij de zaterdagochtendroutine beschreven en bedroefd geconstateerd dat alles nu voorgoed anders was. De laatste twee zinnen:

van mij nooit meer een echte lach
want het is nooit meer zaterdag.

Ik keek naar hem. Wat goed dat hij en Dora, hun moeder, daar stonden, met al die jongetjes voor hun neus. Na het voorlezen van het gedicht werd er opnieuw geapplaudisseerd.

Daarna werden er tijdens een minuut stilte rode en witte ballonnen opgelaten. Dat hielp, ergens naar kijken tijdens het nadenken. Er klonk een fluitsignaal en het toernooi veranderde opeens weer in iets vertrouwds. Het bekende toernooigedoe. Prachtig georganiseerd maar toch... Zes wedstrijden, te

weinig drinken bij je, brood vergeten mee te nemen, het ge-
hang in het gras, toch maar voor de vierde keer een portie kib-
beling halen, verbeten loeren naar de schreeuwende vader van
het talentje bij de tegenstander, net als je een glas bier bestelt is
het vat leeg, de halve finale wordt gemist door strafschoppen
en dan eindeloos wachten op de onverstaanbare prijsuitrei-
king.

Maar het maakte dit keer helemaal niets uit. Alle kleine on-
gemakken van een toernooi, ik zoog ze in me op. Heerlijk. Ik
was met mijn zoon op een toernooi. Op zaterdag. Bij een
kraam keek ik naar bijna zestig voetballertjes, die met een bon-
netje in hun hand op een gratis hotdog wachtten. Eten en voetbal. Zestig Svens en Lesleys stonden daar. 's Avonds, thuis,
hoorde ik mijn zoon aan mijn dochter uitleggen hoe goed Boerebach kon dichten. 'Hij schrijft echt zoals het is.'

Het is begrepen, Michel.

Mega Piraten Festijn

Laatst stond ik bij de slager op mijn beurt te wachten toen Dennie Christian binnenkwam. Nogal een gebeurtenis, midden in Amsterdam, de sympathieke volkszanger die vlak naast mij vier tartaartjes kwam kopen. Het leek niemand anders op te vallen. Ik loerde onder mijn arm door. Verdomd het was hem. Lekker los stond hij erbij, Dennie. Die had natuurlijk alles al gezien in het leven. Die maakte je niet meer gek, dat zag je meteen. Leuk dat haar van hem, als je van lang krullend haar hield. Ik vond het een statement van Dennie. Juist iemand die je diep in de provincie zou verwachten, ergens bij een kiloknaller in Borculo, die stond hier gewoon tussen de Amsterdammers, midden in de Jordaan, op zijn vlees te wachten. Jammer dat ik net voor hem was binnengekomen, anders had ik naar zijn bestelling kunnen luisteren. Misschien sprak hij nog een beetje Duits. Of misschien bestelde hij wel 'vier Duitse biefstukjes graag, schlager' met die typische Dennie Christian humor van hem. Een zanger tussen de mensen, dat was hij. Ik merkte dat ik mijn bestelling een beetje geforceerd plaatste. Dat was opeens toch heel anders, 'zes ons magere hamlappen' zeggen met een fenomeen als Dennie in je nek.

Op weg naar huis dacht ik erover na. Wat was dat toch met mij? Ik kon me geen grotere kutmuziek voorstellen dan schlagermuziek. Duitsers met bandplooibroeken aan, in een zaal vol gewatergolfde wijven uit het Zwarte Woud, die de volgende dag weer zuurkool gingen afspoelen in een rivier terwijl de mannen typisch Duitse dingen deden zoals het looien van eekhoornleer. Die beelden riep schlagermuziek bij mij op. Niet echt mijn ding. Maar Dennie, die had me meteen bij mijn kloten. Eerlijk is eerlijk. Een soort natural. Iemand als Peter Maffay, daarvan wist je gewoon dat hij zich na een optreden meteen stond af te schminken om daarna met zijn vaste vriend naar de Tolle Spazierdancing Richtig Aufspritzen te rijden, maar van Dennie wist je dat hij vlak na een gig keurig zijn broek stond te strijken voor het optreden van morgenavond. Een gewone jongen. Dolblij met dat unieke, aangeboren talent van hem. Dennie was gewoon Dennie. Ik ging proberen hem morgen bij slagerij Kuiper aan te spreken.

Dat viel tegen. Navraag bij slager Kuiper zelf leerde me dat het hier niet Dennie Christian betrof, maar lookalike Adje Koumans, de broer van de bekende Dikkie Koumans die via via weer iets te maken had met die ramkraak op de Elandsgracht. Weg droom. Ik zou Dennie nooit ontmoeten. Of wel? Verdomme zeg, ik kon toch ook gewoon eens zelf initiatief ontplooien. Zou Dennie hebben gestaan waar hij nu stond als hij lekker op zijn Duitse reet was blijven zitten. Nee! Eropaf, dat was het idee. Niet bij de pakken neerzitten, dat soort teksten. Ik kon nog wel jarenlang in Paradiso naar de neuzen van mijn schoenen gaan staan kijken bij een akoestisch concert van Steve Earle, terwijl het barpersoneel op megafoonkracht

dwars door zijn optreden heen lulde, maar ik moest kleur bekennen. Ik wilde Dennie zien. Ik tikte zijn naam in Google in.

Dat viel niet tegen. Als ik wilde kon ik Dennie het komende
weekend zeven keer zien. Ik klikte wat rond en wist genoeg.
Het werd het Mega Piraten Festijn in Onstwedde, Groningen.
Wat een affiche. Natuurlijk, er stonden aan het begin van de
avond ook wat wilsonbekwame, thuiswonende zonen op het
podium, maar daarna… Wie stond er niet? Henk Wijngaard,
Jan en Zwaan, good old Frank van Etten, Koos Alberts van na
het ongeluk, Arne 'Horny as Hell' Jansen, Jannes en Het Vo-
lendams Blok aan het eind van de avond, met Jan Keizer, Nick
& Simon en Jan Smit. Allemaal in één avondvullend programma tussen acht uur 's avonds en twee uur 's nachts in de
oude partytent van Willem Ruis. Gepresenteerd door Willie
Oosterhuis, een ontzettend kale man met een zonnebril op
zijn voorhoofd gelijmd. Hoe kwam ik aan kaarten? Klik.
'Voorverkoop; Onstwedde – Eetcafé De Jutter.' Ontroering.
Zo ging dat daar. 'Berend, nog tweemaal saté van het huis met
mama's eigen pindasaus en doe er twee kaartjes voor het Mega Piraten Festijn bij.' Eten, drinken, neuken en muziek, alles
schoof daar op een natuurlijke manier in elkaar. En dan ook
Dennie nog. Ik zat al in mijn auto.

Grote tent, ik kon niet anders zeggen. Ik begreep Willems
hartaanval opeens een stuk beter. Ik had zelf geen kaarten
hoeven regelen. JFK had fijne vipplaatsen voor me weg laten
leggen, zodat ik mijn witte Opel Astra tussen de tientallen
schnabbelbakken van de artiesten kon parkeren. Met mijn
polsbandje om kon ik mij ook backstage begeven. Wat een
ambiance. Dit leek me een thuiswedstrijd voor Dennie. Puur

vakmanschap hoe ze van de lukraak in het landschap geflik-
kerde bouwcontainers knusse toiletgroepen en artiesten-
ruimtes hadden weten te maken. Ik betrad de vipruimte, een
witgeschilderde keet met zestien houten tafeltjes en een schaal
chips. Geen mens. Tekenend voor de piratensfeer. Daar lachen ze om vips. Niks kaviaarballetjes met aanhangend her-
senvocht vreten in de Rode Zaal van het Congrescentrum terwijl Marco Borsato een kilometer verderop zijn concert doet.
Niks After Party Robbie Williams 2006 in Club Rectaal met
DJ Lustalot. Hier stond de echte vip met zijn poten in de aarde
mee te hossen op alweer de derde bijna hit van De Wuko's.
Het festival kroop behoorlijk onder mijn huid, maar ik probeerde zo lang mogelijk een neutrale houding aan te nemen.
Even backstage kijken.

Kijk nou, daar stond Sugar Lee Hooper in een regenboog
tutu, met kuiten als achterhammen. Getatoeëerd ook nog,
zag ik. Daar zat wel een litertje of zes inkt in. 'Music is my first
love,' las ik, vlak boven haar roze pantoffeltjes. Sugar had er
zin in. Ze stond achter een deur, keek nog even op haar hor-
loge, knikte naar de geluidsman en wachtte op de aankondiging. Ik genoot. Niemand hier keek daarvan op, dat er een
vrouw als een sumoworstelaar met zestien rimpels in haar
nek in haar jurkje stond te wachten tot ze het podium op
mocht stormen. Een aanzwellende orkaan van geluid achter
de deur. Presentator Willie Oosterhuis zette, samen met de
zevenduizend bezoekers, de aankondigingsmelodie in. 'De
deur'n, de deur'n wie staet er voor de deur'n. Wier vroagt ons
dat aof!' Pang, de deur vloog open en daar katapulteerde Sugar Lee zichzelf het podium op. Snel kijken! Ik holde om het

podium heen en betrad voor het eerst de tent. Overweldigend.

Lowlands maar dan gezellig. Het draaide en kolkte vlak voor me. Verplaatsingen van duizenden mensen tegelijk in een oceaan van Nederlands vlees. Nog nooit zo weinig negers gezien. Ik liet het even op me inwerken. Bladen bier verdwenen in de lucht, mensen vielen over elkaar heen. Enorme videoschermen waren overal in de immense tent opgehangen. Tot achter in de zaal keek je Sugar Lee haarscherp op haar trillende dijen. Alle armen gingen opeens omhoog. 'Jo met de Banjo en Mien met de Mandolien' daverde het van wand tot wand. Ik keek naar Sugar Lee. Een zwetend, swingend en dampend stuk onversneden soul stuiterde over het podium. Wat een strot. Rita Reys, eat your heart out; Trijntje Oosterhuis, zing voortaan iedereen maar loensend in slaap met je Burt Bacharach gecroon. Move over voor Hooper, de beste soulzangeres van Nederland. Helaas met een volslagen rukrepertoire en met het uiterlijk van een bedorven tonijn, maar wat een beleving! Ze wierp zich in een volgend nummer. 'I'm a soulman', met haar hoofd in haar nek en haar strot wijd open. Ik geloofde haar. Zoals ik vanavond alles geloofde. Ik deed mijn jasje over mijn polsband heen en verdween tussen het publiek. Als je dan toch aan participatiejournalistiek deed, dan maar hier in plaats van in Uruzgan.

Sugar Lee stopte na twee nummers, waarmee zij blijkbaar hiërarchisch in het middensegment was ingedeeld. Beginnende artiesten mochten één nummer doen, gevestigde orde en coming stars twee nummers en de topklasse vier of vijf. Ik werd door twee wildvreemde mannen beetgepakt en meegetrokken naar de zijkant van de tent. Ze stelden me aan hun vrouw voor. 'Dit zijn Rita en Annie en daar is niks mis mee. Rita en Annie, dit is een meneer die wij vonden bij het bier.' Ik knikte en wilde ze een hand geven. Opeens lag ik op mijn rug in het gras. Er werd alweer een nieuwe act aangekondigd en midden in de herkenningsmelodie werd ik dertig meter mee-gesleurd in de richting van de uitgang. 'De deur'n, de deur'n wie staet er voor de deur'n. Wier vroagt ons dat aof!' Verdom-me, ik merkte dat ik meezong en met mijn arm om een wild-vreemde vrouw ademloos luisterde naar de aankondiging van Willie. 'Hij loopt al heel wat jaartjes mee en is een van de sym-pathiekste zangers van Nederland.' Ik raakte in paniek. Goed, dat konden ook nog steeds Jannes of Henk Wijngaard zijn, maar wie was de sympathiekste? Precies. Dennie. Ik worstelde me naar voren. 'Een man die de harten veroverde van veel Ne-derlanders met zijn lied over een Duits meisje.' Ik jankte bij-na. Nog een meter of honderdtwintig naar het podium. 'De man van doe maar gewoon, de man die wij zijn gaan waarde-ren als een Nederlander, ja, wij zijn twee vrienden hij en ik, dames en heren… Dennie Christian.'

Ik verstarde, de zaal ontplofte. Wat een entree. Die witte broek, dat witte hemd, dat haar. In het echt was hij ook zo ont-zettend Dennie. Hij beukte meteen in Rosamunde. Vrouw der vrouwen. Dat was het knappe van Dennie, dat je die Rosa-munde voor je zag maar dat ze voor iedereen weer anders was. Voor de man naast mij was Rosamunde zo te zien een geil wijf die met haar kont omhoog op hem wachtte, maar ik zag Rosa-munde veel meer als een heel kwetsbaar meisje met veel liefde voor haar ouders en laat-17e-eeuwse schilders. Die interpretatie liet Dennie aan zijn fans zelf. Een kenmerk van alle grote artiesten. Hij zong een medley. 'Besame Mucho', kijk eens aan, Spaans, net zo makkelijk, en daarna de downbeat met dubbele syncopen in de terts van Marsipulami. Als Dennie over het dier zong vergat je helemaal dat hij niet bestond. Zo knap. 'Du' van Udo Jürgens werd ingezet en nog iets nieuws over liefde. Lalalala en hopsakee en weg was hij alweer. Wat een optreden. Ik holde snel naar achteren om hem te bedanken, maar liep alleen Jannes tegen het lijf. Geen Dennie te zien. Mediteerde hij misschien vlak na een optreden? Of dankte hij een of andere vage Duitse Dondergod voor zijn talent? Ik vroeg het aan Koos Alberts die net door zes man voor de deur was getild. Nee, Dennie was al naar het volgende optreden, een barbecueparty in Appingedam.

Misschien was het ook wel beter zo. Je moest je helden niet ontmoeten. Ik liep de tent weer in en keek naar de artiesten na Dennie. Ze deden allemaal erg hun best. Koos Alberts verscheurde zijn foto en nog steeds voelde je in ieder woord en gebaar dat hij die fokking rolstoel het liefst van zich af zou trappen om feestend, feestend, feestend met alle mensen tot aan het ochtendgloren zijn benen te vieren, maar helaas… Henk Wijngaard acteerde nog steeds slecht een trucker. Had ik nog nooit in geloofd, Henk met dat blozende babyhoofd achter een stuur. Leek me meer iemand die zonder rijbewijs naast zijn wijf in een Fiat Panda op vakantie ging naar België. Arne Jansen stormde het podium op, een vieze oude man met een moderne bril op zijn giechel. Daar trapte ik niet in. Ik had hem zojuist backstage in de auto, samen met de roadmanager, zijn geld zien zitten tellen en daarna in de richting van de tent zien lopen met een platinablonde vrouw aan zijn arm, maar zijn bejaardenversie van 'Meisjes Met Rode Haren' maakte niet veel meer los dan een op het podium geworpen Wibra-slip vol met rood schaamhaar. Nee, het was niks meer zonder Dennie. Minder puur of zo. Te profi, te clean. Jan Keizer deed in zijn eentje het slechtste optreden van BZN ooit, inclusief een verknipte versie van het Franse volkslied. Treurig hoe hij daar in zijn eentje stond te schnabbelen. Nick & Simon zongen hun valse tienerreggae en Jan Smit streek geroutineerd een paar duizend euro voor een kwartiertje palingbedrog op.

Ik ging eens op huis aan. Ik wilde vooral dat ene beeld vast-houden. Het overhemd van Dennie Christian. Voor eeuwig op mijn netvlies. Eerder op de avond had ik er bijna een kwar-tier geëmotioneerd naar staan kijken. Achter in zijn luxe ge-zinsauto, vlak naast de terreinwagen van René Becker en de Audi van Jan Keizer, hing dat schitterende witte artiesten-overhemd op een knaapje achter in de auto. De auto van een prof. Een gestreken hemd achterin voor het volgende optre-den. Daar kon Jan Smit met zijn mouwloze homoshirt van de Hema een voorbeeld aan nemen. Ik startte de auto en reed midden in de nacht de provincie uit. Langzaam verdwenen de piratenzenders van de radio. Ik reed terug naar Amsterdam, maar als een ander mens.

Sybian Royal

Voor een werkstuk van mijn dochter zocht ik op Google naar een afbeelding van een Siberisch nachtuiltje. Ik wist er uit mijn hoofd al veel over, bijvoorbeeld dat het een goedlachse vogel was die het allemaal niet zo nauw neemt. Als je met een vogel kon lachen dan was het de Siberische nachtuil wel. Maar dat wist mijn dochter al. Er moest een afbeelding bij.

Tijdens het zoeken stuitte ik op een foto van het Sybian Masturbatiekussen. Dat was meer iets voor het voortgezet onderwijs zag ik direct. De afbeelding fascineerde mij. Wat was dat voor geil leren poefje? Ik bekeek het eens aandachtig. Dit kreeg je dertig jaar geleden van vrienden cadeau als ze in Algerije op vakantie waren geweest. Een degelijk stukje wooncomfort. Maar wat zat erbovenop gelijmd? Het was duidelijk niet de bedoeling dat men op deze poef even snel zijn Chinees naar binnen jaste tijdens *Studio Sport*. Kijk, nu zag ik het. Er zat een wit lulletje bovenop.

Wat was dit voor een helse machine? Zo te zien kon je in het compartiment onder de plastic fallus een halfje wit of wat broodbeleg bewaren. Handig voor als je honger kreeg tijdens het masturberen. Het snoer aan de voorkant trok mij aan als een magneet. Ik wilde dit apparaat in werking zien, hoe dan ook. De look van de jaren zeventig gecombineerd met de decadente lustbevrediging van de jaren negentig deed het voor mij. Ik zag het ook maar als een werkstuk.

Ik had al snel de leverancier gevonden. Hij was ontroerd. Ja, dat waren nog eens apparaten. De Sybian Royale had ik gezien, begreep hij uit mijn beschrijving. 'Als een stoomtrein komen ze erop klaar, mijnheer. Alleen de fijnproevers hebben er een thuis staan. Ik heb er nog eentje in het crème staan, nauwelijks gebruikt.' Ik was meteen verkocht. Zo ging dat bij mij. Ik moest en zou deze trillende vriend in huis hebben. Desnoods sloopte ik die dildo eraf, had ik er voor 1720 euro een geinig poefje aan.

Twee uur later lag hij op mijn achterbank. Ik belde Vera, die overal voor in was. Ze was de eerste vrouw die met een op afstand bestuurbaar trillend eitje in haar kont boodschappen deed. Ze hield wel van een experimentje. Ik vroeg haar of ze de Sybian Royale kende. Nooit van gehoord. Ze hield niet van ijscoupes. Ik legde uit waar ik mee naar huis reed. 'Ruk aan dat stuur en naar mij toe, lieverd, meteen. Ik doe alvast iets makkelijks aan.'

Handig, die lul boven op de poef. Ik tilde met mijn hand om de eikel mijn aankoop uit de auto. Vera stond in de deuropening. Ze hielp me. Het kreng was behoorlijk zwaar. Dit was andere koek dan twee penlite batterijtjes. De Sybian Royale werd aangedreven door een stevige elektromotor. 'Zet maar op de slaapkamer,' zei Vera. Ik mikte het leren masturbatiezadel vlak naast een stopcontact. Prachtig. Dat was hem dan.

'Neem plaats, na u,' zei ik. Vera las de gebruiksaanwijzing voor. Een hilarische vertaling vanuit het Sloveens. 'U goed van altijd vasthouden op de sterkste stand zonder meer,' lazen wij. Sterkste stand? Aaahh, kijk! Uit het broodtrommeltje kwam nu een afstandsbediening met snoer waarmee de intensiteit van de trillingen kon worden ingesteld. Handig. Een staafmixer maar dan voor inwendig gebruik. 'Voordat gewaarschuwd u kan er wrijving ontstaan met brandplek van gevolge.' 'Jaja,' zei Vera ongeduldig. 'Mijn reet. Ik ga erop.'

Vera zag er goed uit. Een redelijk acceptabele kop, driekwart citroentjes op haar lichaam en twee vrouwenbenen, dat voldeed voorlopig wel even. Ze nam plaats. Dat beviel goed zo te zien. 'Zit je?' vroeg ik enigszins debiel. Dat had men mij op school niet uitgelegd, wat je vroeg aan een vrouw op een dildopoef. 'Ik mag niet klagen. Gooi die stroom er eens op.'

Een licht gezoem. Er stond spanning op de poef. Hij leefde. Vera zette de afstandsbediening voorzichtig op standje één. Dat schoot niet op. Met je blote kont op de vaatwasser zitten was opwindender. Vera werd ongeduldig. Ze was wel iets gewend en dit was padvindersbevrediging. Voordat ik kon ingrijpen zette ze het poefje in de hoogste stand. Een ijselijke gil. Hoofd in nek. Ik zag dat de poef onbarmhartig in zijn zesde versnelling was gegooid. Alsof er iemand vlak naast ons de straat openbrak, zo hard trilde de metalen onderkant door de slaapkamer.

Het poefje leidde een eigen leven. Weg wilde hij, weg uit deze slaapkamer. Vera was niet meer aanspreekbaar. Sensationele orgasmen gierden door haar lichaam. Binnen een minuut telde ik er twaalf. Dit was een cumrodeo in Lelystad-Zuid. Ik probeerde, door boven op de poef te duiken en hem met beide armen te omsluiten, het trillende stuk leer in bedwang te krijgen. Hopla, daar gingen we, hevig schokkend een hoek van de kamer in. 'Zet af, zet af,' schreeuwde ik. Vera keek mij aan en ik werd bang. Niets menselijks meer. 'AAAAAHHHHHHHH,' loeide ze.

Ik zag, nu ik met mijn wang op de poef lag, wat er gebeurde. De basis van de witte fallus bewoog met een onbeschrijflijke snelheid van voor naar achter. Hier kon je moeiteloos vuur mee maken. Een droog takje ertegenaan en je had een brandend braambos. Paniek. Van alles schoot er door mijn hoofd. Misschien was de poef zo geprogrammeerd dat hij in zijn eentje, met de berijdster er nog op, naar Brandwondencentrum Beverwijk trilde. Labiale verbranding, het was weer helemaal in. Hopla, daar gingen we weer. De poef accelereerde. Oorverdovend ging hij tekeer. Een slijpmachine op een pond hamlappen, zo klonk het. In blinde paniek tuimelden wij door de kamer. Vera nog steeds verstard op de Sybian Royale en ik met 1600 bpm over de vloerbedekking.

De stekker! Ik gaf een ruk. De machine viel stil. De kamer stond vol rook. Ik wapperde met de gebruiksaanwijzing. 'Vera, Vera?' Mijn god, wat had ik haar aangedaan? Ah, daar lag ze, gekanteld in een hoek van de kamer, met haar benen nog om de poef heen. Bewoog ze? Ja, ze bewoog haar lippen. Ze fluisterde iets. Ik drukte mijn oor op haar mond.

'Wat kostte dat ding, Dijkshoorn? Hebben ze hem ook in het beige?'

Begeleid lezen

Regelmatig hoor of lees ik verhalen van schrijvers over hun voordracht in een bibliotheek. Het bekende werk. Doodsbange heringetreden vrouwen staan de schrijver in een zelfgehaakt vestje op te wachten en melden dat iedereen in het dorp zich al maanden op hun komst verheugt. Of de schrijver eerst een stukje zelfgebakken boterkoek wil. Hij zal wel moe zijn van al dat schrijven. De kleedkamer is in de studiezaal, achter die zes kratten afgeschreven boeken. Het is bijna een genre, het verhaal van de bezoekende schrijver en het gekonkel en gevlei van de bibliotheekmedewerkers.

Ik zag de andere kant. Van 1985 tot 2005 was ik werkzaam in Bibliotheek Amstelveen. Ik heb een hele stoet schrijvers aan me voorbij zien trekken. Twintig jaar lang heb ik ze bij de ingang van de bibliotheek op staan wachten als ze weer uren te laat uit hun schrijvershol waren gekropen. Ik ontving ze, kondigde ze aan en deed ze uitgeleide. Ik heb een aardig beeld.

In 1985 was Bibliotheek Amstelveen gehuisvest in een oude V&D. De romans stonden op de voormalige afdeling campingartikelen, het administratieve werk vond plaats op de afdeling herenconfectie. En toch broeide er iets in die met borduurwerk beklede baarmoeder vol streekromans en thrillers.

Goed, een dialezing over een voettocht naar Santiago de Compostela trok nog steeds honderdzeventig bezoekers. Dan zat er een leeszaal vol Amstelveners minutenlang naar een dia van een wandelschoen te kijken. Maar wij, de medewerkers, voelden dat het anders kon.

We wilden Johnny van Doorn uitnodigen. We wilden een nieuw geluid in de tent. Schrijvers en dichters die bij ons die rij wanstaltige detectiveboeken van de planken zouden lullen. Vreemd genoeg luidde een lezing van streekroman schrijfster Margreet van Hoorn een nieuw tijdperk in. Van Hoorn in onze bibliotheek, daar waren wij als personeel niet enthousiast over. Niet direct de anarchist die we binnen wilden halen, een oud wijf dat schreef over in zichzelf gekeerde boeren die met een hooivork in hun hand naar de horizon stonden te turen, wachtend op een geile vrouw die wilde helpen bij het melken.

Onze directrice had haar echter blind geboekt. Margreet van Hoorn was de meest uitgeleende schrijfster in Nederland. Succes verzekerd. Zo nodig kon zelfs worden uitgeweken naar een groter gebouw, om de verwachte invasie van om en nabij de vierhonderd streekromanlezers in goede banen te leiden. Twee dagen voor de lezing waren er twee kaartjes verkocht, waarvan een aan de moeder van onze telefoniste. Paniek. Iemand als Margreet van Hoorn ging je niet afbellen. Misschien was ze zelfs al onderweg en kwam ze dwars door de weilanden naar ons toe lopen. De directrice zette ons onder druk. Het personeel moest incognito op komen draven. Er was nu geen weg meer terug. We kregen doorbetaald. We moesten het maar als werk zien. Hoe moeilijk kon het zijn, vermomd als lezer anderhalf uur lang geïnteresseerd luisteren naar een verhaal over Arie Guldenkruis, een keihard werkende boer, die na zeventig jaar graan malen tot het inzicht kwam dat er meer moest zijn in het leven.

Daar zaten we, als undercover personeel, doodsbang te loeren naar Van Hoorn, die er precies zo uitzag zoals je haar naam uitspreekt. Ze was verrukt. Zo een jong publiek had ze nog nooit gehad. Het inspireerde haar. Geen proza dit keer. Ze besloot de volle anderhalf uur voor te lezen uit haar nieuwste dichtbundel. Ik keek voorzichtig naar Edwin, hoofd van de muziekafdeling. Een jongen die thuis twaalf uur per dag Captain Beefheart draaide. Naast hem zat Ellen, onze jeugdbibliothecaresse die sinds een paar weken weer voorzichtig mocht werken. Een jaar geleden was ze met een exemplaar van *Twee vrouwen* in haar hand aangevallen op de voordeur van Harry Mulisch, terwijl ze steeds schreeuwde: 'Hoezo twee vrouwen, waarom niet drie?' Allebei luisterden zij nu met wijd open ogen naar het gedicht 'Mens':

> *Opeens begreep ik wat je voelde,*
> *En nooit in woorden zeggen kon,*
> *Je liep door lange dagen schaduw*
> *Maar hunkerde naar warmte en zon.*

Of er nog vragen waren. Nee, we hadden wel een beeld. Onze directrice bracht, zoals afgesproken, Margreet terug naar huis en de volgende ochtend wisten we dat dit soort boekingen voorgoed tot het verleden behoorden. Dat zagen we aan haar kop toen ze de koffiekamer binnenkwam. Die Van Hoorn kwam er nooit meer in.

Niet lang daarna boekte ik Simon Vinkenoog. De tijd was rijp. Beetje leven erin gooien. Simon bewoog met zijn armen en holde tijdens het voorlezen, dat was al wat. Het woord stad kwam in zijn gedichten voor. Ook prettig. Amstelveen was er klaar voor, dat voelde ik. Drie dagen voor zijn performance waren er vier kaartjes verkocht. Een dag later verscheen er in het *Amstelveens Weekblad* een groot interview met Vinkenoog. Goede foto erbij van zijn vacuüm getrokken paniekhoofd. De kop boven het artikel was minder veelbelovend: IN MIJN VOLKSTUIN KOM IK TOT RUST. Fuck, dat had ik. Huurde ik het Dichtende Beest in, ging hij in de krant uitleggen dat hij tussen de jonge worteltjes zijn beste werk schreef. Maar gelukkig bereed hij ook zijn stokpaardjes. Iedere dag een paar jointjes en neuken tot je erbij neerviel, hij wist niet beter. Met de ene hand zijn vrouw vingeren en met de andere hand het leven zelf in een boekje van zevenenzestig bladzijden proberen te proppen, voor minder deed hij het niet.

's Avonds waren alle kaartjes verkocht. Dit was blijkbaar wat Amstelveners wilden. Iemand die van planten hield en toch geil was. Terwijl het voorprogramma al liep, een schier eindeloze reeks van lokale dichters die ei op blij lieten rijmen, wachtte ik beneden in de hal op Vinkenoog. Mijn god, waar bleef hij? Ah, daar zag ik iets aan komen wandelen. Verdomd het was hem. De ongebakken deegsliert Simon V. Als hij vlak voor je stond begreep je Reves karakterisering meteen. Ik gaf hem een hand. Simon vroeg waar hij zich kon verfrissen. Floep, weg was hij. Zijn vrouw pakte mijn arm en fluisterde dat we vanavond erg voorzichtig moesten zijn met Simon. Hij had gisteren zo wild gedanst op het boekenbal. Hij was erg moe.

Ze babbelde maar door. Simon zat inmiddels zwijgend naast mij in een hoek van onze koffiekamer naar de ijskast te kijken terwijl zijn vrouw over hem sprak alsof hij een ziek Russisch knaagdier was. Simon had een beetje honger. Of er iets te eten was. Niet te hard, in verband met Simons gebit. Simon zou nu wel iets te drinken lusten. Simon hield niet van fel licht. Of alles uit kon tijdens zijn voordracht. Simon wilde graag snel naar huis na zijn voordracht, want morgen hadden ze de verplichte gezamenlijke onkruiddag op de volkstuinen. Simon keek ondertussen naar het plafond.

Na de pauze acteerde Simon twintig minuten lang Simon Vinkenoog. Een onsamenhangend verhaal over de nieuwe stadspoëzie die hij meende te herkennen in de Osdorp Posse waar hij, verdomd als het niet waar was, gisteren nog een gedicht over had geschreven. Hij las het even voor.

Posse, Posse, waar is posse, positieeeeeeeee,
possittieeeee
Possitieeeeeeeeee
tegen de macht van
de
plieetssieeeee
De neonverlichting
van het
gelach
hahahahahahahahahaha
hahahahahahahahahahaha
Ja!

Enzovoorts. Simon was na twintig minuten opeens klaar en verliet vier minuten later aan de arm van zijn vrouw onze bibliotheek. Wat een energieke tred had hij plotseling.

De persoonlijk begeleidster van de schrijver. Meestal zijn vrouw. Een fenomeen. Je kunt geen schrijver boeken of je krijgt zijn vrouw zes weken lang in je nek. De schrijver, pianist of essayist zit thuis nieuwe kunst te scheppen tussen een berg ongeopende belastingenveloppen en de begeleidster doet, om hem te ontlasten, wat verkennend werk op locatie. In de nieuwe vestiging van Bibliotheek Amstelveen werkte de omgeving tegen ons. We zaten nu officieel in de mooiste bibliotheek van Nederland, dus moest er door de begeleiders eerst even worden gesnuffeld aan al dat moois. En dan gebeurde er iets vreemds.

Juist het prachtige podium, het keurig verzorgde licht, de gordijnen en het perfecte geluid maakte bij de begeleidsters iets dierlijks los. In hun lichaam zag je het juichen. Eindelijk, hun man kwam op een echt podium te staan. Met echte stoeltjes vlak voor hem, in een theatertje. Als een echte artiest. Eindelijk erkenning. Na al die jaren gekloot, het eindeloos luisteren naar zijn sterk autobiografisch werk, vreten voor hem koken omdat hij altijd precies rond etenstijd bepaalde ideetjes had, dat domme geschreeuw van hem dwars door haar favoriete televisieprogramma's heen, omdat hij alles helemaal anders zag, al dat bloedzuigende schrijversgedoe was in één keer vergeten als ze bij ons door de bibliotheek liepen. Hun man moest wel iets kunnen als hij hier werd uitgenodigd. En zij gingen eruit slepen wat eruit te slepen viel. Een week later stond hun man weer ergens op een braderie vlak naast de broodjes beenham nieuw werk te mompelen voor zes achterlijke kinderen, maar uitgerekend in onze bibliotheek, waar we net deden alsof we zijn werk heel bijzonder vonden, moest het onderste uit de kan worden gehaald. Vooral begeleidsters van muzikanten en dansers konden er wat van.

Twee tangodansers die de presentatie van een Latijns-Amerikaans boek zouden komen opluisteren stuurden wekenlang een aangetrouwde nicht langs die bijna dagelijks de staat van onze geïmproviseerde dansvloer kwam beoordelen. Klopte niets van. Die houten vloer van zestig meter lang, mooi, maar die moest eruit. Ik liep naast haar bij de dagelijkse controle. Midden op de beoogde dansvloer stootte ze een korte keelklank uit en luisterde geconcentreerd. Geschud met haar hoofd. Was geen doen zo, de tango dansen. De akoestiek klopte niet. Te veel sublaag in het hoog. Het plafond moest worden aangepast, of als het echt niet anders kon dan maar akoestische dekens door de hele bibliotheek. De geluidsinstallatie voldeed helaas ook niet. Ze dansten alleen op dolby surround.

Ik wist inmiddels wel hoe je dat oploste. Ik sprak de tangobegeleidster stevig toe. 'Luister, mevrouw, de tango dansen in Nederland is natuurlijk al erg genoeg. Stramme Hollandse calvinisten die als skeletten een dans proberen te dansen die passie en hartstocht vereist. Dus dat vinden we allemaal goed, dat uw dansers volgende week op Hollandse gezondheidssandalen bij ons binnen komen wandelen en dat ze zich na veel geschreeuw en geblèr om gaan kleden in de directeurskamer. Het is ook goed dat ze daarna in zelf genaaide tangopakken naar buiten komen en ons tijdens de boekpresentatie vervelen met de hela-hola-houd-er-de-moed-maar-in-vogeltjesdanstango. Allemaal prima, maar een beetje nederiger kan wel. Dit is de vloer, dat is de cd-speler. Succes.' Dat hielp, zo'n verhaal. Want de tangodansers wilden eigenlijk niets liever dan optreden. Uiteindelijk waren ze trots. Een hoogtepunt in hun carrière.

Voor veel beginnende schrijvers die ik heb ontvangen, gold dit ook. Debutanten die bij ons kwamen voorlezen, moesten zich geëmotioneerd aan het spreekgestoelte vasthouden als ik ze het theatertje liet zien. Ja, hier deden ze het allemaal voor. Ze hadden er enorm veel zin in. Tot je over het geluid begon. Schrijvers en versterkt geluid, dat gaat slecht samen. Als de dood zijn ze er voor. Herman Koch, Rinus Ferdinandusse, René Appel, Geert Mak, Rutger Kopland, Rosita Steenbeek, Connie Palmen, Cees Nooteboom, allemaal verdomden ze het om in een microfoon te spreken. Om verschillende redenen. Cees Nooteboom wil het niet omdat die zijn eigen schedel als resonantiekast gebruikt en ieder woord over zijn goede vrienden in Spanje, de uitgestrekte stranden in Midden-Amerika of de culinaire situatie in Noord-Korea het liefst eerst door zijn eigen hoofd laat galmen voordat hij het prijsgeeft aan het publiek. Herman Koch wilde eigenlijk liever achter een gordijn optreden. Wars van ieder schrijversgedoe. Hij wilde geen stoeltjes vlak voor zich. De mensen moesten dicht om hem heen komen zitten en dan las hij pas voor. Had je een swingende lezing met een van de mannen van Jiskefet in je hoofd, was het tijdens de avond zelf net alsof Aart Staartjes aan een gezelschap vijftigers voor zat te lezen uit *De scheepsjongens van Bontekoe*.

Veel schrijvers wilden eigenlijk liever niets. Ze wilden niet op een podium, ze wilden geen licht, ze wilden geen geluid en wilden geen aankondiging. Ze wilden wel wijn, roken op het podium, een stapeltje boeken verkopen en dan snel naar huis.

Behalve Clark Accord. Die liet zich bijna bij ons insluiten, zo intens vierde hij het schrijverschap. Hij kon het, samen met ons, gewoon niet geloven dat hij echte boeken schreef. Hij, een make-upartiest. Volgens de laatste tellingen waren er zeven miljoen gediplomeerde make-upartiesten in Nederland. Maar nu was hij schrijver! Hij genoot ervan. Het kon zo weer over zijn, als ze zijn boeken echt gingen lezen. Niemand nam hem dit optreden in Bibliotheek Amstelveen af. Een microfoon? Graag! Of we ook speakers buiten konden neerzetten. Enorm teleurgesteld dat hij maar twee keer een half uur had. Dat ging hem dan nooit lukken, zijn hele roman voorlezen. Hij wilde in de pauze ook wel koffie inschenken voor de mensen. Opruimen. Maakte niet uit. Een uur na het optreden zag ik hem bij de tafel van de boekhandel staan. Hij liet zijn vingers over de voorkant van zijn boek glijden. Zijn naam stond erop. Nog steeds.

Clark Accord kan denk ik een heel grote worden in het voorleescircuit. De verbazing moet eraf en er moet iets meer afstand worden ingebouwd naar zijn publiek, maar de potentie is er. Misschien komt hij wel in de buurt van Martin Bril. Een superieure bibliotheekvoorlezer. Alles klopt bij Bril. Hij komt twee minuten voor aanvang binnen, schudt de hand van de dienstdoende bibliothecaris terwijl hij naar het publiek loert. Een snelle schatting. Dat worden huisvrouwenverhalen, vanavond. Studentenverhalen kunnen weer in de tas. Daarna volgt een uur Best of Bril. Nog vragen? Bij het buffet zes zin-

nen met de plaatselijke schrijver die wil weten hoe je nu eigen-
lijk een boek uitgeeft, stel je kunt schrijven, en weg is hij weer.
Vakmanschap. Zakelijk. To the point en waar voor je geld.
Bril is de uitgeëvolueerde bibliotheekvoorlezer.

Lijndansen

Lijndansen, dat leek me leuk! Waarom niet. Ik kon wel voor eeuwig de gedreven columnist uit blijven hangen, maar lekker stram door een zaaltje schuiven met een snor onder je neus en een spijkerblouse met tieten aan je arm, ik zag er opeens helemaal het nut van in.

Op de laatste braderie bij ons in de buurt had ik nog hard met mijn vrienden staan lachen om de synchroondansers met geile riempjes om. Bij wijze van leuk had ik een lijndanser die een vrolijke witte zakdoek uit zijn achterzakje liet wapperen meerdere malen gevraagd of hij anaal met mij wilde verkeren. Steeds als hij weigerde had ik hem op de universele zakdoekentaal van de homoseksuelen gewezen. Meneer stond hier wel heel macho een beetje de peuken uit de grond te dansen met 1500 euro leer om zijn voeten maar er werd door hem, bewust of onbewust, heel duidelijk een homo-erotische paringsdans vlak voor mijn neus gedaan. Of hij zich daarvan bewust was? Dat werk. Wanhopig werd hij van mij.

Maar onder mijn bravoure had ik stiekem genoten van die prachtdans. Lijndansen had wat mij betreft de toekomst. De Ierse variant haatte ik. Lord of the dance, dat wisten we nu wel, die springende bromtol met zijn armpjes langs het lichaam. Drie uur kijken naar 345 dansers die mooi gelijk hun kleine bijhersenen eruit staan te stampen op een houten vloer. Ik vond Iers dansen op de rand van fascistoïde zitten. Als Hitler in '43 zo met zijn bevelhebbers over een plein had gedanst, had geen haan ernaar gekraaid.

Nee, dan lijndansen! Daar kon ik me wel mee identificeren. Stond je toch een beetje vanuit een Texaanse beleving met je heupjes van hupsakee te doen. Het stramme sprak me niet zo aan. Dansen alsof je er na drie jaar een gulden in gooit, dat was niets voor mij. Ik had mij terdege voorbereid. Ik pakte de gele gids. Dijkshoorn ging morgen hoe dan ook naar een gezellige gymzaal om de voetschimmel van duizenden schooljongens en meisjes uit de vloer te trappelen.

Ik kon kiezen uit de Breakie Break Bounce Boys, dansvereniging De Leren Laars, Zakdoek on your head, dikke pret en Skake That Nipple In A Square. De laatste maar eens gebeld. Zaten drie straatjes verderop. Tegenover de slager. Dansers met uitzicht op ossenworst. Zaten vol. De Breakie Break Bounce Boys waren voorzien. Als ik nog geile vrouwen wist dan kon ik altijd bellen. Het ging erom spannen. Ik had geen zin om twee uur in de auto te zitten om ergens in Belgenland met uit hun bek stinkende kansarmen door een zaaltje te bonken. De Leren Laars eens proberen. Nee, dat was geen punt. Ik kon meteen komen. Kledingvoorschriften ook niet al te moeilijk. Geen badslippers was de enige restrictie. Daar kon ik mee leven. Men danste in buurtcentrum Schaamkaakje. Vlak na het volksdansen.

Enigszins bescheten maakte ik dezelfde avond nog mijn entree. Die hele doffe ellende van vroeger kwam weer boven. Met nieuwe voetbalschoenen in je hand een kleedkamer vol met moeilijk opvoedbare voetbalkinderen binnenkomen. Die sfeer. Direct voelde je loodzwaar de door je moeder verkeerd gekochte trainingsbroek, met gulp, als beton om je reet heen zitten. Je wist opeens niet meer zo zeker of voetballen met een bril op zo tof was. Was je maar dood. Kijk, daar reed je moeder zwaaiend weg om drie uur lang met haar vriendinnen over opvoeding te gaan praten. Hoeveel jongetjes hadden er in die tijd niet in mijn shampooflesje gepist? Het kwam heel hard weer boven, maar ten onrechte. Wat een hartelijke mensen allemaal bij De Leren Laars! Ik werd direct opgenomen in de familie van 120.000 Nederlandse lijndansers. Ik durfde voor het eerst goed om mij heen te kijken. Grote schrik. Zelden had ik zo veel lelijke mensen bij elkaar in één zaaltje gezien. Goed, het kampioensteam van Feyenoord misschien of het familieteam van Simon Tahamata met elf kleine voetballende driftige bruine pygmeeën, maar daarna kwam je wel bij De Leren Laars terecht voor de fysiek geknechte medemens. Bijna iedereen miste een oog. De Houten Poot hadden ze ook kunnen heten. Ik telde zes mensen met een prothese. Ik was duidelijk in de onderbuik van de Nederlandse lijndansscene terechtgekomen.

De voorzitter stelde zich uitgebreid aan mij voor. Een heel verhaal stak hij af. Duurde een minuut of twintig. Soms werd hij onderbroken door luid applaus en dan weer opeens door instemmend gebrom. Ik had na de speech alleen het woord 'samen' verstaan. Alsof hij in het Deens tegen me stond te lullen. Ik besloot er wat assertiviteit in te brengen. Ik ging die horde nooddruftigen eens op sleeptouw nemen. De Leren Laars zou voortaan ook op braderieën worden uitgenodigd, wat kregen we nu.

'Goed, horrelvoeten, gaan we nog lijnen of niet.' Een geweldig idee! Je moest er maar opkomen. Ik gaf de geluidsman, een zwaar invalide jongen die steeds heel hard 'stetson' schreeuwde, mijn meegebrachte tape. Een razende uitvoering van de Dueling Banjos. Dat zou ze leren. Thuis had ik op mijn sokken weken geoefend op deze manische track. Honderdzeventig beats per minuut. Waanzin gecomponeerd voor veertien banjo's. Dit was alleen voor de allersterksten, deze uitputtingsslag. Een beetje op je reet slaan en je hak aanraken tijdens Tammy Wynette dat wisten we nu wel. Dijkshoorn introduceerde het speedlinen.

Fijn, daar stond ik met al mijn nieuwe vrienden van De Leren Laars in een vierkant. De cassette werd gestart. Ik hoorde de vier drumtikjes vooraf als een mitrailleursalvo door de zaal kaatsen en daar beukte de eerste banjo er al in. Verwarring bij de aanwezigen. Daar ging ik. De zaal was van mij. Ik gooide al mijn moves eruit. Mijn voeten leken een eigen leven te leiden. Op badslippers was ik nu al dood geweest. Op een kwart van het nummer zat een break waarna het tempo zich verdubbelde. Speedcorecountry, een nog onbekend genre in De Leren Laars zag ik. Men zocht doodsbang de kanten van de zaal op. Ik voelde verwijdering en dat was niet goed. Tijdens een wervelende draai greep ik een eenbenig lid bij de kraag en sleurde hem de dansvloer op. We gingen vanavond nu eens niet zielig doen. Dijkshoorn vond dat ook de invalide medemens recht had op een pittig stuk 'strictly countrystyle dancing'. Ik greep de jammerende man bij zijn schouders en slingerde hem stevig in de rondte. Hij genoot, begreep ik uit zijn gekerm. Fysiek contact, het was zó belangrijk. Oorverdovend gekletter. Zijn

prothese had de middelpuntvliedende kracht niet meer aan-
gekund en had zich als een projectiel door een raam geboord.
Buiten zagen wij, terwijl de muziek maar doorraasde, een
man die zijn hond uitliet. Hij keek verbouwereerd naar het
kunstbeen.

In de rij bij de Hema

Gisteren bracht ik een rolletje foto's naar de Hema. De vooruitgang. Een filmpje laten ontwikkelen naast de rookworst. Vlak voor mij rommelde een oude vrouw in haar tas. Dit ging lang duren. Ik zag een stapeltje uitgeprinte correspondentie. Aan een donderdagmiddaghulpje achter de balie legde ze het hele verhaal nog één keer uit.

Ik luisterde. 'Dat filmpje dat is niet meer goed, maar het was wel goed, maar nu niet meer en dat is heel erg. Ik dacht: ik doe het hier, dat filmpje, maar jullie zeggen, hier kijk maar, jullie zeggen dat het in Zürich mis is gegaan, maar het was een goed filmpje, dus dat snap ik niet, en dat het filmpje nu kapot is dat is heel erg, want op die foto's stond iemand die overleden is. Jan. Hij is dood nu, maar toen de foto's genomen werden, toen leefde hij nog. Iedereen hield van Jan. Hij was heel fotogeniek, met die ogen van hem en dan die blik. Nu is hij dood, en dat is heel erg want hij stond op deze foto's en die zijn in Zürich stukgemaakt. Wat nu?'

Het viel even stil. Aan het gezicht van het meisje zag ik dat het verhaal haar niet onberoerd liet. Dolgraag zou ze nu naar achteren lopen en hand in hand met een levende Jan terugkomen. Dat zat er niet in. 'Ik mag u een vervangend rolletje geven,' zei ze.

Daar moest de vrouw even over nadenken. 'Daar staat Jan niet op hè?' Nee, dat klopte. Ze begon overnieuw. Het hele verhaal. Ik had alle tijd om na te denken. Het kroop behoorlijk onder mijn huid. Alle mensen op mijn foto's, lachend met een vreemde bril op hun neus, ze gingen allemaal dood. We konden door het licht springen wat we wilden, raar van hekjes af springen of weemoedig over een kaars heen kijken, het bleef doodsbang gefladder tegen beter weten in.

Het was nogal een inzicht daar, vlak voor de fotoservicebalie. Mensen op foto's gaan dood en dat is heel erg. Achter mij groeide de rij kankerende mensen. Zij wilden foto's laten ontwikkelen van springlevende familieleden en vrienden. Wisten zij veel.

Het was een vreemde rij. Zes mensen met een handvol foto's van onbekommerd doordenderende vrienden en familieleden en vlak voor ons een vrouw die Jan, haar Jan, Jan die dood was en niet levend, Jan die op verjaardagen altijd even op zijn hoofd ging staan, die Jan zo graag nog eens zou willen zien. Met die ogen en die blik.

De vrouw gaf het op. Ze deed de papieren weer in haar tas en wandelde weg. Ik voelde me erg schuldig dat ik levende mensen ging laten ontwikkelen.

De Herdgang

Ik hoorde het voorbijkomen in het televisieprogramma *Voetbal Insite*, tijdens een gesprek met Guus Hiddink. De Herdgang van PSV, het was een mooi complex, maar het paste eigenlijk niet bij een topclub. De uitzending kabbelde voort, maar ik hoorde het al niet eens meer. Als volgens Hiddink De Herdgang niet voldeed, dan moest het wel heel erg zijn. Die vond toch juist alles goed? In Korea hadden de spelers bij de kennismaking met 'Grote Snor uit het Westen' naakt voor hem gestaan met een hardhouten plankje in hun hand. Dat waren ze zo gewend. Iedere keer dat Hiddink het woord tot ze richtte, gaven zij zichzelf een klap op het voorhoofd. Ze waren sterfelijk en niet voor de lol op de wereld.

Hiddink is dan juist de man die er warme menselijkheid in gooit. Even die gemoedelijkheid uitstralen. Hij heeft waarschijnlijk een potje twister gespeeld met de Koreaanse selectie. De aanvoerder van de Koreanen mocht tijdens de tactische bespreking op zijn rug zitten, dat soort kleine dingetjes. Een warme man. Een gevoelsmens.

En die man vond De Herdgang niet voldoen. Ik wilde er meteen gaan kijken. Ik ben dol op verval. Scheefhangende handgeschreven bordjes met daarop BALLETJE UIT EIGEN GE-

MAAKTE JUS, ik rijd er zo honderd kilometer voor om.

Ik sloot het op voorhand ook niet uit dat ik daar in het zuiden, vanuit mijn westerse beleving, een stukje moderne bewustwording kon adviseren. Willem II, het werd tijd dat eindelijk eens iemand durfde te zeggen dat dat geen goede naam was. Zo noemde je in de zestiende eeuw je zoon, maar niet een voetbalclub. The Asskickers Royale, dat was al beter. Als het aan Guus en mij lag ging de bezem erdoorheen.

De Herdgang. Die naam was al niet goed. Dat was toch weer te veel een pannenkoekenhuis met rood-wit geblokte kleedjes en een schele kop van een wrattenzwijn aan de muur. Sportpark De Toekomst, dat was goed, maar De Herdgang was zo ontzettend… PSV. Dan kon je duizend keer gaan ontkennen dat het helemaal níét gemoedelijk was en dat er net zo scherp werd getraind als bij Ajax, maar mijn god, onder die poort door lopen, met daarop geschilderd De Herdgang, dan was je eigenlijk al kansloos als aanstormende PSV-jeugd.

Ik probeerde me onderweg een beeld te vormen. Ik zag een voederplaats, midden op het complex, waar bange dieren tijdens de training schichtig wat water kwamen drinken. Guus die samen met natuurliefhebber Van Bommel tussen de middag in de camouflagehut het vluchtgedrag van de gevlekte kapiti bestudeerde. In het krachthonk waren jeugdspelers met boomstammetjes in de weer. Het afwerken op doel moest worden gestopt omdat er een doodsbange eekhoorn in het net hing.

Aankomst. Het was nog erger dan ik dacht. Veel te veel natuur. Een leeg parkeerterrein in een bos. Ik stapte uit. Dit was meer het startpunt van een wandelroute dan de entree van een trainingscomplex. Doodse stilte. In de verte hoorde ik het uit duizenden herkenbare gejuich om een volkomen terecht doelpunt. Ik nam het pad met de gele paaltjes en ging op het geluid af. Verbijstering toen ik me uit de bosrand losmaakte. Velden met bomen eromheen. Ik stond op De Herdgang, om mij heen werd gevoetbald maar je kon hier net zo goed een drijfjacht organiseren. Ik schreeuwde heel hard: 'Bal in de vrije ruimte, Robbie!'

De akoestiek klopte niet. Te weids, te organisch. Er weerkaatste niets op beton. Aanwijzingen van trainers verdwenen hier in de bossen, waar de gevlekte schaamkever zijn oneindig boeiende liefdesspel speelde. Ik keek om mij heen. De kantine van het jeugdgedeelte. De aula van een uitvaartcentrum in 1973. Hier was waarschijnlijk de legendarische Tinus Wuzelaar nog verbrand en later verstrooid op veld een. Ik liep langs het gebouw. Een aanleunende bestuurskamer, met kromgegroeide verkleurde lamellen. Zandvoort in de winter, die sfeer. Ooit was dit nieuw en modern geweest, voor een dag of twee.

Dit kon niet, dat was ik met Guus eens. Dat werd nooit wat als je je jeugd hier liet trainen en spelen. Foute boel. Er reden hier ook treinen voorbij. Treinen vol met mensen die op weg waren naar... ja, waarnaartoe. Naar een minnares, naar volkse feesten. Was dat wel goed voor de trainende jeugd? Daarbij was het natuurlijk een volkomen kutgeluid, een voorbijrijdende trein. Dat vooral.

Ik had het wel zo'n beetje in mijn hoofd, de veranderingen. Meteen maar even de bestuurskamer in. Kijk aan, dat trof, daar zat een mannetje. Geen groen hoedje met een veer op, dat scheelde. Ik begon maar meteen. 'Loop eens mee naar buiten, clubmens.' Hij aarzelde. 'Vrees niet, ik kom in vrede. Ik ben de buitenhuisarchitect, zeg maar.' Hij liep angstig met mij mee. De spreekwoordelijke Brabantse gastvrijheid kon nu weleens zijn dood worden. 'Kijk, daar,' wees ik op de rand van veld drie. 'Te veel bomen. Met bladeren, ook dat nog. Die moeten weg, dat is duidelijk. Pang, horizon erin knallen. Als je een bal omhoogschiet moet je eerst wolken zien en dan, als hij daalt, oneindig laagland en niet de kruin van een wilde eik want dat is fout. Paardrijden en motorcrossen, dan zijn bomen goed. Maar hier moeten ze weg. Helaas. Dat daar, en dat daar, allemaal plat, schrijf maar op. In stukken zagen, tuincentrum bellen, klaar.

Dan die reclameborden. Kan ook niet. Dat is niveautje Slager Krollus Bakt Ze Bruiner. Ze moeten allemaal weg. Worst verkopen doen we maar op een braderie, maar niet hier. Zakelijke en de jeugd aansprekende reclame. Iets voor haargel of condooms, maakt niet uit.'

Ik bespeurde een aarzeling. Dat lag gevoelig, condooms, op De Herdgang, vertelde hij mij hortend en stotend. Er was sinds enige tijd overlast van bosprostitutie. Eergisteren nog was er op maar vier kilometer van de ingang een condoom gevonden. Het werd nu nog bestudeerd, maar het leek erop dat iemand illegaal zaad had geloosd in de buurt van de voetballers. Dat kon natuurlijk niet.

'Juist wel!' schreeuwde ik. 'Prachtig. Tegen de kleedkamer aan laten leunen, die hoertjes, meteen!' Speciale, door Rob Scholte geschilderde afwerkplekken aan de zijkant van de kantine waar spelers zich even snel en zakelijk kunnen laten aftrekken. Dat heeft deze Herdgang juist zo ontzettend nodig. Een impuls rechtstreeks uit de onderbuik van de samenleving. Heroïnehoertjes voelen zoiets aan. Die trekken als vanzelf naar de meest geile plek in de omgeving. Dit mogen we niet negeren. Koesteren die grote stadsheroïek. Niet meteen als een Eindhovense boswachter reageren en heel woest met zes man een gevonden injectienaald kapot gaan staan trappen.'

Dit voelde goed. De Herdgang was klaar voor een totale make-over. De PSV-jeugd had weer iets om trots op te zijn. Borst vooruit en presteren maar, want dat ene leuke hoertje met die rode kousen rond haar dijen stond weer langs de kant.

De nieuwe naam had ik ook al. Kool and the Herdgang. Ik had er zin in! Mijn handen jeukten!

Tekstverklaring Frank Boeijen

Frank Boeijen koppelt een heel Nederlandse kijk op de dingen aan juist weer een heel Franse manier van denken, maar helaas ontgaat dat de meeste luisteraars omdat Frank nauwelijks verstaanbaar is. Frank kan daar niets aan doen. Als kind is hij met zijn vader mee geweest naar Indonesië en op Bali is hem door een uitheemse water- en vuurvrouw een sabelo loehoe gegeven, een vlezige vrucht die zich langzaam door je stembanden heen vreet. Net zoals duizenden Indonesische vrouwtjes en mannetjes die ergens in het oerwoud driftig aan hun blote reet staan te krabben en van alles willen zeggen, is Frank tot niet meer in staat dan het uitstoten van wat keelklanken, veelbetekenend met de ogen rollen en dan maar hopen dat de mensen er iets van begrijpen.

Ik vind dat jammer, want godverdomme wat zit er een rijkdom in de teksten van Frank. Daarom wil ik hier een lans breken voor zijn werk en zijn belangrijkste tekst proberen te duiden: 'Zwart-wit'.

Hij liep daar in de stad
's Avonds laat
Plotseling aan de overkant
Zag hij ze staan

Frank zet hier in enkele pennenstreken een felrealistische situatie neer. Het kan over ons allemaal gaan. Daar loop je met je opengewerkte leren broek om heerlijk te gaan fistcruisen in het naburige vliegenbos, je kijkt opzij en daar zie je ze staan, de potenramgang van Robin and The Gayburners. Maar tegelijkertijd kan het gaan over je zes ex-vrouwen die nog achterstallige alimentatie van je moeten ontvangen en plotseling met je veertien kinderen aan de overkant staan. Dat is de kracht van Frank. Zijn openingscouplet is universeel en zet de moderne mens neer als een dolende ziel in een steeds harder wordende wereld. Angst en onthechting, daar heeft Frank het hier over. Helaas onverstaanbaar.

Iemand riep
Je hoort niet bij ons
Mes steek pijn
Denk goed na aan welke kant je staat

Een enorm krachtig statement en tegelijk ook een heel praktisch advies. 'Denk goed na aan welke kant je staat' is, als je gestoken wordt, vrij essentieel. Sta je aan de straatkant van de stoep dan kan je eigenlijk alleen nog maar als een Theo naar de grond zakken, je broek volschijten en heel lullig roepen dat ze je moeten sparen. Sta je aan de kant van de huizen dan kan je in ieder geval nog als een gillend wijf op een deur gaan staan rammen dat iemand naar doet en je heeft geprikt met een mes. Ook Franks haiku 'mes steek pijn' is een prachtige vondst. Een iets mindere tekstdichter zou hier hebben gekozen voor 'darm stuk au'. Frank speelt hier met de taal. 'Iemand riep: je hoort niet bij ons' is een prachtige, bijna visionaire verwijzing naar Jong Oranje en de morele knoet die de Surinaamse spelers daar sinds kort hanteren. Naar nu bekend is geworden moesten de blanke spelers Ron Vlaar en Daniël de Ridder verplicht dertig kilo sperzieboontjes schoonspoelen zodat Ryan Donk en consorten vlak voor de wedstrijd nog even samen Sambal Boontjes konden eten. Frank had dat toen al door.

Denk niet wit denk niet zwart
Denk niet zwart-wit
Denk niet wit denk niet zwart
Denk niet zwart-wit
Maar in de kleur van je hart

Nou ja, duidelijk lijkt mij. Spreekt voor zich. Zwart, wit en hart en dan kleur en nadenken, dat is eigenlijk wat Frank wilde zeggen, als hij verstaanbaar zou kunnen zingen.

Donker was de straat
Op weg naar het plein
Een taxi
Het is te laat
Het is voorbij
Wie wil er bloed
Op de achterbank van de degelijkheid
Denk goed na aan welke kant je staat

Hier zit de essentie in de zin 'op de achterbank van de degelijkheid'. Een heel aards beeld van Frank. We hebben er allemaal weleens op gezeten, die achterbank van de degelijkheid. Je zit lazarus van drank in de taxi en die chauffeur begint tegen je aan te lullen dat hij zus en zoveel voor zijn taxi betaalt en dat het allemaal steeds moeilijker wordt om zijn hoofd boven water te houden en jij wilt alleen maar eigenlijk in één keer die zes broodjes döner kebab op de achterbank van zijn degelijkheid eruit kotsen en je bent te moe om te roepen: 'HOU JE TYFUS-TAXI KOP, PROLEET DER LAGE LANDEN.' Nou ja, Frank vangt dat allemaal in één zin. Hij had kunnen zeggen 'de asbak van de luchtigheid', 'het autoraam van je geboortejaar', 'het achterwiel van de duidelijkheid', maar nee, wat doet Frank, hij kiest juist voor die 'achterbank van de degelijkheid'.

> *Denk niet wit denk niet zwart*
> *Denk niet zwart-wit*
> *Denk niet wit denk niet zwart*
> *Denk niet zwart-wit*
> *Maar in de kleur van je hart*

Spreekt voor zich. Wit, zwart en dinges en zo.

Ren je rot

Martin Brozius is dood. The godfather van de glorieuze op-
komst. Toen kinderprogramma's nog bestonden uit een tribune vol met kinderen, die zo hard mogelijk 'Ren je rot'
schreeuwden. Martin Brozius, daar was ik al iets te oud voor,
maar ik keek altijd naar zijn programma.

Van alle mensen die ooit aan het programma meewerkten,
kan ik me niets herinneren. Hans Kazàn schijnt te hebben ge-
toverd in *Ren je rot*. Het zal wel. Van Brozius herinner ik me
alles. Hij was al Willem Ruis toen die nog moest leren hollen
in een zwart pak. Hij bewoog zijn armen als lange slierten pasta, dartelde langs de tribunes vol schoolkinderen, barstte
soms uit in een lied en leek geen enkele last te hebben van de
door elkaar tetterende kinderen. Hij genoot.

Brozius zijn show ontroerde. Niet door de ingestudeerde
tweegesprekjes, niet door de knullig op een bordje geschreven
antwoorden, niet door de rare pandjesjas die Brozius droeg.
Zelfs niet door de trademark kreet 'rennnn jeeeeeeee rotttt'.
Nee, het waren de eenlingen die in Brozius zijn show voor ver-
nietigende beelden zorgden.

Voor de jongeren onder u. Er waren drie vakken. Martin
stelde een vraag. Een stuk of twaalf kinderen, van twee scho-

len, moesten in het vak met het goede antwoord gaan staan. Als ze het goed hadden kregen ze een bal.

Ik heb vijf seizoenen ademloos naar de kinderen zitten kijken die, tegen beter weten in, helemaal alleen in het verkeerde vak gingen staan. Elf kinderen in vak B, en zij gingen in vak A staan. Hopen dat alleen zij het goed hadden. Je proefde hun hunkering naar bijzonder. En daarna ging het zoals het altijd gaat in het leven. De juichende vreugde bij de groep winnaars en de lange tocht van die ene verliezer naar de tribune.

Ik denk dat juist die verliezers het meest van Brozius hebben gehouden. Hij gaf ze één keer in hun leven de kans om zich te onderscheiden. En daarna moesten zij zich, net als wij, een leven lang rot rennen.

Op tournee met Rotten Copscorps

Reet aan de telefoon. Hij wilde met mij naar een concert. 'Wat stel jij dan voor, transseksureet?' Hij wilde naar een rockconcert, maar dan lekker intiem, lekker knus. 'De wortels van de Nederlandse hardrock ergens in Oud Valkeveen zoeken, dat werk, Dijkie, echt gaan voor dat kleine bijzondere bandje.'

'We kunnen naar Rotten Copscorps, die spelen in Douwse Kaap, in Café Het Uitschot,' zei ik. 'We kunnen met hun busje mee, ik ken die jongens. Ze wonen in Amsterdam, maar dat mag niemand weten. Ze verkleden zich als hardrockers en treden in het weekend op in de provincie. Vrijdag uur of zes op het stadionplein, Reet, ik ga je zien.'

Ik wist dat Reet al om een uur of vijf zenuwachtig om de Febo heen drentelde. Alsof je die jongen een Duracel in zijn anus duwde als hij op stap ging. In de huiselijke kring kon hij heel rustig zijn, maar als hij in de buitenlucht was en we reden ergens naartoe, met wielen, dan was hij niet te houden. Van een afstand zag ik Reet steeds kleinere cirkeltjes om de automatiek heen trekken. Ik riep hem. 'Reeeeeeeeeeettttttttttttt.'

Aandoenlijk, iedere keer weer. Over een afstand van honderdtwintig meter holde hij op me af. Meneer had zijn best gedaan zag ik. Hardrock-couture door de bekende Rotterdamse ontwerper Savage Royale.

'Wat heb jij aan, gek?' vroeg ik hem. 'Wat heb je op je hoofd?' 'Een elandgewei, Dijkie. Ruled dat of niet? Knekels man, dat is hardrock. Mannelijkheid, testosteron, keihard die koppen tegen elkaar aan rammen, dat is hardrock, ruler.' Ik keek. Reet had een elandgewei met een spanwijdte van een meter of drie op zijn hoofd. Hij moest overdwars de bus in, sowieso. Het zag er raar uit. Het enorme gewicht verplaatste zich vertraagd van links naar rechts. Steeds als Reet even naar links keek viel hij een paar seconden later enkele meters opzij. 'Jaaaaa, Dijkie, je vindt het weer niks, maar alleen in een T-shirt red je het niet, beuker.'

Het was wel kunstig gedaan. Het gewei zat met een leren riempje heel strak onder zijn kin. Een Noord-Zweedse fascist in volledige uitrusting. Man, wat zag hij eruit. Wat had hij in godsnaam aan zijn lichaam hangen. Hij had een wit broekpak aan. Op zijn rug stond met zwarte viltstift 'hardrock forever till we die to eternity in hell and so weetjewel'. Hij legde zijn hoofd in zijn nek, viel bijna achterover en schreeuwde: 'Die in the 7th ring of Sodom!' Ja, Reet had er zin in. Hij begon opeens weer te hollen. 'Even die kroket-eters van Van Gogh imponeren, Dijkie, ik ben zo terug.' Daar ging hij weer, wapperend met zijn armen, als een echte eland, dat moest het idee zijn.

De tyfus. Hoe ging ik dit in godsnaam aan de jongens van Rotten Copscorps vertellen. Ik wachtte gelaten op hun busje.

Aha, daar draaiden ze het plein op. Even vol gas op een groep verzamelde wintersporters af, die kwetterend uit elkaar stoven. Typisch de humor van Peter Verspuy, de bestuurder en tevens zanger van Rotten Copscorps. In de band heette hij Canibal Carnivorus. Moest je niet vergeten. Ik had iemand hem ooit Nasibal Floris horen noemen. Griezelig, wat er dan loskwam in deze jongen. We hadden hem met zestien man van de ongelukkige af moeten trekken. Vierendertig hechtingen in het aangezicht, meneer. Verder een doodgoeie jongen, Peter. Werkte doordeweeks in een parkietenwinkeltje in de 2e Verspuystraat. Ze stopten vlak naast me. 'Dijkie! Dikke gek, ga je weer lekker echtemensenmuziek luisteren dit weekend, fijnproever!' Mooi gezicht als de band uitstapte. Er waren weinig bands in Nederland met een vijfvoudige gitaarbezetting, twee bassisten en een drummer. Lusteloos strekten ze de benen. Prachtig bijvoorbeeld om te zien hoe bassist Jan van Zelst, bandnaam Brainklisma Rectalus, zijn vingers al wat soepel maakte. Ze namen het serieus, deze jongens. Doordeweeks sappelen en in het weekend zwaar geld verdienen aan achterlijke boeren, een heerlijk leven. Ik stond er ondertussen niet erg makkelijk bij. In de verte zag ik Reet zich losmaken uit de Febo. Hij kwam bijna niet naar buiten met zijn gewei.

'Waar is die vriend van je, Dijkstoeter, die Reet?' Reet had Peter inmiddels van achteren benaderd en tikte hem op zijn rug. 'Heerst! Jij moet Strandbal Vanvoris zijn.' Het viel stil op het plein. De tijd verdichtte zich, ik leek in een eeuwigdurende slowmotion van *Studio Sport* terecht te zijn gekomen. Strandbal Vanvoris zeggen tegen de zanger van Rotten Copscorps. We lieten het allemaal even op ons inwerken in Amsterdam en omstreken. Reet had niets in de gaten. Hij zat al achter in de bus te schreeuwen. 'Rijden godverdomme! Rock in hell, moederneukers.' Ongelooflijk hoe hij nog zo beweeglijk kon zijn met dat enorme gewei boven op zijn hoofd. 'Die, die die die, gonna stick you with a scissor in the eye,' hoorden we nu uit de bus komen.

'Hij is Reet, neem het hem niet kwalijk. Hij zoekt een vader-figuur en dat ben jij. Hij is die stille parkiet in kooi drie, die maar niet aarden wil in die mieterse winkel van jou, Peter, snap je, hij schreeuwt zijn eenzaamheid eruit, zie het zo maar.' Reet deed ondertussen zijn best om mijn theorie te onder-steunen. 'Fuck your grandma, fuck you grannie, and give birth to a beautiful satan, yeaaaahhhh,' hoorden wij hem zin-gen.

Bandberaad, midden op het plein. Gingen ze Reet uit zijn overall scheuren en het gewei in zijn hol proppen of had ik een gevoelige snaar geraakt? Het laatste godzijdank. Reet mocht mee. Het gewei mocht op blijven. Ze lulden wel iets dat hij een oud-Keltische mascotte was. Het was mijn vriend, dat was zijn redding.

Op naar Douwse Kaap, waar we over twee uur werden ver-wacht. Ik zat voorin, naast Peter, en achter in de bus hoorde ik Reet lekker socializen met de heren van Rotten Copscorps. 'Ja, muziek, het is iets prachtigs, dat je met de ene hand bij-voorbeeld dit doet en dat je dan met je andere hand iets anders doet, ik vind het tovenarij. Zes snaren ook, ga eraan staan, nee respect, jullie zijn jongens naar mijn hart.' Ik vroeg me af of Reet nog enig idee had dat hij met een elandgewei op zijn hoofd dit belachelijke verhaal zat te ouwehoeren. De heren van de band zeiden geen woord terug. Ze waren veroordeeld tot Reet. Nog anderhalf uur, dan zaten ze bij de Chinees. Dat idee hield ze op de been. Peter zweeg en keek voor zich uit. Reet werd mij niet in dank afgenomen.

Douwse Kaap, waar lag dat tyfusgehucht. We stopten langs de weg, vlak naast een groepje jongens met vlassnorren. Reet sprong naar buiten. 'Heeeeeeee, wij zijn Rotten Copscorps en jullie zijn moeilijk opvoedbare jeugd zonder toekomst en zonder bromfietsbenzine. Hoe moeten we naar Douwse Kaap rijden?' Reets gewei en zijn witte overall maakten de nodige indruk. In de stad was hij er waarschijnlijk niet mee weggekomen, maar deze polderjongens keken hun ogen uit. Een nieuw hoedje uit de grote stad. Reet maakte er gebruik van. 'Kan er nog iemand zes lettergrepen lullen hier, stelletje kaaskarners. Spelen, gitaren, boem boem boem in kroeg, weg kwijt, jullie vertellen,' schreeuwde hij nu. Een van de jongens begon te praten. 'Deurdonderen aan de haspelzijde, vertrekbrammen naar de overkant en dan steeds maar met je kiekert recht op het roer en dan is het de zevende wimmert aan de veezijde en daar is het Uitschot, wij komen ook vanavond om jullie de doos op zijn kniekert te peulen.'

Daar verheugden we ons op. Rijden maar weer. Kijk aan, daar lag de gemeente in al haar weerloze schoonheid midden in het landschap. Geen ontsnappen mogelijk. Het werd zwaar vanavond.

De universele binnenkomst in de kroeg. Een Opa Bakkebaard aan de bar die ons binnen twee minuten vroeg of we ook 'Radar Love' speelden. Reet, die bij binnenkomst direct zeven wisselbokalen en een fles whisky met zijn gewei van een plank had gestoten, nam moeiteloos de taak van woordvoerder op zich. Wij bouwden snel op terwijl Reet uitlegde dat

'Radar Love' te eenvoudig was voor Rotten Copcorps. 'Dat is in vierkwartsmaat dus dat doen we niet, snap je, oude boer. Wij spelen alleen maar triolen met een verminderde kwint in de zes, maar dan met een rockattitude, begrepen? Komt er nog volk godverdomme of hoe zit het.' Reet keek naar links en raakte de barman vol met zijn gewei in het gezicht. 'Negen bier graag, boerenbarman.'

Als razenden hadden we de hele backline neergezet. Routineklusje. Vijf foeilelijke gitaren met spinnenwebben en doodshoofdjes op de body geschilderd stonden keurig op een rij. Alle gitaristen kotsten op deze armemensengitaren met die belachelijke asymmetrische vormen. Het waren allemaal verstokte Fender Telecaster-spelers, maar in het weekend was het met zijn vijven naast elkaar de hoofden heen en weer bewegen op een logge beat. Het was niet anders. De kachel moest branden.

Reet had het allemaal niet zo in de gaten. Hij geloofde echt in de rockdroom van Rotten Copscorps. Of hij de soundcheck mocht doen. Weg was hij al. 'Test test, all the homos in the house say hell yeah, hell yeah, nummertje 54, nummertje 54 heeft een leverworst gewonnen, jaaaa hoooorrrrrrrr, test test, oké niks meer aan doen, kom we gaan chinezen.' Daar ging Reet, de kroeg uit, het halve meubilair met zich meeslepend aan zijn gewei.

Oriëntaals eten met Reet, daar had ik wel ervaring mee. Niet iets om je op te verheugen. Meteen om de hoek liepen wij met zijn tienen tegen Chinees Specialiteitenrestaurant De Korte Muur aan. Even buiten de kaart bekijken. Dat keek moeilijk, met zijn negenen tegelijk. Baarden drukten tegen elkaar aan. Ik schrok. Kut, dit was een moderne Chinees. Dat ging Reet niet trekken, wist ik. Die ging voor authentiek Hollands chinezen. Dat had ik weer! Alleen maar verfijnde gerechten uit Oost-Mandarijnië, district Zuid. De kok, las ik in een krantenknipsel naast de menukaart, was net terug van een zes maanden durende studiereis en ja hoor, waar ik al bang voor was, 'hij weigerde ooit nog babi pangang op de kaart te zetten'. Ik las verder. 'Ik ga het zoeken in de verfijnde kruidenmelange, zoals je die alleen in Kaa Mi Waa vindt, zeg maar derde straat rechts bij Chin Au aan de overkant tweehoog achter.'

Reet zat al binnen en had ruzie gehad met een ober die zijn gewei van het hoofd af had willen halen, en het zolang in de garderobe wilde neerleggen. 'Hier, rulers een tafel voor negen. Lekker saus apart gaan we vreten met nasi zonder bijbetalen erbij. Iemand kipsaté?' Een kaart had Reet niet nodig. 'Chinees, ja jij daar, in die jurk, kom eens hier. Luister gele vriend, wij willen allemaal kroepoek van het huis, daarna geen soep want we zijn rockers en soep is voor boybands, dus dat vreten we niet. Daarna graag negen maal bami speciaal met rijst apart en dan nog graag babi pangang maar niet te pittig want we zijn Nederlanders en we hebben geen fles water om ons reet schoon te spoelen. Ga maar bakken, we hebben honger.'

Buiten Reet om, die druk met zijn gewei in de weer was, bestelde ik snel wat specialiteiten van het huis. Dit werd een hel. Reet sloeg de drummer annex congaspeler op zijn rug. 'Lekker vreten, hè pik, dan spelen en daarna op de dot, ruler, of niet soms? Tijdens zo'n optreden lekker achter je drumstel een keiharde erectie opbouwen en daarna lekker boerinnen neuken, wat jou! En nu wil ik godverdomme vreten! Zo moeilijk kan het toch niet zijn, Chinezen. Snel stelletje imbecielen.'

Aha, daar waren de eerste gerechten. Eendenfilet in geroosterde amandelsaus met vijfsterrenkruiden en een dunne rundertong gekookt in aanhangend maagvocht. Kijken hoe dit aankwam bij wereldburger Reet. 'Het zit in doosjes, dat heerst niet. Er zit bamboe om mijn vreten, wat dus niet ruled namelijk.' Hij wenkte een ober. 'Ik kan niet bij mijn bami, Chinees.'

Ik probeerde het Reet voorzichtig uit te leggen. 'Ze hebben geen bami. De bami is op. Blijven steken in Senegal. Importbami hebben ze, maar die is er niet, de bami, dus nu improviseren ze wat met seizoensgebonden ingrediënten, zoals die Jamie Oliver, weet je wel. Geen bami dus, want die is op namelijk omdat hij er niet is.' Herhaling dat hielp meestal wel bij Reet. 'Jamie Oliver, die ken ik wel. Die rijdt op een Vespa, dus dat ruled dan wel weer, vooruit dan maar.'

Reet werkte zich tot mijn stomme verbazing door een keur aan orgaanvlees heen. De rest van de band focuste zich op het optreden. Nooit met een volle maag gaan spelen, het was een oude bandwijsheid.

'Hé jongens, ik heb er zin in, stelletje voorhoedevechters.' Reet gooide er met zijn hele bek vol saus maar weer eens een schreeuw uit. 'You gonna smell the flesh of Satan and burn in hell Chinese cuntfeelers, is everybody horny, hell yeah.' Het maakte de nodige indruk op de zeven families, die verspreid door het restaurant gezellig op zondag naar de Chinees waren.

We gaan, zei ik. Ik rekende af en daar gingen we. Outlaws waren we. Een prachtig beeld, negen man met lange jassen naast elkaar over straat. Tegenliggers weken uit. Ze drukten hun rug tegen de muur. Op naar Café Het Uitschot, om een legendarisch concert te geven. Reet mocht ons aankondigen, waarom niet.

Lekker druk was het inmiddels in het café. De verwachtingen waren na het manische gelul van Reet hooggespannen, dat voelde je aan alles. Men had er veel over gehoord, elektrisch versterkte muziek. Eens kijken of het net zo beviel als de melkmachine indertijd. Ha, kijk, daar zaten de brommerboeren die wij eerder op de dag de weg hadden gevraagd. Gezellig! Reet stond al naast ze. Hij sloeg een enorme blonde reus met een grijs ketelpak op zijn rug. 'Heeeee, Kiekert was de naam hè. Beetje op tijd de schapen het stremsel van hun schuup geraamsdonkt, oude pik? Goed dat je er bent.' En weg was hij alweer. Ik wist het inmiddels zeker. Vanuit het elandgewei boven op Reets hoofd lekte een onbekend vocht langzaam in zijn hersens. We waren op stap met Elandman. Steeds agressiever werd hij. De ober in het Chinees restaurant had hij een daverende kopstoot gegeven omdat deze niet snel genoeg uit had kunnen rekenen wat ons dat in guldens had gekost als we voor de invoering van de euro in het restaurant zouden hebben gegeten. De mannen van Rotten Copscorps hadden niets in de gaten. Die zaten al ergens achter in het café, in het fietsenhok, zich om te kleden. Ik hield mijn hart vast voor Reets aankondiging.

Daar ging hij al. 'ZET GODVERDOMME DIE TYFUSMUZIEK VAN DE RADIO UIT, LANDBOUWERS, ER WILLEN WAT MENSEN UIT DE STAD MUZIEK GAAN MAKEN JA!' dreunde er door het café. Dat was een lekkere opening. De kroeg viel volledig stil. Reet wachtte. Alsof hij dat gewei al zestien jaar op zijn hoofd had, zo vanzelfsprekend droeg hij het. 'Laten we even duidelijk zijn,' ging hij verder, 'stelletje stinkende kutboeren, wij van Rotten Copscorps gaan dus echt niet beginnen als jullie dat dialect erdoorheen blijven lullen. Beetje respect godverdomme, ja! Lullen ga je maar met je cycloopboerin thuis, maar hier gaan we eerst even netjes heel stil worden. Wij hebben de tijd.' Reet wachtte met een arm losjes over zijn gewei. Vlak naast mij bestelde er iemand heel zachtjes een biertje. Reet reageerde als door een adder gebeten. 'Jij daar, Uier, wat is er zo belangrijk dat het niet kan wachten? Wat? We hadden dorst… Meneer had dorst… En dat moet dan precies tijdens dit optreden? Naar buiten, imbeciel. Ja, nee, je hoort me, eruit, snel een beetje, inteeltdrinker, hop, weg, tyfushond. Denk je dat wij er voor jou zijn, ben je nou helemaal belazerd!'

Doodstil was het nu. De schrik zat er goed in 'Goed zo, jullie kunnen het wel,' zei Reet. 'Oké dan, aardappeleters, vanavond speelt Rotten Copscorps voor jullie hier in Café Het Uitschot en Rotten Copscorps maakt, nou, wat maakt Rotten Copscorps…? Heel goed, jij daar, roodharige peenlul, rockmuziek maken die. Rockmuziek, weet jij dat daar, Sikko Sjaalmans, waar komt die vandaan? Harder lullen, ik versta je niet. Uit een ander land ja, heel goed. Het komt uit wat we met een moeilijk woord ook wel het buitenland noemen. Zeg maar die boerenlandweg af en dat je dan aan de horizon allemaal lichtjes ziet, daar maken ze rockmuziek ja, heel goed. Het zit zo, de negers plukten katoen en die kregen pijn aan hun klauwen en dan zeiden ze tegen elkaar, kut, die katoen, ik krijg er de schijt van, figuurlijk dan, want aan letterlijk hadden ze een broertje dood, negers, dat is bekend. Nou, toen zei die ene neger, weet je wat, als jij me nou keihard voor mijn reet trapt dan probeer ik er wat bij te zingen en als je daar dus een sample van Eboman onder zet dan heb je, ja, jij daar dopneus, juist ja, dan heb je cross-over. Maar die negers hadden het goed bekeken hoor. Dan denken jullie dat je hard werkt, maar wat die godverdomme bij elkaar plukten op zo'n dag en daarna dan dus nog de blues via de Mississippi en dan rechtsaf de oceaan op naar Europa verschepen, nou, ga er maar aan staan.'

Achter Reet zag ik nu om de beurt alle hoofden van de heren van Rotten Copscorps in de deuropening verschijnen. Hoe lang ging deze hysterische aankondiging nog duren? Ik maakte het bekende cut-it-offgebaar naar Reet, die er echter nog harder tegenaan ging. 'Ja, mensen, Rotten Copscorps zou Rotten Copscorps niet zijn als zij niet allemaal Film Noir-elementen in hun muziek hadden verwerkt. Ik zeg altijd tegen de mannen, het geeft niet wat je speelt als je maar je best hebt gedaan, meer kan je niet doen. Maar lang genoeg geluld. Wie vindt Freddie Mercury een homo? Ik wil even al die handen zien. Oké, dat is dan duidelijk. Is genoteerd. Ik vermoedde al zoiets. Maar niet langer getreuzeld, hebben jullie er zin in, oké, ik wil jullie aandacht, stelletje ganzenborders bij kaarslicht, voor de band van vanavond. Ze spelen op instrumenten en dat zijn die glimmende dingen die jullie nu op het podium zien staan. Die trommels daarachter, dat is geen dorsmachine voor kleinbehuisde boermensen, maar daar wordt het ritme mee aangegeven, begrepen? Goed zo. De rest is gitaren, dat horen jullie zo vanzelf wel, stelletje kleitabletten. Oké, zijn jullie er klaar voor, hier… is… Rooooottteeeeeen Copscorps.'

Reet vond zomaar van het podium stappen te makkelijk en dook recht vooruit het publiek in. Gewei vergeten. Vier boxen flikkerden naar voren. 'Pas op, ze zijn elektrisch, met stroom, ongelukkige,' riep Reet in zijn val. Godverdomme, die gek moest naar buiten, dit werd een hel. De boxen werden weer op hun plaats gezet. 'Doe maar alsof het hooibalen zijn, maar dan met speakers,' riep Reet nu, die inmiddels naast mij stond. 'Hoe ging het?' vroeg hij. 'Was ik een beetje te verstaan?'

Het eerste akkoord van 'Gonna Shave Your Ass Cocksucker From Nebula' maakte mijn antwoord in ieder geval onverstaanbaar. 'Kijken!' mimede ik. Maar Reet was alweer weg. Waar was hij?

Dat hakte er goed in bij de afdeling land- en tuinbouw. Ja, er was weleens iemand op een hark gaan staan en als je op een varkensreet sloeg, dan was dat best heel prettig om te horen, akoestisch, maar deze powerchords van Rotten Copscorps, dat was nu eens heel andere koek. Het was erg mooi om te zien. Alsof Jezus in een vlotte spijkerbroek aan land kroop en vroeg of er nog water in wijn moest worden veranderd. Men aanschouwde werkelijk een wonder. De eerste hoofden gingen op en neer. Rotten Copscorps speelde zich dreunend het tweede nummer binnen, 'Goebels Goebels Fish And Chips'. De zanger spuugde zijn glas bier over de eerste rij. Een omgekeerd Normaal-concert. Pang. Laatste klap. Tijd om even met het publiek te communiceren. 'Morgen weer vroeg op, koeneukers from outer space? Hebben wij iets van jullie aan godverdomme! Het volgende nummer schreef onze bassist vlak nadat hij zijn vrouw had besneden met een kinderbestek en het heet "Gonna Cut Your Clit", een twee drie vier!' Boem en weg waren ze weer. Ik kende hun set uit het hoofd. Zo direct volgden nog 'Bin Laden Fuck I Piss In Your Cave', en 'Fisting Fisting Brutalize'. Dat wist ik nu wel, die act, dat de zanger met galop zijn vuist in een droge boerenreet plaatste en dan riep: 'Ik voel vijf kalfjes, gefeliciteerd!'

Ik ging even naar buiten. Prachtig. Een mooi geluid was het, die doffe beat vanuit de kroeg. De straten waren verlaten. In de verte lachte een schaap. Ik liep naar een houten hek, aan de rand van een weiland. Veel gras, dat viel me nu pas op. Groen ook, wat leuk. Ik stond open voor de natuur. Geinige beesten eigenlijk, als je ze zo van achteren bekeek, koeien, dat zag ik nu pas. Ze vroegen er wel om, om geslacht te worden. Provocerende kontjes. Hoor, een kerkklokje in de verte. Tot drie hoorde ik hem slaan want Rotten Copscorps deed nu de act met de elektrisch versterkte cockring. Ik liet het landschap goed op me inwerken. Heerlijk, die rust…

Aaaaah, verdomd, wat een geluk, kijk, daar maakte zich uit de bosrand een klein hertje los. Prachtig. Instinctief verstopte ik mij om het geen angst aan te jagen. Wat een ogen, zo groot als knikkers, nog vol verbazing om de wereld om hem heen. Zo mooi, hoe het beestje heel schuchter de rand van het bos koesterde. De damp sloeg van zijn natte huid. Dan weer verdween het even uit het zicht en dan dook het weer op. Steeds dichter naderde het de plek waar ik mij zachtjes snuivend van de zenuwen schuilhield. Ik kon het nu horen ademhalen. Ontroering. Mens en dier, zo dicht bij elkaar, zo hoorde het te zijn. Ik hoorde het hertje nu heel duidelijk zeggen: 'Dit ruled voor geen ass.'

Godverdomme! Ik deed de struik opzij en keek recht in het psychopatenhoofd van Reet. 'Hé, Dijkie, ik ben binnendoor gestoken, dat zei die ene boer daar in de verte. Ik zat net nog met mijn gewei vast in het prikkeldraad.' Wat doe jij in godsnaam hier, Reet? 'Ik moest schijten en boeren kakken altijd in de vrije natuur, dat is bekend. Je heet Reet of niet. Doe niet zo fucked op Dijk, hang loose kale.' Ik dacht na. 'Reet, houd nu eens voor een keer een minuut je hertenhoofd en luister even. Kop dicht, luisteren en dan vertel je me zo meteen wat je hebt gehoord, goed?'

Daar stonden we. Reet had na zes seconden al een cold turkey. Dat viel niet mee, even niet die tong bewegen. Ik knikte hem bemoedigend toe. We keken recht voor ons uit. Dertien koeien keken terug. Klaar! 'Wat hoorde je?' vroeg ik Reet. 'Ik hoorde iemand een deur dichtdoen en zeggen: dag schat.'

Het was waar. Reet schoot vol. Had ooit iemand hem schat genoemd? Godverdomme, waar waren we mee bezig, wij rulertjes uit de grote stad. Natuurlijk, je kon in de rij gaan staan bij broodjeswinkel Smegma en Pieter, om gebakken ham uit Sydney wat rul op te laten bakken met wat waterkers, dat kon, maar hier deed dat er niet meer toe. We zagen opeens alles in perspectief. Je had genoeg aan jezelf. Reet legde snikkend zijn gewei in mijn nek. 'Laat het maar gaan, jongen, laat het maar gaan…' Ik wiegde voorzichtig zijn hoofd.

Een deur zwaaide open. Peter, de zanger van Rotten Copscorps, riep ons. 'We gaan over de eerste rij heen masturberen tijdens het nummer "Jim Morrison Was A Candlelight Poet".'

Weg was Reet! Hij stond al met zijn broek op zijn schoenen

bij de ingang van het café. 'Dag vogels, dag bloemen, dat kut-koeien,' schreeuwde hij in de richting van het weiland. Weg was hij, naar binnen. Ik volgde gedwee.

Het hammondorgel

hammondliefhebbers
ze hebben iets weg
van de aanhangers van een
religieus genootschap
die diep in de
oerbossen van thailand
een ondenkbaar geheim delen
en daar onafgebroken onderling
in de beschutting van het woud
over prevelen
zet twee hammondliefhebbers bij elkaar
en het worden standwerkers
verkopers van een
handige snijmachine die
als bij toverslag
uw komkommer verandert
in een kunstig decoratief
werkje
hammondliefhebbers
zijn dol op namen
namen van obscure

spelers
zoals blind jefferson macnuffit
die met twee halve kippen in zijn hand
zijn lesliebox in brand stak en
de kip tijdens het optreden langzaam liet garen
namen
elkaar overspoelen met namen
vooral jazzliefhebbers hebben er een handje van
het getover en het geschuif met
onbekende namen
het maakt de
jazzliefhebber zijn leven
rijker
voller
hij is completer
als een andere jazzliefhebber moet zeggen
nee
kitten carmala roudnoubout and the funky jigsaws
die ken ik niet
oohhh het genot van de exclusiviteit
de warmte die door het lichaam stroomt
als op een platenbeurs opeens
de hoes van
de legendarische organist
filthy fucking malone
verschijnt
daar zijn maar
vier exemplaren van
geperst

dat soort
hammondpornografie
ik ben er niet dol op
maar
de hammond uit mijn jeugd
hij suist nog steeds
dopplergewijs dwars door
mijn als klankbeker
fungerende schedel
het geluid van
een hammondorgel
tovert mij terstond om
in een doodsbang jongetje
morgen voor de eerste keer
naar de echt grote lagere school en dan
op zondagochtend
terwijl ik voor de
negentiende maal mijn schooltas herschik
de klanken van
jimmy smith en zijn langspeelplaat
the sermon
alles is goed
jimmy speelt
moeder bakt iets
vader buigt zich over een krant
het is muziek die nog
een plaatkant lang duurt
ik kon het uiteindelijk
zelfs aan de groeven zien

waar jimmy weer zou gaan spelen
ik hoorde
ik luisterde
ik voelde
en had godzijdank
geen idee
hoe een hammondorgel werkte
dat was een voordeel
ik kon nog niet verzuipen in de romantiek
die het hammondorgel omringt
ik wist toen nog helemaal niet
dat hammondorganisten
worden gehaat door andere bandleden
omdat aan het eind van de avond
vlak na het optreden
als de aanwezige meisjes eindelijk neukbaar zijn
eerst met twaalf man het orgel achter in de
bus moet worden getild
ik wist nog niet dat
vrouwen met de tepels
vlak voor een lesliebox gaan staan om daar
door de langzaam op snelheid komende
luchtverplaatsing fysiek een te worden met
de gespeelde muziek
ik hoorde alleen maar
die vingers
en dacht
toen al
dat kan ik ook

dat kan ik ook
de eenvoud
die vingertjes van de rechterhand
ze doen soms zo bedrieglijk weinig
dat kan ik ook
moet ook james brown hebben gedacht
brown die net zo hammond speelde als hij
zijn vrouwen sloeg
hard en gevoelloos
jimmy smith liet zich jaren achter elkaar
via zijn vingers
recht in zijn ziel kijken
dat-kan-ik-ook-muziek
het is de mooiste muziek
ik zou willen zeggen
net als ome joop die
vier uur lang een opgezette reiger op zijn kin
liet balanceren
doe het maar eens

wat ik ook niet wil weten
hammondliefhebbers en uitleggers
is
dat ze ook nog eens bas met hun voeten spelen
is het niet ongelooflijk
met de handen
links en rechts
en dan nee
je gelooft je ogen niet

het lijkt wel tovenarij
dan ook nog ccns
pom pom pom met de voeten
het maakt mij
als ik ook nog even iets mag zeggen
geen reet uit
al spelen ze dwarsfluit
of jodelen ze erbij
zoals thijs van leer in focus
who cares
desnoods laten ze een wild geworden kudde
lemmingen over de baspedalen hollen
al heeft hitler zelf nog het orgel gespeeld
toen hij de tweede wereldoorlog componeerde
het maakt niet uit
als de toon
de klank
maar door de ruimte drijft
stuitert
het kan mij eigenlijk niet slecht genoeg zijn
booker t
hij speelt alsof hij per nootje wordt betaald
en had tijdens
het laatste concert dat ik van hem zag
de uitstraling van een
zojuist ingewerkte conciërge
op een middelgrote scholengemeenschap
in waddinxveen
maar

het kwam binnen
de muziek verplaatste zich
en daar was hij weer
de mantra in mijn hoofd
dat kan ik ook
john lord van deep purple
een man met een snor
en een paardenstaart
normaal genoeg reden om
iemand dood te schoppen
maar van john kon ik het hebben
hij speelde orgel
en hoe
zonder lord was
deep purple de ordinaire voorloper van
europe
de componisten van
het legendarische
kutnummer
the final countdown
met lord is deep purple
een schurende blazende
stotende en een trekkende machine
en ontlokten zij mij een
heel andere zin
járen geleden
dat heb ik nog nooit gehoord
bij alquin wachtte ik op de hammond van dick franssen
bij santana geloofde ik de

toen al verdacht spirituele solo's wel
en wachtte op de hammondsolo
the beastie boys
three dj's and one dj
mijn reet
pas de sample
van jimmy smith in hun nummer
root down
doet vloeren smelten
harten kloppen

drie maanden geleden
speelde ik zelf
voor het eerst op een
echte hammond
ik legde mijn vinger
op een willekeurige toets
luisterde
met de ogen dicht
liet de leslie draaien
schoof een drawbar
naar boven en
inderdaad
verdomd als het niet waar was
dat kon ik ook
maar tegelijkertijd
besefte ik meteen wat
ik voor altijd zou missen
dat wat hammond spelen zo mooi maakt

het fysieke
het leunen met de buik tegen het hout
het kreunen
het trekken met de mond
als de noten hoger worden
het hoofd gebogen
het zweet op de toetsen
de neus vlak boven
het klavier
en dan opeens
de linkerhand razendsnel naar
het register
even bijstellen

een hammond bespeel je
zoals in een machinekamer
van een enorm schip
de motor
onafgebroken bevoeld
gestreeld
gevoed en vervloekt wordt
het is
erop of
eronder
hammondorgel
kan nooit
maar
een beetje

Holland Sport

Ik heb iets onder de leden. De ziekte van Holland Sport. Ik kijk al jaren naar dit sportprogramma. Matthijs van Nieuwkerk en Wilfried de Jong hebben met *Holland Sport* een tempel opgericht voor de voelende, scheefkijkende en huilende sportliefhebber. Ze gaan niet zomaar langs de kant staan bij een voetbalwedstrijd om te kijken wie er wint. Dat is ordinair Talpagedoe. *Holland Sport* kijkt anders. Daar zie je de wereldkampioen veldrijden met een bril vol modder aan tafel zitten. 'Die bril, hoe zet je die op? Mogen we hem even vasthouden? Nou nou, best wel zwaar nog zo'n bril. Die modder, is dat modder uit België? Is dat andere modder dan in Nederland? Hoe krijg je die modder er eigenlijk af? Hoe ziet je douche eruit na een wedstrijd? Bewaar je weleens stukken modder na een wedstrijd?' Dat soort vragen. De mens achter de sporter. Vragen naar de onbekende weg. 'Als je fietst, zie je dan weleens uit je ooghoek een meisje langs de weg staan, dat je denkt: ja, daar zou ik wel een kind van willen hebben?'

Dat zijn de vragen van Wilfried de Jong. Goede rolverdeling. Wilfried vraagt aan een turner: 'Als je in die ringen hangt, denk je dan weleens: wat zal ik morgen eten?' Matthijs kijkt geamuseerd toe. Af en toe een blik naar het publiek. Die

Wilfried, naast hem, wat een gekkie! Wat een heerlijke kijk op sport. Een genot om daarnaast te zitten. Dat doet Matthijs erg goed. Een stilte laten vallen en de sporter laten worstelen met de volgende vraag: 'Als bakkenist in een zijspan, denk je dan nooit: nou wil ik ook weleens rijden?'

Het gekke kijken. Emotioneel dóórkijken, dat is *Holland Sport*. Matthijs neemt de emotie voor zijn rekening. Hij kan zes minuten recht op de camera spreken met een sok van Willy Brokamp in zijn hand. 'Met deze sok liep Willy Brokamp ooit door die lange, desolate gangen van de Geusselt en Willy, de provincieman, de joviale Willy Brokamp die zo van het centrum van Maastricht hield, wat dacht hij in 1974? Was hij bang? Misschien wel, voor het kille, zakelijke Amsterdam. Ajax. Het was een droom, voetballen bij het grote Ajax, maar Willy was Willy. Zou hij het wel volhouden? Hij ging en daar zat hij opeens met mannen als Ruud Krol en Wim Suurbier in de kleedkamer. Een prachtig beeld. Willy, de man van het gemoedelijke, de man van het goede leven, in die kleedkamer bij Ajax. Daar trok Willy Brokamp deze sok aan. Een schitterende sok. Deze sok zat om het been van een man die huis en haard verliet en ging voetballen in het verre Amsterdam. Ik hang hem op in ons sportmuseum. Laten we kijken naar beelden van Willy Brokamp, een unieke voetballer.'

Helemaal niet erg. Tot dit weekend. Ik merkte gisteren voor het eerst dat ik de ziekte van Holland Sport heb. Vreselijk. Ik kan niet meer normaal naar sport kijken. Matthijs en Wilfried zitten door mijn oogballen met me mee te loeren. De tien kilometer bij het WK Allround. Een wereldrecord maar ik zit naar de man te kijken die de bel voor de laatste ronde luidt.

Van welk materiaal is die bel gemaakt? Die dweilmachines, moet je daar een rijbewijs voor hebben? Dat beertje in de hand van Wüst, hoe heet die? Sven Kramer, eet die vanavond bij zijn ouders? Hoe omhels je een premier? Voetbal. Ajax wint van Den Haag, maar ik kijk naar de hoekvlag. Waar kopen ze die? En zit er dan een reservevlag bij? Dodelijk vermoeiend. Toch kijk ik vanavond weer naar *Holland Sport*. Een interview met Marco van Basten. En dan maar wachten op die vraag van Wilfried: 'Even tussendoor, heb jij iets met Hemingway?'

San Sebastián

Enkele weken geleden las ik het zoveelste interview met Jonnie Boer. Ja, we wisten het nu allemaal wel. Hard werken, de goede smaken, lieve vrouw, details, Johannes van Dam had suikerziekte en af en toe moest je met je kop in je nek midden in een weiland gaan staan om de koeien, het gras en de Nederlandse kleigrond in je lichaam te laten stromen. En we moesten met zijn allen naar San Sebastián. Want daar gebeurde het.

Ik was nog nooit in San Sebastián geweest, maar kon de stad wel uittekenen. Steeds meer topkoks beschreven de stad als een nieuw magisch centrum van de gastronomie. Ferran Adrià, de stikstofprutser uit Rosas, was inmiddels oud nieuws. Die stond iedere avond in een emmer vol vloeibaar ijs te roeren om paardenbiefstuk in eetbare gloeilampjes te veranderen. Kansloos.

Nee, dan San Sebastián. Waar de inwoners 's avonds de bergen intrekken om snuivend aan boomwortels naar truffels te zoeken. San Sebastián waar men huilend eet. Ook Jonnie raakte er niet over uitgesproken. De eerlijke tapacultuur vertaald naar de eenentwintigste eeuw. Een fragmentatiebom vol smaken. Dat soort teksten. De Harry Mulischen en Remco Camperts van Spanje schrijven niet maar koken. Genieën staan heel geconcentreerd aan een stukje zwarte varkensworst te luisteren, om de taal van hun geboortegrond in het oor te laten vloeien. Mythische vormen nam die stad aan. Het werd tijd om daar zelf eens huilend door de straten te lopen.

Ik wilde niet naar de highbrowplekken. Niet drie jaar van tevoren reserveren en geen culinair concours. Daar had ik geen zin in, veertig gespannen koppen boven een mootje verse kabeljauw. Ik wilde het volk, de inwoners van deze stad, ontmoeten. Mensen aanraken, met het vet langs mijn bek. Om nekken hangen en iets goddelijks in mijn mond proppen. Vanaf het vliegveld liet ik me naar het centrum vervoeren en een uur later zat ik inderdaad huilend op het strand. San Sebastián is de grootste snackbar van Zuid-Europa. Een tapasfabriek, bevolkt door zwetende bouwvakkers die 's avonds wat bijklussen als kok. Ik zag De Wallen, maar dan met eten. Ieder gerecht een goedkoop crackhoertje. Duits ingerichte, felverlichte cafés met toonbanken vol slap eten. San Sebastián is het Volendam van Spanje. Je ziet ze zo voor je, de Spaanse mannetjes die zich 's middags vloekend omkleden. De gewone kleding gaat uit en het beduimelde werkpak gaat aan. Haar achterover met een beetje olijfolie, vaalzwarte broek aan, een overhemd met zes liter zweet erin en dan maar de hele avond voor zes euro per uur een echt Spaans Tapasmannetje uithangen.

San Sebastián maakt je ziek. Letterlijk. Croquetas de jamón worden zonder uitzondering 's middags al gefrituurd. Bergen garnalen liggen in eigen smeltvocht langzaam te verweken in een hoek van de keuken. En dat verdomde brood. Alles op een stukje stokbrood, met een prikkertje erdoorheen. Kan je het duizend keer pintxos noemen, maar het blijft gewoon een Spaans blokje kaas op de verjaardag van tante Annie van oom Piet. Wurgend, die jaren-50-gezelligheid van zo'n prikkertje. In San Sebastián zijn ze er gek op. Ze doen niets liever. Iets op een broodje pleuren, prikker erdoorheen en dan maar kijken waar het schip strandt. Dat is de cultuur in San Sebastián. En ze hebben een hekel aan tafels.

Ik heb niemand zittend zien eten in San Sebastián. Twee dagen lang niet. Ze moeten het in het geheim doen. Een bizar verbond, waar Dan Brown misschien nog eens een kutboek over kan schrijven. Iets vanuit de Baskische ziel of zo, denk ik, dat je niet etend aan een tafel mag worden betrapt op straffe van onthoofding. Je moet eindeloos blijven wandelen door die snackbarstraten tot je erbij neervalt. Zittend eten is iets voor de gegoede burgerij, die in slechtverlichte kelders eens in de vijf jaar bij elkaar komen en dan, bij hoge uitzondering, hun ellebogen op een tafel mogen laten rusten. Mensen die zitten komen niet meer overeind en rotten niet binnen vijf minuten op, ik denk dat daar de angst voor tafels vandaan komt. Er kan zomaar een binding met de klant ontstaan.

Ik wilde weg uit deze culinaire hel. Als ik de sfeer van San Sebastián op wilde snuiven, hoefde ik in de toekomst alleen nog maar met mijn kop boven een frituurpan te gaan hangen. Ik wilde niet terug naar Nederland. Schreef ik niet voor *Bouillon!* en was ik daarmee niet een heel klein beetje een lekker gek culinair dier? Ja toch. Dat ik thuis vijf keer per week een satéschnitzel door een pan stond te schuiven, hoefden ze op de redactie niet te weten. Mijn besluit stond vast. Ik ging lekker voor *Bouillon!* door Noord-Spanje rijden. Culinaire onderzoeksjourna-

listiek, ik had er zo vaak van gedroomd. Vier maanden door
Argentinië zwerven, op zoek naar dat unieke geitenkaasje, ge-
rijpt in gierenmaag. Op een scooter door Zweden rijden, op
zoek naar dat authentieke Zweedse gehaktballenboertje, die al
vanaf 1962 samen met zijn zonen en eenennegentig kleinkin-
deren Zweedse balletjes rolt, allemaal precies zo groot als de
niersteen van zijn in 1961 overleden vrouw.

De beuk erin. Ik was er nu toch. De tyfus voor San Sebastián.
Ik ging de ultieme tapa zoeken. Auto gehuurd en weg was ik. Ik
stopte nog even bij het politiebureau en draaide mijn raampje
open. 'Agent! Snel, langs de uitvalsweg naar Frankrijk zitten
twee mensen aan een tafel te eten, zonder stokbrood met een
stokje erdoorheen! Een schande. Een klap in het gezicht van de
Basken. Eropaf!' Ik zelf reed langs de kust naar het westen. Op
weg naar Bilbao.

Leuke stad. Hoe zouden ze dat in een reisgids zeggen? 'Bilbao is sinds de komst van het Guggenheim Museum veranderd in een stad met twee gezichten. Het oude centrum met
zijn honderden pittoreske barretjes, pleintjes en straatjes,
waar men het leven nog omarmt en waar de typische Spaanse
kleine hapjes, de zogenaamde tapas, nog van hand tot hand
gaan, en aan de andere kant van de rivier, die zich lui en onge-
naakbaar als een zilveren slang door de stad slingert, het mon-
daine nieuwe centrum van de stad, het mekka van de nouveau
riche, waar je je kunt vergapen aan de beroemde visschubben-
tasjes van modehuis Tuto Tuto.'

Guggenheim dendert inderdaad dwars door Bilbao heen.
Dat machtige gebouw voel je kilometers verder, tot diep in
het oude centrum, glinsterend en reflecterend in je rug druk-

ken. Zelfs het bier in Bilbao is Guggenheim. In bar Sasibil krijg ik een hoog glas Krušovice, Tsjechisch bier, met vlak onder het schuim een als honing door het glas sluipend laagje donker bier van hetzelfde merk. In Bilbao hebben ze sinds Guggenheim iets met licht en met ronde vormen. In bar Txiriboga eet ik, samen met honderden Spanjaarden, heerlijke bollas, die met schalen tegelijk op de bar worden gezet en binnen enkele seconden alweer worden vervangen door nieuwe. Een perfect rond, gefrituurd balletje, gevuld met kruiden. Dat begint erop te lijken. Een rond hapje, zonder brood, stel ik tevreden vast. Niet direct iets wat je op een glas bier kunt leggen.

Want zo zou de tapa zijn ontstaan. Een stukje brood of een schoteltje op je glas om het te beschermen tegen de vliegen. Het staat in iedere reisgids. Mag ik dan ook graag doen op Spaanse terrasjes, dat ballonnetje even doorprikken. Loop ik 's avonds met veertien gesneden wittebroden over een terras heen en flikker de sneetjes uit de losse pols boven op de glazen. 'Vliegendienst! Vliegendienst!' roep ik. Nog nooit één Spanjaard daar enthousiast op zien reageren. In Bilbao begrijpen ze dat goed. Daar bakken ze dingen die niet op je glas passen.

Had ik hem nu meteen al gevonden, de ideale tapa? Ik twijfelde. Het was de perfecte snack, zeker, maar ik miste de ambachtelijke passie. Heerlijke bollas, maar liefdeloos op de bar gedonderd. Alle bollas werden gefrituurd door een werkstudent met een Elvis Costello-bril op zijn hoofd en gekleed in een veel te modern Custo-shirt. Ik miste de dichtgesnoerde keel en de waterige ogen bij het personeel als een gast een tweede portie van hun bollas bestelde. Ik wist genoeg. Ik moest verder. Volgende stad. Santander.

Leuke stad als je van een troosteloze kade houdt. Hier laat je de Spaanse kust achter je, op weg naar een nieuw leven in Engeland. Dat gevoel. Ik ben net op tijd. Santander in juni heeft een vreemd ritme. Hotelpersoneel dat nog even kan ademen, cafés die nog maar een paar weken worden bevolkt door stamgasten en daarna volstromen met mensen die voor drie weken een nieuw leven in Santander komen opbouwen. De lange rij treurige terrassen langs de kade kruipt ongemerkt in mijn botten. Ik zoek troost in een kleine supermarkt, ook voor al uw massages en tweedehandsscooters, en koop een blikje pimentón, paprikapoeder met een rokerige smaak. Een tijdmachine. Ruik eraan en je zit opeens weer met je vrienden rond een kampvuur op het strand van Callantsoog. Dat meisje aan de overkant lacht naar je. Spaans paprikapoeder, een ijzeren blik vol rode troost.

In deze weemoedige stemming loop ik langs een bar. Het is vier uur 's middags en de bar is leeg, op één man na. Hij ziet mij niet. Hij werkt geconcentreerd. Voorovergebogen. Ik kijk. Hij voelt aan zijn mes. Mooie kop heeft hij. Goede ogen. Hij legt hij zijn hand op een vastgeklemde ham. Hij kijkt ernaar. Streelt het vlees. Ik voel me bijna te veel. Alsof ik op een krukje naast zijn bed zit terwijl hij een meisje uit het dorp bemint. Weer die hand over de ham. Dan het mes, heel langzaam en perfect langs de zijkant van het vlees. Een volmaakte schilfer serrano valt op een stuk vettig papier. Weer dat mes, weer die hand op het vlees. Een tweede plak. Hier snijdt iemand een haiku. Veertig minuten lang kijk ik ademloos toe. Op het pa-

pier ligt zijn voltooide gedicht. Nu snijdt hij brood en een tomaat. Hij wrijft de halve tomaat zachtjes over het brood,
sprenkelt er olijfolie overheen en legt de stukjes brood naast
elkaar op een rooster. Grilt ze. Dan wachten. Niet meteen de
ham erop. Terwijl hij wacht ziet hij mij staan. Geen woord. De
plakjes vlees worden op het brood gelegd. Op een bord en
klaar. Dit is zijn werk. Hij kan niets anders. Niemand anders
komt aan die ham. Erekwestie.

Ik heb een avond lang naar hem zitten kijken. In de steeds
drukker wordende bar, vlak naast de schreeuwende bediening, stond hij daar in zijn eigen hoekje. De hamsnijder. Een
hele avond lang was hij zwijgend bezig met het maken van de
beste tapa van Spanje. Santander. Paseo de la Pereda 23, bar
Las Hijas de Florencio. Iedere dag na 17.00 uur. Kijken en
eten. Snel, voordat Jonnie Boer naast je staat te janken.

Turkije

Turkije, dat is toch een beetje Nederland met lekker weer en onbeperkt vreten. Je hoort al jaren dezelfde verhalen van mensen die terugkomen uit Turkije. De specifieke Turken-soort, woonachtig in Turkije, is wél heel aardig, ze hadden binnen een halve dag hun all inclusive er al uit en als je blond bent met tieten nooit achter op een scooter gaan zitten. Mooi hoe Turkije zich bijna moeiteloos, met een groot gevoel voor commercie, heeft geplooid naar de wensen van de gemiddelde Nederlandse toerist. Een jaar of tien geleden zijn er denk ik ergens een paar belangrijke Turken aan een tafel gaan zitten, die zich hebben afgevraagd waarmee ze Nederlanders naar hun land konden trekken. Een paar dagen vergaderd en het kwam eigenlijk hierop neer: veel vet eten zonder knoflook te-gen vooroorlogse prijzen, als ze in je hotel zitten verplicht heel hard lachen om hun domme Nederlandse klootzakkenhu-mor en alles all inclusive aanbieden, zodat ze zich voor een week een soort bigshot voelen. Vingertje omhoog, liggend op de 's ochtends om half zes al gereserveerde ligstoel en dan maar genieten van onbeperkte bacootjes. 'Héérlijk man! Kostte niks, hahahaha!' Dat is het geheim van Turkije.

All inclusive

Nederlanders zijn er dol op. Met dikke, zwetende pensen in de rij staan voor een bak onbeperkte bloedworst omdat je er nu eenmaal voor hebt betaald. Het is eigenlijk heel simpel, een vakantie in Turkije. Hoe meer het je heeft gekost, des te meer moet je vreten. Dat al het eten van inferieure kwaliteit is maakt niets uit. De bacardi wordt rechtstreeks uit raffinaderijen getapt. Dat is algemeen bekend in Turkije. Voor veel hotelhouders is dat een leuk uitje, wekelijks met een enorme tankwagen naar een industrieterrein net buiten de stad rijden en dan lekker met je arm op de pomp geleund onbeperkt bacardi tappen voor die kut-Nederlanders. Meteen daarna door naar het sterfhuis voor doodzieke geiten om vijf vrachtwagens vol te laden met vlees dat ze zelfs in Turkije niet meer eten. Bedorven oog, beschimmelde hoef met aanhangend vlees, de neusgaten van geiten, dat soort restafval. Dan weer snel naar het hotel om er onbeperkt 'authentieke gehaktspiesjes uit de streek' van te draaien.

De all-inclusiveformule is een parodie op een vakantie. In een vliegtuig stappen, aankomen, met honderddertig kilometer per uur door een blinde chauffeur naar je hotel worden gereden, door een soort sluis je all-inclusiveresort in en daarna twee of drie weken op je rug liggend, desnoods met een trechter in je keel, zo veel mogelijk voedsel en drank naar binnen werken. Goed, het is toevallig in Turkije en het zonnetje schijnt, maar het zou ook Servië, Irak of Oeganda kunnen zijn. Het maakt Nederlanders in Turkije geen ene reet uit waar ze zitten. In het gunstigste geval steken ze hun kop een keer over de schutting en roepen naar passerende toeristen: 'Wij hebben alles gratis! Leuk hè!' Er een keer even helemaal lekker uit zijn betekent in dit geval twee weken loeren naar een familie van zestien man uit Rotterdam, die vanochtend bij het ontbijt negen keer gebakken eieren opschepten en die net iets eerder bij de schaal uitgebakken spek waren dan jij. Het is een permanent geloer naar elkaar. Wie neemt wat gratis en hoe ga jij daar weer overheen? Mensen die er met een rugzak op uit trekken om het echte Turkije te ontdekken worden keihard uitgelachen door deze tante Sjaans en ome Berts. 'Ik heb ze het hele jaar al op mijn trappenhuis, dank je feestelijk. Als ik een leuke Turk wil zien, ga ik wel naar het olieworstelen in Amsterdam. Zeg, mag ik nog een schaal onbeperkt Turks gehakt van u, weet u wat, doe maar twee schalen onbeperkt Turks gehakt.'

Orange County

Erg mooi is het resort Orange County. Een all-inclusivetoeristenfabriek in de badplaats Kemer, waar men zo natuurgetrouw mogelijk Amsterdam heeft nagebouwd. Dat is aardig gelukt. Altijd al een keer via de Lijnbaansgracht langs het Leidseplein willen zwemmen met de Turkse zon in uw nek? Dat kan. De appartementen zijn ingericht als Hollandse woningen en de zwembaden zijn exacte kopieën van alle belangrijke Amsterdamse grachten. Iedere avond is er nieuwe haring en onbeperkte rookworst van de Hema. Het trekt een onwaarschijnlijke verzameling proleten, vrije jongens, vage handlangers van Holleeder, oud-judoka's, paaldanseressen, de hele crew van de bananenbar, de halve Kinkerbuurt en mannen met omgekrulde snorren aan. Dat liep daar tot voor kort allemaal dwars door elkaar lekker te vreten en te zuipen, er werd af en toe een parenavond in de gracht georganiseerd. Onbeperkt neuken met de vrouw van huisje acht, het hoorde er allemaal bij. Tot de Russen kwamen.

De Russen

Russen ruiken all inclusive op honderden kilometers afstand. Russen hebben zestig jaar in de rij gestaan voor een schep suiker en een half brood. Die hebben wat in te halen. Ik was erbij toen de eerste Russen Orange County ontdekten. Ik lag op uitnodiging van het bedrijf Explore Yourself Before It's Too Late, die in die tijd iets deden met assertiviteitstrainingen voor mensen met een IQ lager dan veertig, lekker op mijn luchtbedje vlak bij de nagebouwde Prinsengracht. Ik dacht, weet je wat, ik ben er nu toch, ik ga even wat onbeperkt eten. Het was al half tien 's ochtends, dus ik met mijn bord in de rij. Ik denk nog wel, wat is het hier opeens druk en wat lullen ze vreemd. Ik kijk nog eens goed, en ik zie die Russen, want dat waren het, allemaal met een grote bak eten onder hun arm de eetzaal uitlopen en godverdomme de hele tent was leeggehaald. Stond allemaal op hun kamer. Dat zijn die Russen gewend. Ze weten niet beter. Net haarloze eekhoorns van twee meter lang. Constant aan het struinen naar iets eetbaars en als ze het hebben gevonden slepen ze het naar hun hol, in dit geval kamer 12a met uitzicht op de nagebouwde Keizersgracht.

Ik er een paar keer langslopen. Door het raam loeren. Ver-

domd, daar zat dat Russentuig, als een kluit knaagdieren tegen elkaar gedrukt, óns eten naar binnen te werken. Ik kon
maar één ding doen. De Knie inschakelen, de oude rechterhand van de Neus. Had die twee jaar geleden in Spanje niet
nog iemand met een nekschot neergelegd omdat er voor werd
gedrongen bij de Onbeperkte Paella Avond in Marbella? De
Knie wist wel raad met dit soort uitvreters. Ik ben heel hard
gillend naar zijn vaste onderwaterkruk gehold. En maar
schreeuwen, zoals Johnny de Mol dat ongeveer zou acteren in
een heel slechte Nederlandse film. 'Jongens, jongens, godverdomme, de Russen, de Russen! Die schoften vreten alles op.
Godverdomme jongens, dat laten we toch niet op ons zitten.'
Beetje dat Polygoonjournaaltoontje. Maakte nog niet veel indruk. 'En ze copuleren onbeperkt met onze vrouwen, die
schoften, die stukken addergebroed. Laten wij dat op ons zitten? Nee toch jongens! Wat zeggen jullie, gaan wij ze het on-
verwijld betaald zetten, die schoften?'

Schitterend hoe de Knie daarna de kant op klom, heel rustig zijn badjas aandeed, en aanklopte bij de Russen. Bij de
vrouw die opendeed brak hij met een korte beweging het
schaambot. Daarom heette hij dus de Knie. Een Rus die met
een schaal onbeperkte aubergine onder zijn arm even pools-
hoogte kwam nemen, liep binnen een seconde met de resten
van zijn onderkaak in zijn rechterhand. De deur ging achter
de Knie dicht, we hoorden nog wat weefsel scheuren, wat haar
uit hoofden verdwijnen, de deur zwaaide weer open en de
Knie maakte een glorieuze entree met onze bakken eten onder
zijn arm. Het Vrije Westen, prima, maar het was wel ons Vrije
Westen.

Griekenland

Griekenland, ja dat is met al die pokkeneilandjes. Daar waar de kok zijn verontschuldigingen aan komt bieden als het eten iets te heet is opgediend. Oude lullen willen het nog weleens over het Griekenland uit de jaren zestig hebben. Connie Palmen heeft onlangs weer een paar miljoen euro op haar bankrekening bijgeschreven met een bij elkaar gefantaseerd boek over de dood van een kunstzinnige vrouw ergens op een Grieks eiland. We kennen Palmen. Die dacht: 'Schrijven over Ischa's dood heeft me geen windeieren gelegd. Eens kijken welke kunstenaar nog meer op ludieke wijze is gestorven.' *Lucifer*, Palmens laatste boek, gaat niet over iemand die wanhopig het verzamelde werk van Palmen in brand probeert te steken, maar gaat over een vrouw die dronken van drank over de rand van een terras in een ravijn lazert. Helaas geen autobiografisch werkje.

Griekenland is inmiddels al jarenlang een populair vakantieland. Net als Palmen zelf dankt het zijn populariteit voornamelijk aan weldadige voorspelbaarheid. Je weet precies wat je krijgt. Je trapt er iedere keer weer in, die uiterlijke schoonheid, maar als je beter kijkt zie je de dood en de ellende tussen de hoeken en kieren doorsijpelen. Griekenland heeft op ver-

schillende groepen mensen een magnetische aantrekkings-
kracht. Lesbos trekt uit de hele wereld vrouwen van de bin-
nenste schaamlipclub aan. Ja, het kan gewoon op Lesbos,
lekker hand in hand lopen met je vriendin en net als hetero's
naar een ondergaande zon kijken en zeggen: 'Jeetje wat zijn
we eigenlijk nietig zoals we hier staan.' Waarom niet. Een
tempel van verdraagzaamheid, Lesbos. Het wordt zelfs aange-
moedigd om stevig met die kortgeschoren vulvaborstels boven op elkaar te gaan liggen. Goed voor het toerisme, goed
voor de lokale middenstand, maar het moet wel bij teasen
blijven want op echt neuken zijn ze weer heel fel die Grieken.
De hele dag zo geil als een ui met zijn duizenden om elkaar
heen draaien, dat is allemaal prima, maar zodra een Odette
met een voorbinddildo door Henriette op het strand wordt
genomen, met ritmisch klappende vrouwen eromheen, dan
zit je meteen vier jaar tegen de binnenkant van een zwakzin-
nigeninrichting aan te kijken. Wel heel trots zijn op naakte
worstelaars uit de Griekse oudheid, maar vermeende homoseksuelen op het dorpsplein met ezelstront insmeren. Dat is
het een beetje met Griekenland. Het is het allemaal net niet.
Laten we toch even wat leuke weetdingetjes over Griekenland
onder elkaar zetten.

Eilandhoppen

Zoals gezegd, er zijn nogal wat eilandjes in Griekenland en helaas trekt dit backpackers aan. Een hel. Je kunt geen stap zetten zonder dat je weer een geitensik met sandalen of berg-
schoenen tegenkomt. Het hele idee van backpacken is dat het

reizen zo weinig mogelijk mag kosten. Dat is de sport. Daar zitten ze ook permanent over te lullen, dat het ze allemaal niks heeft gekost, hun reis langs vierendertig eilanden. Grieken moeten ook niks van ze hebben. Je verdient er geen cent aan. Ze zijn in staat om gebruikte theezakjes uit de vuilnis te pulken. Er kan geen veerbootje naar een of ander kuteilandje vertrekken of er hangen een paar honderd van die catweazels aan de zijkant van de boot. Het liefst zouden ze zwemmen, nog goedkoper, maar water en backpackers dat gaat slecht samen. Aparte reisgidsen bestaan er zelfs voor backpackers, met tips om zo goedkoop mogelijk één of twee dagen op een eiland te verblijven. 'Bij de familie Kouvalis staat iedere nacht een schoteltje met melk voor de deur. Een leuk adres voor de snelle dorst.' Een beetje normaal van eiland naar eiland reizen is er niet meer bij. Waar je ook naartoe gaat, je staat tussen intens witte Engelsen en tanige Italianen die maar op staan te snijden over hun afgelegde route. Dat kinderlijke gedoe, dat je zo veel mogelijk eilanden wilt bezoeken, alleen maar om ze af te kunnen vinken in je reisagenda. Vroeger spaarden dit soort debielen voetbalplaatjes of ruimtevaartmunten, nu verzamelen ze eilandjes. Je kunt geen strand opzoeken of er zitten weer dertig van die haveloze uitvreters elkaars sterrenbeeld in het zand te tekenen. Als het je lukt, mijd ze als de pest.

Architectuur

In Griekenland zijn ze dol op witte huisjes met blauwe deuren. Met een kat ervoor. En een gele pot. Daar maken ze ansichtkaarten van. Witte huisjes, blauwe deuren, een kat, een gele pot en een tandeloze Griek met een wandelstok in zijn handen. Wij noemen dit typisch Grieks. Geen buitenlander is ooit binnen geweest in deze kalkstenen grotten, maar de buitenkant mevrouw, schitterend! Het heeft iets treurigs, een land waar iedere inwoner zijn huis wit schildert met een blauw deurtje erin. Nog veel treuriger zijn de toeristen die dat thuis dan na gaan doen. Niet te harden, de Griekenland-liefhebber. Misschien nog wel erger dan de francofiel. Ook al heel erg, Franse kaas vreten, visnetten aan de muur en een plaatje van Edith Piaf op en dat ergens in Schiedam-Zuid, maar dat heeft tenminste nog iets mooi droevigs. Mensen die na een vakantie van twee weken op Samos hun slaapka-mer een Grieks sfeertje geven, van mij mag daar de verfhand van worden afgehakt. Afknapper van de eeuw. Ga je met ie-mand mee naar huis, loop je opeens in een wit laken door een slaapkamer vol rood en geel keramiek en zit je een schurftige, uit Griekenland meegenomen, zielige kat te aai-en, terwijl je je verovering in een Griekse nachtstola ziet ver-schijnen. Ik heb twee jaar geleden, geknakt door al die opge-legde vrolijkheid, vreselijk huisgehouden op Chios. Zag ik weer zo'n stuitend Grieks bergdorpje. Irriteerde me al toen ik er 's middags met de auto langsreed. Dat witte gedoe. Ben ik 's nachts met een 130-literemmer zwarte verf door de stra-ten gegaan en heb dat hele dorp lekker hardcore zwart ge-saust. Witte kat ervoor en een albino bejaarde, hè wat een leuk woonidee!

De keuken

Een rare Neckermann-reisgidsfabel is dat je in Griekenland 'gewoon de keuken in mag lopen om lekker de deksels van de pannen op te tillen en om in de ijskast te kijken wat er zoal aan verse Griekse etenswaren voorradig is'. Veel Nederlanders zijn op zoek naar dit ultieme Griekse gevoel. Ik heb het vaak zien gebeuren. Vorig jaar nog. Kwam er een Nederlands stel met vijftien kilometer per uur op een gehuurde scooter aanrijden bij Taverna Ikonos. O, wat hadden ze het naar hun zin. Wat zaten ze lekker tegen elkaar aan, met een goede fles wijn tussen hen in, onbekommerd te genieten van de plaatselijke leprozen, de vrouwen met baarden en de kreupele kinderen. Ik kon erop wachten. Die kwamen zo op het idee om lekker authentiek 'gewoon even in de keuken te kijken'. Ja hoor, daar gingen ze al. Ik kende de eigenaar. Als die ergens een rothekel aan had dan was het wel als je in zijn keuken kwam loeren. Drie weken geleden had hij een Italiaanse vrouw nog als een konijn met een koekepan achter haar oren geslagen. Loodzwaar was ze naar de grond gegaan, vier bakken moussaka achter zich aan slepend. Nee, daar was de eigenaar Mikolos niet makkelijk in. Niemand kwam in zijn keuken. Zeker Nederlanders niet. Ik keek door het raam hoe het stel voorzichtig aanklopte. Ik herkende de verwilderde blik van Mikolos. Dit ging vreselijk uit de hand lopen. Het wijf begon tegen hem te praten. 'Dag, wij zijn Els en Benno uit Alkmaar. Mogen we even in uw keuken kijken? Onder de dekseltjes en zo?' Benno meende nog een duit in het zakje te moeten doen. 'Lookie, lookie. We, in your kitchen.' Ik zag Mikolos twijfelen. Hij hield zijn woede nog even binnen, duwde het stel opzij, liep dwars door zijn restaurant naar buiten, tilde de scooter boven zijn hoofd en flikkerde hem in een ravijn. Zwijgend liep hij weer zijn keuken in en sloot de deur. Connie Palmen schrijft er acht jaar later een boek over.

Texel

Ik moet naar Texel. Terug. Snel. Wat doe ik hier? Deze gedachte heb ik zo'n zes keer per jaar en altijd op dezelfde momenten. Midden in de Ikea op zoek naar de kortste route. In de supermarkt achter in een rij die tergend langzaam naar de kassa schuift omdat er een doofstom meisje wordt ingewerkt. Met een nutteloos apparaat in mijn hand, dat ik net heb gekocht bij een standwerker op de markt. Ik kan met de Foetsie Vlek Weg Borstel in een haal alle kattenharen van mijn bank afvegen. Handig. Nu nog een kat.

Precies op die momenten, als het leven mij beukt, wil ik terug naar Texel. Dan wil ik Texel ruiken. Texel ruikt namelijk enorm naar Texel. Naar wind die de tijd heeft gehad om honderden kilometers over het zeewater te razen. Naar boerderijen omringd door hard geworden schapenstront. Naar een emmer vol met pieren wachtend op de onvermijdelijke haak. Ik kan het weten. De eerste zeventien zomers van mijn leven bracht ik door op Texel. In De Cocksdorp om precies te zijn. Een kleine gemeente in de noordpunt van het eiland, keihard geregeerd door de familie Kikkert die ongeveer driekwart van het dorp exploiteerde. Koffie van Kikkert, huisjes van Kikkert, een supermarkt van Kikkert en dan ging je 's avonds even lekker Kikkertbier drinken in het Kikkertcafé. Alsof je door een gedicht van Annie M.G. Schmidt liep.

Een magische wereld. Dode vogels op het strand, je kon ze er in die tijd nog gewoon alleen aan de branding vinden, zonder dat Jan Wolkers dol van vreugde aan zijn twee zoontjes stond uit te leggen waar ze het maagje en de lever konden vinden. Ja, ik had wel iets met Texel. Zo werkte het bij mij. Als ik ontevreden was en wat orde zocht dan ging ik terug naar Texel. Eigenlijk het omgekeerde wat de jonge eilandbewoners zelf hadden. Die wilden juist weg.

Hoe vaak had ik ze niet in groepjes op de dijk zien staan, turend naar Den Helder. Texelse jongens en meisjes die droomden van het vasteland. Daar, die stenen gebouwen aan de overkant, dat was Den Helder, waar men in woningen boven elkaar woonde en waar je gewoon een dag met de auto kon gaan rijden zonder dat je tegen de kustlijn aanreed. Den Helder waar je nog iets anders kon worden dan leerlooier, jeneverbrander of schapenscheerder. Ik mocht er graag naar kijken, dat hunkerend verlangen. Ik zag het aan hun lichamen. Ooit zouden ze de oversteek wagen en daarna was alles mogelijk. Ze zouden verliefd worden op iemand uit een andere provincie en ze zouden reizen. Ooit wilden ze Amsterdam bezoeken. Nog maar een paar jaar samen op een slechte brommer tegen de wind in naar school en dan gingen ze naar het vasteland. Maar ooit zouden ook zij terugkeren, daar was ik van overtuigd.

Ik moet naar Texel, dacht ik, dit keer midden in een demonstratie van genezende stenen op een mineralenbeurs. 'Als u de Topaas op uw stuitbeen legt, uw kin omhoogdoet en dan de

Aquamarijn op uw voorhoofd laat balanceren, dan zult u zien dat u morgen een krachtiger straal urine hebt.' Ik was weg. Ik wilde weer met meeuwen om mijn kop op de veerboot staan en naar Texel varen. Zingend reed ik door Den Helder. Ik parkeerde mijn auto op de veerboot en liep naar het dek.

Daar lag het. Texel. Het was kinderachtig, maar ergens aankomen met een boot is altijd fijner dan met een auto. Je voelt de bestemming veel meer als buitenland. Door dat water en de moeite die je moet doen om er als fietser of voetganger te komen. Ik reed de boot af. Andere schapen in het weiland. Andere wolken. Gelukkig reden ze hier nog wel gewoon rechts. Bij de eerste kruising kon ik kiezen. Naar De Cocksdorp of naar Oudeschild. Ging ik kiezen voor vertrouwd zwelgen in nostalgie? Ik wist wat dat zou betekenen. Stond ik over een half uur weer in De Cocksdorp met tranen in mijn ogen aan een paaltje te voelen. Ja, hetzelfde paaltje waar mijn moeder ooit op had gesteund toen ze zwanger was van mijn veertiende broertje. Ik zou doodstil in een hoek van het pannenkoekenhuis naar de bekende boerenpannenkoek zitten kijken. Dezelfde pannenkoek die ik at toen ik heel hard op mijn knie was gevallen en ik als troost een miniatuurvuurtorentje kreeg. Dat werd weer jankend terugdenken aan wat nooit meer terugkwam. Ik gaf een ruk aan het stuur. Het werd Oudeschild. Het onbekende.

Vreemd genoeg was ik er nooit geweest. Oudeschild was meer iets voor Duitse toeristen. Daar kwam je als echte Hollander niet. Ik had ze vroeger vaak naar Oudeschild zien vertrekken, de Duisters. Ik minachtte die toeristische activiteit. Ik was meer van het land. Het gras opsnuiven. Ik vond de garnalenboottrip in Oudeschild hetzelfde als een enorme houten klomp vol met zwaaiende Japanners. Folklore. Gereanimeer-de oud-Hollandse troep. Toen, op mijn zeventiende, had ik niet de kracht gehad om de confrontatie aan te gaan, maar nu voelde ik opeens dat het moment was aangebroken. Ik, Nico Dijkshoorn, een volwassen man, ging een nieuwe uitdaging aan. Ik ging mee met de garnalenboot.

Oudeschild. Texel ligt er heel Jac. P. Thijsse bij. Alsof ze het snel nog even voor me hebben getekend voor ik aankom. Rien Poortvliet zou hier ook wel raad mee hebben geweten. Had je die een middag naar Oudeschild gestuurd dan was hij terug-gekomen met het schilderij *Bang hertje vlucht voor een heel lief konijn over zomerse dijk in de richting van het water*. Ik kijk om mij heen. Bootjes met loopplanken. Een kade vol gefingeerde bedrijvigheid. De geur van rottende vis. Stinkende netten. En daaromheen de dagjesmensen.

Ik koop een kaartje voor de garnalenboot TX10. Niet echt een romantische naam. Schele Berta had ik gehoopt of Volk en Vaderland. Volgens de folder kan ik 'garnalen vissen en zeehonden kijken voor één prijs'. Het is een drukte van be-lang bij de loopplank. Hoewel de boot pas een kwartier later vertrekt staat er een tiental passagiers als natte cavia's tegen elkaar aan te trillen. Ze zouden en moesten als eerste aan boord springen. Typisch vastelandgedrag. Ik wachtte gedul-dig af en stapte aan boord. Terwijl de trossen werden losge-gooid, liep ik wat heen en weer. Economisch dingetje. Mid-den op het dek zag ik een grote ijzeren constructie waar waarschijnlijk de garnalen in zouden worden gesorteerd en schoongemaakt. Vroeger hadden ze daar nog achterlijke mensen voor in dienst, die schreeuwend aan dek stonden te wachten tot er een berg garnalen over ze werd uitgestort.

Ik kende de verhalen. Gekke Arend was een legendarische garnalensorteerder geweest. Bijna niet te verstaan en je moest hem in de gaten houden want hij wilde steeds over boord springen, maar als je eenmaal een net vol met garnalen over hem heen donderde dan viel hij met schuim om zijn mond aan op de berg krioelende beestjes en zat hij een kwartier later tussen zeventien kilo keurig gepelde garnaaltjes weer wat voor zich uit te loeien. Arend was inmiddels overleden en nu ging het mechanisch. Jammer. Om mij heen maakte de zeewind veel los. Mannen en vrouwen op een boot willen sinds die kutscène uit de *Titanic* met elkaar tongen op volle zee en er dan iets bij roepen. Er werd gewreven en aan billen gevoeld bij het leven. In combinatie met de doordringende vislucht leek dit eerder op een vergeten pornoklassieker uit de jaren zeventig. *Geile Spritzende Krabbefischers auf Wattenmeer.*

Opeens gekraak van een geluidsinstallatie. Een van de twee schippers nam het woord. Ik had ze al druk over het dek zien wandelen. Zo te zien twee broers. Ruige gasten met gouden oorbellen in. Die hadden ze in de jaren tachtig zelf met een schelp door hun oorlel geramd, jaren voor het eerste deel van *Pirates of The Caribbean*. Echte visserskoppen. De lange dunne van het stel sprak zijn welkomstwoord. 'Ja mensen, lekkere strakke vrouwtjes, domme mannetjes en lelijke koters, welkom op de TX10 en voor de mensen die niet kunnen tellen de TX5, waar we de komende uren garnalen mee gaan vissen en dan zeg ik er meteen maar bij, als u nog iets overboord wil gooien, zoals je schoonmoeder, je wijf of je levensverzekering, tief die zooi dan nu overboord want dan blijven ze zo kort mogelijk drijven. Ik zeg het even in het Duits, voor de moffen aan boord. Goetentaag leute ja wie is dat den eine krabbenfisch das sollen sie wel sehen und nicht aan unsere fahrad kommen want das ist von uns und nicht von dir begriffen jawohl alles klahr commisar.'

Ik luisterde verbijsterd. Hier stond ik op een van de mooiste plekjes van Nederland. Onder mij krioelde het van de garnalen en tegelijkertijd werd ik, onontkoombaar door het enorme volume van de geluidsinstallatie, getrakteerd op een komische act die De Mounties met terugwerkende kracht tot de grootste filosofische kleinkunstenaars van de vorige eeuw maakte. Het ging maar door, deze er in vijftien jaar ingeslepen cabaretvoorstelling voor dode bejaarden. Ik moest luisteren of ik wilde of niet. 'Ja, en dan wil ik u attenderen op de toiletten aan boord. Zoals u ziet zijn er twee waarvan eentje met een webcam in de pot. Tijdens het pissen worden er foto's gemaakt die wij vanavond verkopen aan de hoogste bieders want ja mensen de een heeft een kleine garnaal en de ander heeft een natte mossel, zo is het, ja toch, niet dan.'

Hij ging maar door. Ik hoorde alleen nog maar flarden. 'En dan zeg ik tegen dat meisje daar aan de reling met die twee keiharde dolfijnen onder haar truitje, flikker die vriend maar in zee en kom eens op mijn garnaal vissen. Mensen, helaas staat de wind verkeerd dus vandaag geen zeehonden, dus dat is jammer voor de mensen die speciaal betaald hebben om een zeehond te zien. Volgende keer beter. De vrouwen kunnen natuurlijk wel even hun broek laten zakken en vol op de wind gaan staan, dan hebben ze vanavond een zeepoes in bed. Even opzij kale, jij daar, met die domme slagerskop, want we gaan de netten ophalen.' Hij had het tegen mij. Ik deed een stapje opzij en daar zeilden de netten rakelings langs mijn hoofd in de richting van de machinerie. Een van de schippers opende de netten en een vechtende berg schaaldieren, vissen, vogelstront en schelpen werd in een van de ijzeren verzamelbakken gedonderd. Er kwam rook uit een ijzeren pijp en piepend en knarsend kwam de machine in beweging. Dag vredig Texel.

Kinderen werden uitgenodigd om aan de rand van de bak te gaan staan zodat ze goed konden zien hoe alles in zijn werk ging. De elektronisch lullende visser verzekerde ons inmiddels dat alle dieren die nu gesorteerd werden gegarandeerd levend in zee zouden worden teruggegooid. Daar had ik zo mijn twijfels over. Ik zag doodsbange krabben tegen een spiegelgladde wand aan kruipen. Tevergeefs. Daar verdwenen ze al in de rokende machine die nu goed op toeren kwam. Vermalen werden ze. Je rook de angst. Hopla, daar werd een scholletje platgedrukt tussen twee stalen platen en door ging het weer. Kinderen stonden er gefascineerd naar te kijken. De krabbenhel, dat was het. Daar verdwenen alle dieren in een grote ronddraaiende ijzeren molen waarin de krabben met razende vaart tegen de wand aan werden geslingerd om ze zo te scheiden van de garnalen. Kilo's uit elkaar gerukte schaaldieren werden in een grote emmer opgevangen. De garnalen verdwenen op een apart sorteerbandje in de richting van kokend water. Ik liep naar een verhoging op de boot. Alle passagiers stonden om de moordmachine heen. Dat rokende, blazende, scheurende, snijdende helse ding. Een man lachte hard, met zijn hoofd in zijn nek. Waarschijnlijk om een grap van de lullende visser.

Ik ben in de kajuit gaan zitten en hoorde het geschreeuw van de meeuwen. Sommige vlogen tegen het raam aan, gek van lust en verlangen door die dikke lucht van dode vis. Ik keek naar de passagiers. Ze stonden in de rij voor een gratis zak gekookte garnalen. Meisjes met tieten kregen twee zakken. Ondertussen vrat een meeuw de Dood rechtstreeks uit de machine.

Eenmaal aan wal wist ik wat mij te doen stond. Ik reed hard over het eiland, parkeerde mijn auto in De Cocksdorp, belde aan bij ons oude vakantiehuis en huilde daarna schokkend drie kwartier lang in de armen van de oude Kikkert. Hij had me niet gemist. Hij had daar al die tijd op mij staan wachten want hij wist dat ik terug zou komen.

De ransuil

Natuurmensen zoals ik kunnen genieten van een vlucht roer-
dompen, het baltsgedrag van de snip en het gekwinkeleer van
de zachte kutspreeuw. Er is al ellende genoeg op de wereld,
dus wat is er mooier dan goed nieuws over de ransuil. Stel er
was goed nieuws over de ransuil, wat bijna onmogelijk is omdat de ransuil een van de meest bekakte vogels is in het Nederlands taalgebied. Echt een vogel met zo'n houding van: ik ben
een uil, dus ik weet het allemaal wel. Ik zeg vaak tegen andere
vogelaars: de ransuil verpest het voor andere vogels.

Ransuilen staan erom bekend dat ze op het nest van andere
vogels landen en dan keihard de eieren uitlachen. En dat ze
ballen kunnen braken, dat is dan ook heel bijzonder of zo.
Met botjes erin. Waar hebben we het nou over? Als ik me leeg-
kots na een weekendje Gay Pride, ligt er een bal van een meter
doorsnee in mijn huiskamer, vol met stukjes snor, tepelpier-
cings, vaseline en eierwekkertjes, maar daar ga ik toch ook
niet heel bijdehand over doen. Ik trap ze graag dood, ransuil-
tjes. Zitten ze je langs de kant van de weg met die grote ogen
heel weemoedig aan te kijken. Jaja, ze zijn zo slim, maar de
onderkant van een schoen of een schep herkennen ze niet.

Maar goed, de Partij voor de Dieren wil een landelijke aan-

pak voor vogeloverlast. In een krantenartikel lees ik het volgende: 'Volgens Thieme blijken gemeenten vogeloverlast steeds
vaker op een dieronvriendelijke en weinig zinvolle manier aan
te pakken.' En even verderop: 'Thieme noemt onder meer het
gebruik van eimanipulatie, zwakstroomdraden, duiventillen of
het anders verpakken en behandelen van afval.'

Het werd een keer tijd, een landelijke aanpak van vogeloverlast. Tot nu toe kloot iedere gemeente maar wat aan. In
Oudeschild bijvoorbeeld maken ze vogels aan het schrikken
door slechts gekleed in groene rubberlaarzen voor het raam te
gaan staan. Dat werkt misschien een dag. Maak je daar een
landelijk ding van, dan zet het misschien zoden aan de dijk,
maar op deze schaal blijft het toch gerommel in de marge. In
Dordrecht slaan ze vogels dood met een pak suiker. In Weesp
lokken ze vogels in schuurtjes en draaien daarna vierentwintig uur achter elkaar de nieuwe single van Kane. Natuurlijk
helpt dat, maar het kan allemaal zo veel beter worden gecoör-
dineerd. Daar heeft de PvdD zeker een punt.

Het gaat mij alleen te snel. Definieer dan eerst het begrip
overlast. Ik heb bijvoorbeeld nu al een week lang vierendertig
wulpen in mijn tuin. Wulpen zijn vogels die het liefst in de
branding kleine schaaldieren onder het zand vandaan pulken
en opeten. Ik woon in Leiden. Resultaat: vierendertig ADHD-
vogels in mijn tuin, die dwars door elkaar, piepend en blazend, permanent op zoek zijn naar de zee. Ik ervaar dat niet als
overlast. Ik geniet daarvan. Die wanhoop. Dat is ook natuur,
het gewoon even niet meer weten.

Mijn moeder heeft een vogelhuisje waarvan ze, vlak nadat
een vogel haar intrek heeft genomen in het houten verblijf,

het toegangsgaatje dichttimmert. Dan kun je zeggen, dat wilde gefladder aan de binnenkant en dat langzaam wegsterven-
de gepiep, dat ervaar ik als overlast, maar je kunt ook zeggen:
'Wat een schitterend geluid. Het lijkt wel klassieke muziek, zo
mooi.'

Dat is dus allemaal heel persoonlijk, overlast. Jammer dat
Thieme daarom meteen naar een van de hardste middelen
grijpt. Eimanipulatie. Ik vind dat een wrede methode. Dat doe
je zelfs een ransuil niet aan. Vogels manipuleren, goed, dat
zijn we gewend. Ik mag ze bijvoorbeeld graag de verkeerde
kant op wijzen. Dat blijft ook altijd grappig, zestigduizend
spreeuwen naar het noorden te zien vliegen. Maar eimanipulatie, dat vind ik schandalig. Kijk wat dat alleen al in Volendam onder mensen heeft veroorzaakt.

Run DMC

Ik ben naar Run DMC geweest in de Melkweg, Amsterdam. Partijtje old school hiphop voor de kiezen, daar had ik wel zin in. Het was alweer een tijd geleden dat ik uitgebreid in mijn hol was geschenen met een zaklampje. Het is vaste prik bij hiphopconcerten, diep tot in de endeldarm koekeloeren of er een minidisc mee naar binnen wordt gesmokkeld. Genoeg reden om een kaartje te kopen.

Eerste ergernis. Ticket halen bij het postkantoor. Met mijn veterloze Adidassneakers en gevaarlijke blik tussen gerimpelde filatelisten in de rij. Een whitey met attitude ben ik, vlak achter iemand die iets terug wil sturen naar de Wehkamp. Eindelijk aan de beurt. De moed zinkt me direct in de schoenen. Ik word door iemand geholpen in een rood spencertje en met een baard. Je kan beter drie dagen in de rij liggen dan dit.

Toch proberen. 'Ik wil kaarten voor Run DMC.' 'U bedoelt de Dam tot Damloop?' De hel, informatie over concerten loskrijgen bij de gemiddelde postkantoorpik. Ik laat me niet kennen. Nu niet meegaan in die klant-is-koningsfeer. 'Het is hiphop, enveloppeondergeschikte. Old school ja! Motherfucking harde shit, zegellikker. Kaarten, en snel een beetje of er wordt witte reet gespankt.' Daarna voor de honderdste keer het verhaal van de dienstdoende gek dat er in de Melkweg helaas geen zitplaatsen zijn en dat apart nog eens een lidmaatschap moet worden gekocht. 'Maar schrikt u niet, u hoeft niet naar ledenvergaderingen van de Melkweg. Alleen de concerten bijwonen is ook goed. Mag ik u veel plezier toewensen bij Rudie Merci?'

Slechts veertig gulden kost het kaartje 'waar het garderobegeld niet bij in zit, let u daar op'. Ik begrijp dat wel. De gemiddelde rapcrew neemt als ze in Europa zijn de hele eigen woonwijk mee, op kosten van Mojo. Blind Uncle Peterson moet natuurlijk mee, iemand die voor de fried chicken zorgt en die ene geinige afrokapper op de hoek moet ook mee. Drie vliegtuigen vol met heftige negers en hun moeders als er in Nederland wordt opgetreden. Ze lachen zich de kolere. In Amerika zelf krijgen ze per hiphopper drie consumptiebonnen en moeten ze keurig drie uur voor de show aanwezig zijn om de zaal al wat aan te vegen. Er is glaswerk blijven liggen na het optreden van Juicy Cunt and the Cuntflows.

Hier in Nederland worden ze nog behandeld als halfgoden. En we maken het er ook naar. Wat hebben wij? Dove Peter, de sympathieke sinterklaasdichter uit Osdorp-West. Blijft toch meer een gammabediende op acid. Brainpower, ook niet om aan te zien. Derdejaarsstudent algemene evolutieleer die er in het weekend wat bij rijmt om de studiekosten te drukken. Def Rhymz, die wel oké is als hij niet met een vinger in zijn reet aan zijn piel staat te sjorren. Vind je het gek dat iedere bolle zwarte die met een gouden ketting uit het vliegtuig stapt meteen bewierookt wordt.

Dan zit je bij Run DMC net goed. Ze wilden zich eerst God,

God en God noemen. Een vliegtuig is niet nodig, zij komen net als hun zoon gewoon over het water naar Europa lopen. Hebben het volgende wereldbeeld. Vóór Run DMC luisterde iedereen naar Cliff Richard. Na Run DMC stonden er voor het eerst drums op een plaat. Zij hebben het uitgevonden, muziek, elektrisch versterkt. En dat zullen we godverdomme weten ook.

Midden op het podium staan twee prachtig uitgelichte draaitafels. Een bomvolle zaal. Inmiddels is het half elf. Daar beweegt een gordijntje en ja hoor, ik geniet, het is een zwarte roadie. Nu eens iets heel anders dan de broodmagere manische zenuwelijers die bij een rockband met de buik over de vloer over het podium tijgeren met een voordeelrol universeeltape tussen de tanden. Deze roadie is cool. Podium op. Zaal inkijken. Duidelijk zichtbare walging. We zijn schuim en dat zullen we weten ook. Achter de draaitafels. Ik geniet. Run DMC heeft een speciale draaitafelroadie in dienst. Dat wordt feest. Een ingewikkelde opeenvolging van handelingen en ondertussen wenst hij ons dood want hij is old school. Nooit heb ik iemand agressiever een stofje van een naald af zien blazen. Deze man kan je kauwgum van een vol plein af laten bikken en hij weet je nog het gevoel te geven dat jij de sucker bent. De huis-dj wordt met het bekende snij-je-keel-doorgebaar het zwijgen opgelegd. 'One two one two, motherfucking one two one two, louder motherfucker, louder, one two one two, louder asshole, louder.' Vreemd genoeg voel ik geen enkel medelijden met de geluidsman die al zo veel avonden van mij heeft vergald. Goed dat dit nu eens gezegd wordt. Ik had altijd al vaag het idee dat het een motherfucker was.

Dan gaan de lichten uit. De James Brown-revue voor jonge

adolescenten begint. De heren van Run DMC gaan zich vanavond voor de 324e keer laten kronen tot de Koningen van de
Hiphop. We moeten van een aangetrouwde neef van de moeder van DJ Master Jay allemaal onze handen in de air van you
just don't care. Hopla, een woud van handen. Het altijd moei-
lijke Nederlandse publiek heeft er zin in vanavond. Ja, dit is de
echte shit. We krijgen er goed van langs, reptielen als we zijn.
Het is nog steeds niet loud genoeg. Die rare meneer met al die
gouden tanden can't hear us. Nog steeds niemand op het podium. We zijn tien minuten onderweg. We moeten nu jump
jump jump en steeds maar weer louder van hell yeah en dan
tegelijkertijd with the arms from side to side. Niet te doen wat
die vogel aan ons vraagt. Als hij 'frogjump' roept, bedenk ik
me, dan ga ik het meemaken, zevenhonderd uitzinnige bezoekers in hurkzit achter elkaar aanspringend in een kikkerpolo-
naise richting garderobe.

Het komt er niet van. Het is tijd voor Master Jay. Hij zet de
plaatjes op bij Run DMC en drukt op de knop van de tapere-
corder. Master Jay is niet blij met ons. We storen hem bij de
uitoefening van zijn beroep. We zijn een stelletje bitches bij
elkaar. Zo een klootzakken heeft hij nog nooit bij elkaar gezien. We zijn twintig minuten onderweg. We roepen voor de
veertiende keer achter elkaar dat hij Master Jay is. Of we de
rest van Run DMC ook op het podium willen? Ja, doe maar, we
zijn er toch. Dat is niet genoeg. Smeken moeten we. Het geluid is volkomen kut. In twee bekertjes met een touwtje ertussen zit meer bas. De zaal ontploft.

Twee mannetjes met hoedjes op en behangen met geinige
Adidashebbedingetjes komen het podium op. Het dikke

mannetje met het hoedje is niet tevreden. De zaallichten gaan aan. Is hij iets kwijt? Nee, hij wil zien wat voor pricks hij vanavond nu weer in de zaal heeft staan. Dat valt hem niet mee zo te zien. Hopla, weer die handjes in de lucht. BZN voor zwarten, meer is het niet. O vreugde, o geluk, er blijkt een aparte roadie te zijn die de hoedjes in de gaten moet houden. Het dikke mannetje gooit steeds heel wild zijn hoed over het podium. De hoedjesroadie moet die zo snel mogelijk zoeken. Midden in het eerste nummer, een mensonterend slechte uitvoering van 'It's like that' met, godbetert, die vreselijke eurohouse eronder, wordt de beat onverbiddelijk gedropt. Het hoedje is kwijt. Paniek. Zaallichten weer aan. Armpjes over elkaar. Het is onze schuld dat de hoed kwijt is. Waar is de moederneukende hoed? Hij speelt niet door als het hoedje niet gevonden wordt. We voelen ons schuldig. Eigenlijk is het ook geen doen, als je normaal gesproken met een hoed optreedt, dat beseffen we opeens wel. De roadie heeft de hoed gevonden. Hij lag achter de motherfucking platenkoffer van Master Jay. Met tegenzin spelen ze door.

Master Jay wordt nog steeds, ook tijdens het optreden, terzijde gestaan door zijn platenslaaf. Jay heeft het lekker voor elkaar. Hij hoeft zelf niet meer de plaatjes te verwisselen. In een moordend tempo legt zijn zwarte lakbediende de goede platen neer terwijl Master Jay, zaallichten weer aan graag, turn the fucking lights up, motherfucker, uitzoekt welke strakke Nederlandse doos hij zo direct, met behulp van de aparte fallusroadie wreed gaat exploiteren. Alles tiptop geregeld. Er is een speciale roadie in dienst die naar gelieve heel voorzichtig de geslachten van Run DMC inbrengt bij blonde vrouwen. Te belazerd om zelf te mikken. Na het zo lusteloos mogelijk klaarkomen wordt het lid gedroogd, gepoederd en ligt er een schone onderboek klaar.

Na vijfendertig minuten is het genoeg geweest. Er plopt nog iemand met zijn wangen vlak voor een microfoon een vette basedrum en dan zijn ze weg. Ik schat dat er bij elkaar een minuut of twintig is gerapt. Het verloten van een T-shirt met handtekeningen duurde ongeveer een minuut of tien.

Run DMC, don't believe the hype.

Ballonvaart

Jammer. Het lichaam van Adelir de Carli is teruggevonden. Adelir de Carli was de Vliegende Priester die, hangend aan duizenden met helium gevulde ballonnen, vanuit Brazilië opsteeg, zwaaiend aan de horizon verdween en daarna nooit meer werd teruggevonden. Dat had wel wat. Ik vond het een van de fijnste vermissingen ooit. Veel beter dan de vermissing van Steve Fossett, die tijdens een van zijn miljoenen kostende pogingen om in een luchtballon de wereld rond te reizen van de radar verdween. Een beetje ordinaire verdwijning, iemand die in een aluminium capsule met een racestuurtje in zijn hand het Chinese luchtruim binnendendert.

Nee, dan Adelir de Carli. Aan ballonnen. Als een vergeten gedichtje van Annie M.G. Schmidt. 'Heb je het al gehoord, heb je het al vernomen, Adelir de Carli is door wolken meegenomen.' Mooier kan niet. Een klassieke Tom en Jerry-verdwijning. Dom kijkend aan een ballon het beeld uit waaien. Alles klopte. Het was een protestactie uit solidariteit met vrachtwagenchauffeurs. Logisch, om je dan vast te binden aan tweeduizend ballonnen. Doe dat in Nederland ook meer, surrealistisch protesteren. Overdekt met babi pangang drie dagen uit een open raam hangen voor de mensen van wijkcentrum De Regenboog.

Ik had wilde fantasieën over Adelir de Carli. Hij leefde nog en voedde zich met op zijn schouder landende albatrossen. Volgens mij had hij het wel naar zijn zin. Dichter bij God aan een tros ballonnen. Lekker zweven. Af en toe iets naar beneden roepen. 'Hé, jij daar, ja jij, ik heb het tegen jou. Nee, boven je. Wel goed geloven hè!' En weg was hij alweer.

Dat soort fantasietjes. Ik zou hem zo graag over hebben zien komen, als een eenmanszeppelin. Daar komt hij. Het dagelijks leven valt even stil. Een reiger kijkt op. Nergens wordt meer kaas gemaakt. Adelir de Carli drijft voorbij. En opeens geloof je in iets.

Nu is hij gevonden. Een of ander verhaal over DNA en kleding. Dat interesseert me niet. Ik wil lezen dat er gekleurde ballonnen om hem heen werden gevonden en dat een bepaalde zeevogel niet van zijn ontzielde lichaam wilde wijken.

Het slachten van een gnoe

Reerug, dat had ik al een tijdje niet gegeten. Nooit eigenlijk. Wel veel over gehoord. 'Reetruggetje al besteld, pik?' had Reet mij door de telefoon gevraagd. 'Natuurlijk, gek. Dijkshoorn heten en dan niet een ruggetje afkluiven met Kerst, hé, je hebt het hier over de Wildkoning van Amsterdam! Heb je al besteld... wat een vraag man. Mijn ree had ik een half jaar geleden al op de korrel. Lekker laten dartelen, daar worden ze mals van. Heel belangrijk, dat die spieren volstromen met moederliefde en dan, pang, tussen de ogen, met een handbijl, dat is bekend.'

'Heb jij een dode besteld?' vroeg Reet. Snel herstellen. 'Ja, als ik gek was ja. Thuis slachten, ik weet niet beter. Dan komen de buren er gezellig omheen staan. De een snijdt een kalkoen aan met Kerst, maar ik ben meer een gezelligheidsslachtertje, weet je wel, beetje dat bloed in het riool laten wegstromen, met spelende en springende kinderen eromheen, een volksfeest, dat soort werk, begrijp je?'

Ja, dat begreep hij wel.

Paniek. Kut, hoe kwam ik een dag voor Kerstmis nog aan een beetje fatsoenlijke reerug? Ik kon op de gok door de Veluwe gaan rijden en hopen dat ik er eentje op mijn voorkap

kreeg, maar dat leek me te omslachtig. Ik moest ook een levende hebben, want Reet kwam kijken, dat was nu al zeker.
Bellen. In heel Noord-Holland was geen ree meer te krijgen.
Eenden in overvloed. Een nog levende wisent lag er ergens in
Scharwoude langzaam dood te gaan. Was niks. Een oude gnoe
in Paterswolde. Niks. Doorbellen. Radeloos werd ik. Ik kon
binnen een kwartier een vrachtschip vullen met uitheems
wild. De slachtark van Noach. Ik had er geen moer aan. Een
levende ree, dat moest toch godverdomme te doen zijn. Niet
dus. Dat had ik! Dat zou me niet gebeuren dat Reet mij met
vier in ham gerolde stukken meloen aan zou treffen. Hij had
me al eens een keer betrapt op het eten van Tong Picasso en
dat hoorde ik nu nog. 'Vis met vruchtjes uit blik, Dijkspik,
lekkerder is er niet,hahaha.' Ik pakte de telefoon. 'Die gnoe,
hoeveel moest die kosten?'

Negenhonderd euro, maar dan had ik wel wat. Heel aan-
hankelijk was hij. Als je gnoe riep kwam hij aandraven. 'Echt
een schat van een dier, meneer.' Zet hem maar klaar met een
touw om zijn nek, en leg niets op zijn rug. Niemand meer op
laten zitten. Ik kom eraan.' Mazzel dat ik een bestelbusje van
de zaak had. Op naar Paterswolde.

Niets te veel gezegd. Het was een topgnoetje, dat zag ik meteen. Mooi recht op zijn hoeven. Hij had die typische weemoedige gnoe-uitdrukking die bijna uitnodigt tot slachten. Je kan
het gewoon niet aan, de verzamelde droefheid in een gnoehoofd. Je helpt ze eigenlijk door ze uit hun vel te stropen, zo
voelt dat bij gnoes. Godverdomme, het was wel een grote zag
ik, nu ik iets dichterbij kwam. Paste die wel achter in het busje?
Moest net gaan lukken. 'Hij heet Gerrit,' zei de huilende eige-

naresse naast mij. Het viel haar duidelijk zwaar om afscheid te nemen van haar huisgnoe. Zo veel vreugde had hij gebracht. Ongeduldig luisterde ik naar een hele rij verhalen over Gerrit, hoe hij mee was geweest op vakantie naar Spanje en hoe hij 's avonds bij het zwembad de harten van alle campinggasten had gestolen door in een gebreid zwembroekje mee te spartelen in het gezinszwembad.

Nu konden ze hem niet meer verzorgen. Geen geld voor eten. Ze was blij dat Gerrit zo goed terechtkwam. Ik was een goed mens, dat had ze meteen gevoeld. Ik voelde ondertussen aan Gerrits ribben. Lagen lekker in de hand. Dat kwam wel goed.

'Nou, we gaan hoor,' zei ik. 'Anders wordt het alleen maar moeilijker. Kom maar Gerrit, ga je mee met je nieuwe baas?' Gedwee klauterde hij mijn busje in. Paste inderdaad net. 'Zwaai nog maar even naar het vrouwtje. Daaaag, bedankt hè, voor alles.' Ik rekende af en reed weg. Geen tijd te verliezen. Als ik hem over een uur had geslacht kon zijn rug nog mooi een kwartiertje besterven en dan kon ik ondertussen *Studio Sport* kijken. Achter in de auto begon er blijkbaar iets door te dringen tot Gerrit. Alsof ik de F-side naar Amsterdam reed na een verdiende nederlaag tegen Feyenoord. Af en toe dook het angstige gnoehoofd op in mijn achteruitkijkspiegel. Bijbels bijna. Zo moest Jezus hebben gekeken vlak voordat ze hem aan het kruis nagelden. Ik kwam al lekker in een kerststemming. Ik draaide het woonerf op.

Ik parkeerde achteruit tegen mijn huis aan. Kijken of ik dat dollemansgebeuk kon neutraliseren. Ik stapte uit en keek door het ruitje. Ja, jij bent een gnoe hè, nou en of, Gerrit, je bent thuis hoor, ouwe gnoe van me, kom maar.' Hij verzette geen stap en keek me van achter uit het busje dreigend aan. 'Dood gaan we allemaal, gnoe. Stel je eens voor, nooit meer op je benen te hoeven staan, nou dan, kom eens hier.' Dit ging niet werken. Ik moest achter hem zien te komen en hem dan, door mijn huiskamer heen, naar de tuin proberen te krijgen. Heel voorzichtig, alsmaar rustgevende gnoeconversatie prevelend, sloop ik langs zijn flank. Ik duwde. Geen beweging in te krijgen. Nog een keer. Mooi ruggetje, dat wel, zag ik uit mijn ooghoeken.

Opeens beweging, veel beweging. In volle draf viel Gerrit, slippend met zijn achterpoten, mijn gangetje in. Opstaan. Hij trapte twee keer naar achteren. Spiegel aan stukken en een gat in de wc-deur. Ik volgde in paniek. Kut, hij was al in de woonkamer. Zijn achterlichaam smakte tegen mijn televisie aan, hopla daar ging hij alweer, in volle draf in de richting van de keuken. Gnoe op drift, de nieuwe film van Attenborough. Steeds als ik dacht dat de paniekaanval zijn hoogtepunt wel had bereikt, volgde er weer een nieuwe krankzinnige pirouette van de gnoe en kwam hij met dollemansogen recht op mij af gestoven. Snel opzij! Daverend dreunde hij de buffetkast binnen. Door het raam zag ik de buren nu angstig naar binnen kijken. Was Dijkshoorn weer zelf vuurwerk aan het maken? Ik probeerde, snel, geen tijd, ze met gebaren duidelijk te maken dat er een gnoe door mijn huis holde, maar tevergeefs. Midden in een wanhopig gebaar werd ik vol in mijn zijkant gebeukt. Alsof ik meespeelde in *The Gnoe 3*. Ik raakte in paniek. Wat had ik in godsnaam in huis gehaald. Razend viel de gnoe nu aan op mijn chromen ijskast, waarin hij door de spiegeling een concurrerende gnoe meende te zien. Territoriumdrift gooide nog eens wat olie op het vuur. Ongekende krachten kwamen er in Gerrit naar boven. Hopla, daar gingen mijn keukenkastjes. Ik stond machteloos. Deze wervelwind slachten was onmogelijk. Je kon net zo goed een kolibrie met een slagersmes uit de lucht proberen te slaan, zo beweeglijk was dit beest. Uit laten razen, er zat niets anders op. Ik ging even sigaretten halen.

Ik liep terug naar huis. Aan het eind van de straat zag ik een kleine menigte verwachtingsvol naar de horizon turen. Ja, daar kwam ik aan. Opluchting. Een vrouw kwam naar me toe hollen. 'Hij is door uw raam heen gesprongen, uw gnoe, hij staat in uw tuin.' Kijk, sommige problemen losten zich vanzelf op. Ik sprak de buren en buitenlui toe. 'Mensen, lieve mensen, ga naar huis. Geef elkaar liefde, geniet van het leven, het is maar zo kort. Wat zal het u rotten dat de boerenkool alweer iets duurder is? Mensch durf te leven. Kijk naar deze gnoe. Onwetend van zijn lot dartelt hij nu door mijn tuin. Hij leeft in het hier en nu. Zijn wij eigenlijk niet allemaal gnoes, mensen?' 'Jaaaaa,' werd er teruggeschreeuwd. Er ontstond bijna vanzelf de sfeer van een zwarte kerkdienst, maar dan voor blanken. Ik groeide in mijn rol. 'Ja mensen, gnoes, ik zeg haaaaaaaaalllllleeeeeeeeluja, want God kwam op aarde en zei, kut wat is het hier ongezellig, weet je wat, ik ga wat scheppen, en die oude motherfucker begon zo uit de losse pols wat weg te scheppen. Moet je net God hebben. Bosje hier, zuurstof daar en hij gaf ons ook het winkelcentrum en de kortingskaart. Is dat godverdomme mooi of niet?' 'Jaaaaaaaaaaaaa,' klonk het uit vele kelen. Ik zat goed onder hun huid. 'Maar mensen, God, die ook niet achterlijk was, die schiep toen de gnoe. Hij had nog wat schepklei over en hij dacht, kan mij het rotten, ik kneed nog een beest. En daarom is deze gnoe in mijn achtertuin een teken van Hem dat het allemaal anders moet. Hij, God, Ome Arie uit de Hemel, Koning Schepijs lult tegen ons, via de gnoe, jaaaa! Scheur uw vrouw weer eens ouderwets uit haar jurk vanavond en vraag u morgen verbaasd af waar die spierpijn in uw dijen vandaan komt, want we zijn maar een... gnoe. Doe die rode broek weer eens aan waar uw ballen zo goed in uitkomen want...' 'We zijn maar een gnoe,' antwoordde de menigte. 'Ja, ook Arafat, Bin Laden en Carlo Boszhard zijn allemaal gnoes, alleen weten ze het nog niet. Nou, Boszhard heeft een vermoeden maar die ontkent het. Leef nu, zorg later, wees een gnoe.'

Ik deed alsof ik kort flauwviel. Bevangen door de diepreligieuze gedachte die ik aan het verwoorden was, of zoiets. Ik herstelde me snel. Ja het ging alweer. In een korte flits, legde ik uit, had ik heel duidelijk gezien wat de zin van het leven was. Daar was men wel nieuwsgierig naar. Wat dat dan was. Helaas, ik kon het me niet meer herinneren. Het was iets met veel lachen maar ook huilen en ook veel wachten en daar op een bepaalde manier bij kijken, maar ze moesten me er niet op vastpinnen. Ik had ook heel duidelijk een zuurkoolschotel gezien, maar wat je daar dan mee moest doen was me niet duidelijk geworden. 'Helaas, mensen. Dat was het,' zei ik. 'Ik ga de boel een beetje opruimen. Goedenavond.'

Wat een tyfuszooi binnen. Alsof er een gnoe door mijn huis was gegaan. Dat ruimde ik later wel op. Eerst Gerrit slachten.

Die irriteerde me een beetje. Hij stond me, met zijn neus tegen het glas, heel weemoedig aan te kijken. Hij wilde zo te zien weer vriendjes worden. De kolere voor hem.

Vriendjes. Ik belde Reet. 'Reet, luister eens, over die reerug, ik heb hem binnen, maar het is een ree die ik niet ken, met korte hoorns. Ik geloof uit India op doorreis naar het poollicht en blijven hangen in Nederland. Ik dacht, als we hem nu samen slachten, dat is misschien wel lachen. Muziekje erbij, beetje uitchillen en dan tussendoor die rug van het lichaam scheiden.' Leek Reet wel wat. Hij was al onderweg. Slachten zat hem in het bloed. Op zijn Vespa reed hij met een elektrische slachtverklikker door het land. Permanent contact met een slachtsatelliet. Hij miste niets, Reet. Een boer in het noorden des lands hoefde zijn slachtoverall maar uit de kast te trekken en Reet zat al met een bevroren voorhoofd op zijn scooter. Ik besloot alvast iets voor hem in te schenken. Terwijl ik wat gin in een glas goot, keek ik naar Gerrit. 'Ja, Gerrit, ook jij bent een gnoe, hallelujaaaaaa. Geniet er nog maar even van.' Buiten hoorde ik de herkenningsmelodie van *The Sopranos*. Reet zijn geprogrammeerde mp3-scootertoeter. Het feest kon beginnen.

'Waar is die gnoe, hij leeft toch nog wel, dat is belangrijk, Dijkspik, dat hij nog leeft en zo direct dus niet meer, maar nu nog wel, toch?' Reet ging duidelijk niet op de Partij voor de Dieren stemmen. 'Ha, daar is hij!' Reet zag hem in de tuin staan. De gnoe voelde zich blijkbaar al iets beter thuis. Hij stond verbaasd aan een krat bier te ruiken. Reet maakte er geen half werk van. Hij gaf de gnoe een ongenadige trap onder zijn hol. 'Luisteren gnoe!'

'Hij heet Gerrit,' kwam ik voorzichtig tussenbeide. 'Gerrit heet hij.'

'Volgende keer gaan we weer eens over je opa lullen Dijkie, maar eerst die gnoe door zijn knietjes. Meneer Gnoe denkt lekker een beetje op onze kosten te kunnen vreten en drinken hier, maar dan kent hij Reet niet. Als ik ergens een pleurishekel aan heb dan zijn het wel profiterende dieren. Hamsters die hun eigen hok netjes opruimen, oké. Maar een beetje dom gaan staan wachten tot je een keer doodgaat, daar help ik graag een handje bij. Hè, wat jou, kutgnoe? Nou, meteen beginnen maar, pak jij even die priem,' zei Reet. Potverdomme, ik had spijt als haren op mijn hoofd. Misschien maakte die gnoe tijdens het sterven wel bepaalde heel harde gnoegeluiden wat dus helemaal niet zou heersen naar de buren toe. Je wist het niet met dieren. De een stortte zwijgend ter aarde en andere dieren maakte er echt werk van, creperen. Ooit hadden Reet en ik in Den Helder een Duitse varaan uit zijn lijden verlost. 'Te koud voor jou, Reptiel van Piel,' had Reet gemompeld en hopla, daar was het speciale varanenknuppeltje al tussen zijn ogen geland. Wij naar huis en later hoorden we pas dat de varaan ons tot ongeveer Alkmaar, hollend naast de auto, was gevolgd om daarna gesloopt te sterven op het dorpsplein van Ruivel.

Dat zou ons nu niet gebeuren. Hij kon geen kant op, Gerrit. 'Zo Gerrit, we gaan je even dunschillen, aardappel met haar,' zei Reet en voordat ik er erg in had viel hij met de priem aan op de gnoe. Reet had duidelijk te veel naar de Crocodile Hunter gekeken. Terwijl hij als een dolle toestak hing hij met zijn voeten om de hals van het beest heen. Net als Tarzan probeerde Reet zijn nek te breken. 'Geef dekking Dijkshoorn, dekking,' riep Reet, net toen de gnoe een zeer onverwachte snelle hoofdbeweging maakte en hopla, daar smakte Reet midden in mijn tuinameublement.

Dat viel niet echt lekker. De gnoe stond zwaar ademend midden in de tuin. Hij was nogal gehecht aan zijn vlees. 'Leid jij hem af, dan finish ik hem.' Ik probeerde de gnoe naar me toe te lokken met typische gnoeprovocatietjes terwijl Reet om hem heen liep. Pang, daar hing hij alweer op zijn kont terwijl hij stevig toestak. Zo te zien was er een halsslagader geraakt. Reet raakte door het dolle. Wat deed hij nu? Hij sleurde het tegenspartelende lichaam langs mijn schutting en nu zag ik pas wat hij deed. Het bleef een kunstenaar in hart en nieren, Reet. Met het spuitende adertje was hij lekker freestyle mijn schutting aan het airbrushen. Een prachtige tekening van Recycle Dog zag ik en Retecools logo stond ook al over de hele lengte heen.

Opeens liet hij de gnoe los. 'Wij gaan even *Studio Sport* kijken, rammer? We komen je zo slachten.' Daarna moet er iets mis zijn gegaan. Iets met een vriend die opbelde of we meegingen naar Vlieland voor een verzorgde vakantie potvis spotten. Snel wat spullen in een tas geflikkerd en wegwezen.

Ik kwam vanochtend thuis en trof Gerrit, prima geconserveerd door de koude, in mijn tuin aan. Poten stijf omhoog. Lekker kut, want je mag bevroren vlees nooit een tweede keer invriezen.

Ontvrienden

Ontvrienden is het woord van het jaar geworden. Ikzelf vind het een heel lelijk woord. Fantasieloos, zoals meestal bij woorden met ont ervoor. Onthaasten bijvoorbeeld, ook al zo'n luguber woord dat vreselijke beelden oproept. Mannen met stropdassen en maatpakken die opeens op een bankje in het park naar vogels zitten te kijken. Ontharen, zeg het woord en je voelt de pijn. Daar sta je als wanhopig moderne man in de badkamer, met je veel te jonge vriendin in de woonkamer. Je kijkt nog een keer naar je vertrouwde schaamhaar, voordat je met een korte ruk de hele boel in één keer van je ballen jast.

Ontvrienden heeft iets gekunstelds. Ik vind dat hoofdpersonen uit de boeken van Voskuil het veel mooier zeggen. 'Luister, vrind, we hadden een mieterse tijd, maar hierbij zeg ik je de vriendschap op. De manier waarop jij mijn fiancee hebt bejegend duid ik je euvel, amice!' Dat klinkt beter dan: 'Rob, je bent een moederneukende player. Ik ontvriend je.'

Je kunt ze zo bedenken, de toekomstige woorden van het jaar. Ontalcoholiseren. Ontarming van de derdewereldlanden. Ontlevenden van zieke geiten. Ontrijden met negenhonderd kilometer file voor je neus.

Ik vind het te makkelijk, nieuwe woorden maken door er

ont voor te zetten. Het is net zoals met antichambreren. Een laks woord. Laten we er anti voor zetten, dan zijn we klaar. Ik houd van heel andere woorden. Knoflookboertje, dat vind ik nou een leuk woord. Dat roept tenminste iets op. Lekker met een stokbrood op je rug langs een weg scharrelen, op zoek naar knoflook, om er thuis royaal een varkenskop mee in te smeren. Frans bezig zijn. Orgaanboertje vind ik ook mooi. Een mannetje met een snor, achter een marktkraam vol met ingewanden. Pensbakker, ook een schitterend woord.

Knoflookboertje loopt lekker als woord. Dat is ook belangrijk. Ont, dat spreek je niet lekker uit. Herenkapper, dat is pas een woord. 'Schat, waar ga je naartoe?' 'Ik heb een afspraak bij de herenkapper, lieverd.' Ook hier roept het woord een complete, bijna vergeten wereld op. De herenkapper. Geen vrouw te bekennen. Die laten zich maar ergens anders knippen. Bij een dameskapper bijvoorbeeld. Zes mannen naast elkaar met een tijdschrift. Je luistert naar de man die wordt geknipt. Hij vertelt over zijn werk. Hij verkoopt open daken. Slechte tijd nu, voor open daken. De herenkapper knikt. Hij houdt een spiegel achter het hoofd van de opendakenverkoper. Zes mannen kijken mee. Iedere keer weer spannend. De man knikt. Zes mannen lezen door.

Dat soort zaken heten nu allemaal Hairexperience Galore. Tijdens het ontharen van het hoofd zitten ontremde mannen op hun ontdraade laptop hun followers te ontvrienden. Dat vind ik ontluisterend.

Schwarzman im Tiefschnee

Deze winter was ik in Krausbach am Wiedersee, een plaatsje iets ten zuiden van Schauklavier am Kubbenstrasse, om te snowboarden. Op weg naar de piste zag ik opeens een Oostenrijkse boer door de sneeuw hollen. Schreeuwend. Verder niets bijzonders. Doen ze meer, Oostenrijkse boeren. Onbeperkt schnitzels vreten en daarna naakt met het hele gezin om een berg heen hollen, dat vinden ze fijn. Dat zijn andere gewoontes en die moet je respecteren. Zo vinden Zwitsers het bijvoorbeeld heel fijn om elkaar met een natte theedoek op de dijen te slaan. Daar moet je die mensen vrij in laten. Maar deze boer maakte er echt werk van. Hij bleef maar door de sneeuw cruisen. In heel onvoorspelbare patronen. Dat vond ik al raar. Meestal weet je wel, ja nu gaan ze naar rechts en dan komen ze daar zo weer tevoorschijn, maar bij deze boer was er geen peil op te trekken. Ik heb zeker anderhalf uur staan kijken. Kwam hij opeens weer schreeuwend achter zijn huis vandaan, klapwiekend met zijn armen door de stuifsneeuw en dan verdween hij achter een bos, een hoop gerommel en gedoe en verdomd daar had je hem alweer, volkomen krankzinnig met zijn broek aan flarden aan de bosrand.

Na anderhalf uur stond hij opeens stil, midden in het open

veld. Ik wachtte even om te kijken of er nog beweging in zat. Nee. Mooi hoe hij daar stond na te dampen in de sneeuw, met een dikke korst bevroren slijm in zijn baard. Hij stond met zijn hoofd naar beneden te hijgen. Ik naderde hem behoedzaam. Dit was geen normaal boerengedrag. Dat was een gezinsactiviteit en meestal hielden ze hun kleding aan. Deze Oostenrijkse boer stond met vier repen stof aan zijn kont te trillen in de sneeuw. Angst was het, wat hij voelde, dat zag ik nu heel duidelijk. Ik was hem tot op enkele meters genaderd en hoorde nu dat hij onophoudelijk dezelfde tekst prevelde. Zijn kapotgevroren lippen vormden steeds maar weer dezelfde woorden. 'Schwarzman in Tiefschnee. Schwarzman im Tiefsnee…' Dat was geen merk skikleding. Ook geen geheim recept voor paneermeel. Nee, aan zijn verwilderde blik zag ik dat het menens was. Deze man had iets vreselijks meegemaakt.

Ik deed mijn arm om hem heen en probeerde hem weer in de Oostenrijkse modus te lullen. 'He, ouwe bosneuker, hoe is ie? Hijgend hert, hoe denken we erover, gaan we nog typisch Oostenrijkse dingen doen vandaag of hoe zit het? Lekker met hele dorp meezingen op Duitse marsmuziek, of een stevig potje nazikaraoke?' Zelfs dat maakte niets bij hem los. Gek, want daar waren ze normaal gesproken dol op. Ik probeerde nog een keer met hem te connecten. Ik drukte hem goed tegen me aan. 'Luister oude rammer, jullie hebben hier sneeuw en zo en dat is toch mooi? Ja toch want het valt allemaal zo maar gratis en voor niets uit de lucht en als je die sneeuwkristallen onder een microscoop legt, dan weet je niet wat je ziet dan denk je, ja er moet meer zijn, maar wat? Dat heb ik vaak, jij niet? Dat je kijkt naar bepaalde dingen en dan denk je, ja er moet meer zijn. Ik heb dat vaak. Kijken, kijken, kijken en verdomd, ja dan denk ik er moet meer zijn. Want even goede vrienden, Kapitein Snotbaard De Eerste, als ik je zo mag noemen, maar als je hier om je heen kijkt dan moet je godverdomme blij zijn dat er sneeuw overheen ligt. Wat een tyfusland man. Hou op schei uit. Met bergen. Ja, nee, daar moet je trots op zijn, die kutbergen. Ik zeg van de week nog tegen Rita, ik zeg...'

Ik werd opeens onderbroken door een ijselijke gil. De halfnaakte zonderling vlak voor me begon over zijn hele lichaam te trillen. Hij schreeuwde het uit. 'Schwarzman im Tiefschnee, Schwarzman im Tiefschnee' en hij wees naar iets achter mij. Hij schreeuwde. Ik draaide me om en zag hem toen voor het eerst. De snowboardende neger. Een glimp. Hij maakte een korte bocht en verdween achter een rotspartij. De boer naast me klampte zich aan mij vast. Hij huilde met lange uithalen. 'Schwarzman oder... Schwarzman, oder...'

De snowboardende neger... Het was dus toch waar. Natuurlijk had ik ze gehoord, de verhalen. Ik kende de foto's. Het Italiaanse Snowboardmagazine *Tutto Bruto* had twee jaar geleden voor het eerst melding gemaakt van de neger. De Sneeuwneger werd hij genoemd. Een vaag verhaal van een Italiaanse ooggetuige. Hij had op de westflank van het Riebelmassief, kilometers boven de boomgrens, een zwarte gestalte waargenomen. Op een board. De foto's hadden mij toen niet overtuigd. Knullige foto's met Italiaanse bijschriften en getekende pijltjes. Niet echt iets om serieus te nemen.

Ik was hem alweer vergeten, tot ik een foto zag in mijn favoriete snowboardblad *White Powder*. De neger was weer gesignaleerd, dit keer boardend op een gletsjer net ten oosten van Laberbach.

Het begon me een beetje te irriteren, dat verwende Jeti-gedrag. Vermoeiend. Waarom kwam hij niet even die helling af. Interview over de slechte wintersportomstandigheden in Senegal, even scherp op de foto met zijn handgesneden snowboard en dan ging iedereen weer lekker door waar hij mee bezig was. Nee, dat moest dan steeds als een flits voorbijkomen en op schimmige foto's figureren. Beetje offshowen vond ik het. Hij was het afgelopen jaar nog maar drie keer gesignaleerd. Midden in een sneeuwstorm had een Oostenrijks echtpaar hem met een enorme zak onbekend materiaal op zijn rug langs een flank zien glijden. Een Duits stel had hem op hoge snelheid voorbij zien komen en had geprobeerd een foto met hun telefoon te maken. Ook niet erg overtuigend.

De laatste melding kwam uit Mittelstein am Frisenhove waar men hem in de plaatselijke supermarkt drie blikken goulashsoep en een Oostenrijkse krant had zien afrekenen. Volgens de caissière ging het om een snowboarder met een negroide uiterlijk die herhaaldelijk had gevraagd hoe soep moest worden opgewarmd. Volgens een klant had de neger in de rij de strips in de krant staan lezen en had hij erg moeten lachen om een cartoon van Daupi, een heel cynisch Oostenrijks hertje die dingen precies zegt zoals ze zijn. Daar kon die neger wel om lachen.

Daarna was het lang stil geweest. Nooit meer iets over gehoord. En nu zag ik hem van mij af boarden, in de richting van Menschheim Bügelbotte. Het deed me iets. Hij maakte iets in mij los, net als bij de trillende boer naast mij. Hoewel ik het liever niet toegaf raakte deze neger mij diep in mijn ziel. Hoe hij daar verscheen en weer verdween. Het had iets schitterends. Snowboarden tot de essentie teruggebracht. Geen poeha, geen merkkleding. Alleen die berg en jij. Glijden. Ik was eigenlijk vergeten hoe mooi snowboarden kon zijn. Natuurlijk, als je met je board onder je arm een bar binnenkwam en je lag binnen twee minuten keihard een Duits wijf tussen haar benen te schneekubeln, dat was ook een waardevol aspect, maar wat mij zo raakte aan deze neger was de eenvoud. Het totale gebrek aan werelds verlangen. Hij met zijn witte voetzolen op die plank. Ik wilde hem ontmoeten. Al moest het me alles kosten.

Ik vroeg wat rond in de omgeving. Lastig. Wat ik ook vroeg, ze begonnen te lullen over de komende braderie in Wiessernatt waar Ziko Gunther und die Gunthers zouden optreden. Bleven ze maar over doorzagen, dat ik ook moest komen en dat er op oud-Oostenrijkse wijze worst zou worden gemaakt en dat natuurlijk aan het einde van de avond een willekeurige hotelgast in brand zou worden gestoken. Over de neger wilden ze het niet hebben. Moest ik bij de oude Bruno zijn. Die had hem twee weken geleden gesproken.

Oude Bruno, een zwakzinnige veehouder die net buiten het dorp woonde. Daar zat ik net op te wachten. De laatste keer dat ik bij hem was langsgegaan, omdat hij de ideale samenstelling zou hebben voor een bijenwas die ik onder mijn board kon smeren, had ik zes uur lang zitten luisteren naar de receptuur van wittebonensoep met stukjes schapenpens erin. Toch twijfelde ik geen moment. Ik moest de verblijfplaats van de neger weten. Ik wilde hem spreken. Ik voelde dat hij mijn leven zou doen kantelen. Een nieuwe richting geven. Oude Bruno was blij me te zien. Hij had net een zak judenholz in Wansee gekocht. Als een baal hooi hing hij minutenlang in mijn armen en klopte me op mijn rug. Ik vroeg hem naar de snowboardende neger. Vreemd genoeg raakte hij er niet over uitgeluld. Bruno zag hem eigenlijk dagelijks. Een wonder was het. Vaak renden er nieuwsgierige dieren achter de neger aan. Zoiets hadden ze nog nooit gezien.

Bruno vertelde mij dat hij de neger gisteren nog voorbij had zien suizen met een roedel herten in zijn kielzog. Ja, hij vond het absoluut een verrijking voor de streek, deze neger. Ik onderbrak Bruno door hem keihard op zijn wang te slaan. Een andere manier was er niet. 'Bruno, waar vind ik deze snowboardende neger? Waar, Bruno, waar? Vertel me waar?' Ik begon een beetje te lullen als in een film merkte ik. Bruno maakte een vaag gebaar naar buiten. Hij wees naar de oostflank van de Stubelbanne. Nee, toch niet de Stubelbanne!

Niemand snowboardde op de Stubelbanne. Te gevaarlijk. Je gleed er een zekere dood tegemoet. Katy Dutsensniebel was de laatste die het had geprobeerd. Vrolijk zwaaiend was ze aan de afdaling begonnen en twee dagen later werd alleen haar schouder teruggevonden. Niemand kon hierop snowboarden. Dat bestond niet. Toch bleef Bruno het bij hoog en laag volhouden. Hij had de neger er regelmatig gezien. Er zat niets anders op. Ik moest zelf de helling beklimmen en de alleszeggende, haarscherpe foto maken.

Een dag later lag ik vlak boven de boomgrens in mijn sneeuwkleding te wachten. Ik mijmerde. Wanneer had ik mijn eerste neger eigenlijk gezien? Dat moest toch Kobeke Dakilu zijn geweest, de postbode in Grubbenvorst. Sidderend had ik in de gang staan wachten tot zijn zwarte vingers heel even achter de brief aankwamen. Nu wachtte ik op de snowboardende neger.

Opeens hoorde ik gezoef. Wegspattende sneeuw. Onmiskenbaar het geluid van een snowboard. Dit moest hem zijn. Steeds dichterbij. Ongelooflijk snel, zo te horen. Ik bracht mijn fototoestel naar mijn gezicht. Ik lag klaar. Zo te horen kwam hij over enkele ogenblikken de bocht om. Daar was hij. Een schicht. Wat een techniek. Ik zoomde in. Hij las een boek. Tijdens de afdaling. Ik kon een kreet van verbazing niet onderdrukken. 'Neger!' hoorde ik mijzelf heel hard roepen. Hij keek op. Er was oogcontact. Even viel alles stil. Geen dier sprak. Een deur piepte in zijn scharnieren. Sneeuw, de neger en ik. Meer niet. Ik drukte als vanzelf af, keek daarna snel boven mijn toestel uit en zag niets meer. Een lege helling. Geen spoor in de sneeuw. Alleen die immense stilte in het dal onder mij.

Eenmaal weer thuis verbeet ik de teleurstelling. Ik was zo dichtbij geweest. Ik startte mijn pc en downloadde de foto's van mijn SD-kaart. Een voor een verschenen ze op mijn scherm. De laatste foto verscheen. Wat was dat? Ik boog mij naar het scherm, keek en mompelde 'Schwarzman in Tiefschnee. Schwarzman im Tiefschnee...' Ik hield mijn hand tegen het scherm. Dichterbij zou ik nooit komen.

Zijn board. In de sneeuw. Ik barstte in huilen uit.

Lowlands

In de informatietent, vlak buiten het festivalterrein waar ik mijn polsbandje ophaal voor Lowlands, gonst het woord. Zoals het de hele week al gonst. Verrassingsoptreden. Het maakt me grimmig. In de aanloop naar Lowlands gaat het de hele week over niets anders. Het verrassingsoptreden van Them Crooked Vultures. Alsof ik godverdomme naar de intocht van Sinterklaas ga. Het genot van de exclusiviteit. Ik herken het.

Hoe vaak heb ik mijzelf niet schuldig gemaakt aan dit overbekende snobisme. Daar zat ik weer, ergens op een verjaardag, zo achteloos mogelijk te vertellen dat ik REM nog in Paradiso had zien optreden. 'Ik wist helemaal niet dat die Stipe zo een dwerg was joh. Ik stond een meter bij hem vandaan. Marc Almond, die wist nog niet eens dat hij homo was, toen ik naar zijn concerten ging.' Er is één optreden waar ik het hardst mee pochte en waar ik iedere kamer mee stil kreeg. Ik had Nirvana gezien tijdens Ein Abend in Wien in Rotterdam. En dan legde ik het maar weer eens uit aan allemaal lijkbleke potentiële suïcidalen, dat ik Kurt Cobain schuimbekkend had zien aanvallen op alles wat los en vast zat, helemaal murw gebeukt door de arty-fartysfeer die men in de Doelen te Rotterdam had proberen te creëren. Nirvana laten optreden, met uitzicht op een exacte kopie van een Duitse bierhal, dat was vragen om moeilijkheden.

Eigenlijk gingen die verhalen nooit over de muziek. Men wilde vooral weten wat voor shirt Kurt droeg, hoe hoog de bassist zijn instrument in de lucht had geworpen en hoe Dave Grohl nu in het echt was. Het ging vooral om de mythe. Kurt was er niet meer, maar wij wel. Dat gaf alles een zekere meerwaarde. Het gevoel een uitverkorene te zijn. Toen ik dat in de gaten kreeg, ben ik gestopt dat verhaal te vertellen. Het werd te pathetisch.

In de rij bij de polsbandjes wordt er ondertussen druk gesproken over het verrassingsoptreden. Omdat ik als artiest op Lowlands sta, ben ik de laatste dagen gebeld door mensen van wie ik al jaren niets meer heb gehoord. Al snel wordt duidelijk waarom. Misschien weet ik iets meer over het verrassingsoptreden. Is er onder de artiesten misschien iets uitgelekt? Ik besluit het spelletje mee te spelen. Ja, nou en of. Ik ben op de hoogte, maar kan en mag er helaas niets over zeggen. Wel weet ik dat er door een onbekende manager, via een niet te traceren lijntje uit Korea, is gevraagd om op Lowlands een kuil van exact veertien meter diep te graven. Waarom weet niemand. Verder schijnt er in Drenthe iemand te zijn gebeld door een Amerikaan, die binnen een week tijd 146 goedafgerichte gieren in een paars T-shirt nodig heeft. Op het festivalterrein, heb ik uit zeer betrouwbare bron vernomen, is enkele dagen geleden een man met een enorme baard gearriveerd, die de Grolsch-tent, waar het verrassingsoptreden zal plaatsvinden, voorlopig heeft afgekeurd. De tent heeft de verkeerde kleuren en het podium staat aan de verkeerde kant. De verrassingsact wil achter in de tent spelen, met het publiek vlak voor ze. Contractueel zou zijn vastgelegd dat tijdens de eerste vier nummers niemand mag omkijken. Als dat gebeurt, dan stoppen ze meteen, de verrassingsact. Verder heb ik via via gehoord dat de verrassingsact alleen maar mannen met baarden en geblokte hemden in het publiek wil. Mijn vrienden en vage kennissen doe ik een groot plezier met deze verhalen. Het maakt het te verwachten optreden nog specialer. En verdomd, zij zijn erbij!

Ik sta dit jaar voor het eerst op Lowlands. Een jaartje of zesendertig te laat en dan ook nog eens als dichter, wat nog net iets minder erg is dan als ballonenvouwer of shaoarmabakker, maar toch… Ik sta er. Het laat me niet onberoerd, op te mogen treden op de plek waar ik jarenlang zelf in het publiek heb gestaan. Wij spreken dan van een jongensdroom. Het optreden zal plaatsvinden in de Magneetbar. Als ik dat hoor, schrik ik. Ik kom al jaren op Lowlands en ken de Magneetbar als de plek waar heel egomaan Nederland zich verzamelt om elkaars reet te likken. Ik heb ze in de rij zien staan, de jaren daarvoor, volwassen mannen met een trillende vibrator op hun hoofd. De Magneetbar is *Te land, ter zee en in de lucht*, maar dan in een tent. Nijvere huisvlijt en je een jaar lang verheugen op dat ene moment: dat je verkleed als een lesbisch varken samen met je vrienden een liedje mag zingen over de drie biggetjes. Zo ken ik de Magneetbar. De postuum natte droom van Manfred Langer. Op veertig meter afstand staan de Arctic Monkeys te spelen, maar in de Magneetbar scheert men elkaars rug met een schelp. Niet echt het publiek dat ik normaal gespro ken voor me heb. Ik moet het hebben van de boeken lezende semi-intellectueel die verveeld achter in de boekwinkel plaatsneemt om dat mannetje uit DWDD nu eens in het echt te zien.

Onderweg naar de Magneetbar hoor ik Roosbeef het festival openen. Een woordspeling als bandnaam, dat is geen lekker beginnetje. Roosbeef is Ali B. zonder beat. Lekker klootzakken met woordjes, beetje rommelen met ideetjes. Roosbeef lijkt op Spinvis met een taalachterstand. Ik kijk, luister en word somber. Hoelang gaat dat meisje dit volhouden, lekker ongekunsteld en naïef de wereld in kijken? Dat houdt een keer op, een boterham met pindakaas smeren en daar met de stem van een kindmeisje over praatzingen. Eens kijken of Roosbeef, na drie dagen perstent en managers in haar nek, nog steeds zo onbevangen naar de buurvrouw kijkt als die de hond uitlaat.

Het tonen van mijn artiestenbandje en dan het korte knikje van de security, laat ik eerlijk zijn, het ontroert me. Daar sta ik, een te dikke man van negenenveertig jaar, in een broek die niemand meer wil dragen. De backstagemagie hakt er goed in. Eerder dat jaar trad ik op in Paradiso en ook daar kwam de emotie heel onverwacht, staand naast een strijkplank, vlak voor de trap waar duizenden helden naar boven zijn geklommen. Ik heb minuten naar de strijkbout staan kijken. Ik zag hem zo staan, Lemmy van Motorhead, even zijn broek nog strijken voor hij opging.

Achter de Magneetbar voeg ik me bij mijn bandleden. Die zijn overdonderd. 'Niek! Er zijn echte handdoeken! En water!' De aanwezigheid van witte handdoeken doet iets met mij. Stapels liggen er. En inderdaad, water. Zoveel als ik kan drinken,

want ik ben een artiest. Ik voel opeens de kracht van die ver-
wennerij. De verleiding! O, die fruitmand vol met banaantjes.
Alleen voor de artiesten. Een ijskastje met gekoelde drank. Ik
twijfel. Roosbeef, dat weet ik bijna zeker, die haalt hier haar
neus voor op. Die heeft haar eigen Hema-handdoek bij zich,
met zelf erin genaaide geinige tekstjes. De mannen van Moke
hebben waarschijnlijk een vrachtwagen vol met eigen handdoeken voor laten rijden en drinken uit Moke-waterflesjes met
een door Anton Corbijn ontworpen etiket. Ik voel aan een
handdoek. Mooi zacht. Een oerbeeld. Ik kijk er al een leven
lang naar en herken het. Ik, als publiek in de zaal. Het wachten
op de band. Een roadie komt op en legt op alle versterkers een
witte handdoek. Niet blauw. Dat is fout. Wit. Dan weet je: het
concert gaat bijna beginnen. Het licht gaat uit. Je ziet alleen de
rode lichtjes van de versterkers. Die magie.

Een dag later zie ik nog enkele jongens die goed hebben nagedacht over het beginnen van een concert. De mannen van
Moke. Zij beginnen hun optreden op Lowlands met een daverende orkestband. Het podium is leeg. Alleen het gesis van
rookmachines. Het geluid van violen en cello's. Dan komen
de bandleden op. Een voor een, zodat wij ze ook een voor een
kunnen toejuichen. Hier is over nagedacht. Opkomen, zwaai-
en, het instrument omhangen en wachten tot de laatste man
het podium op komt, in dit geval de zanger. Ik constateer met
tegenzin dat ik gruwel van deze theatrale opening. Zo begin je
een concert voor slachtoffers van een tsunami, of dit bedenk
je voor een boyband. Een momentje inlassen om de knuffel-
beertjes te kunnen gooien.

Ik zou graag iets anders hebben gevonden, ik doe echt mijn

best. Drie kwartier voor dit optreden heb ik namelijk een lang gesprek gevoerd met de gitarist van Moke, Phil Tilli. Hij spreekt mij, midden in de perstent, aan op een alinea tekst die ik twee dagen eerder op de website nu.nl heb gepubliceerd. Het gaat om het volgende:

Wat doe je als je je verveelt? Je luistert naar de nieuwe cd van Moke en je denkt, met een aardappelschilmesje tegen je pols, aan hun laatste videoclip. Helemaal opgenomen in het buitenland, met hun mooiste schoenen aan. Moke staat eigenlijk voor alles waar ik een rothekel aan heb in de popmuziek. Bestudeerde houding, van tevoren afspreken welke kleding je draagt en de kleur drumstel bij je overhemd kiezen. Moke, de enige band die muziek maakt die goed past bij hun schoenen.

Phil is aardig. Hij ziet er, zo vlak naast me, heel erg Phil van Moke uit. Zwarte kleding met mooi haar. Waarom ik zoiets schrijf, is de vraag. Waarschijnlijk omdat ik het vind, leg ik uit. Ja, maar hij herkent zichzelf daar helemaal niet in. Dat kan, zeg ik. De videoclip, hij heeft hem helemaal zelf bedacht. Ook de locatie. Ik leg nog eens uit dat ik er niet dol op ben, mannetjes in gesponsorde kleding, achter elkaar aanlopend door een woestijn. Dat begrijpt hij niet. Hij snapt niet waarom mensen zo kritisch zijn. Waarom moeten ze altijd Moke hebben? In Nederland mag je niet ambitieus zijn. In Nederland moet je optreden in een tuinbroek en je stilhouden. Dat ben ik met hem eens. Nederland heeft graag Roosbeef op zijn brood. Ik denk na over zijn vraag. Misschien komt het omdat de mannen van Moke in ieder interview uitleggen dat ze zo on-Hollands bezig zijn. Dat stoort. Doe dat gewoon, lul er niet over. Het gesprek begint wat raar aan te voelen. Alsof ik mijn zoon uitleg hoe je een condoom omdoet. Het voelt alsof ik Phil zo lekker onder de wol ga stoppen en zijn natte haar nog even kam. Het wordt te vaderlijk. We geven elkaar een hand. Daarna kijk ik naar de opening van hun concert en voel het onverbiddelijke gelijk langzaam door mijn aderen stromen.

Het zal dit weekend niet de laatste keer zijn dat ik word aangesproken op mijn Moke-stukje. Moke heeft blijkbaar de hele familie uitgenodigd. Verschillende familieleden spreken mij aan waarom ik zo naar over hun neefjes schrijf. Het zijn heel lieve jongens met gitaren en schatten van vrouwen. En Roosbeef, wat heb ik daartegen? Er wordt in de perstent veel gekust, op wangen. Als je volgend jaar weer in de perstent wilt zitten, moet je je dit jaar voorbeeldig gedragen in de perstent. Ik besluit er de komende drie dagen alleen nog maar te schijten en munten te kopen. Met zijn allen om een geroosterd varken heen dealtjes maken, ik hoef het niet te zien. Dan liever luisteren naar de gek die twee dagen lang, vlak voor onze vouwwagen, 'Let it be' van The Beatles staat te zingen.

Het dreigt de verkeerde kant op te gaan. Ik ben nu al een volle dag op Lowlands en ik heb nog niets gezien dat mij ontroert. The Prodigy, een bewegende sportschool op acid. Veel geram op de borst, veel gehol, veel breaks, geklap, het tonen van de geschoren oksels en dan alweer die strontvervelende beat erin laten klappen. Weer die golf van vlees door de Alfa. Lily Allen acteert een vroegzwanger Engels buurmeisje die zich, ondertussen gewoon doorrokend en zingend, door de hele Alfa-tent laat neuken. Lily Allen lijkt sprekend op Lzadra

Bvronici, een Servische houtbewerkster, die in 1957 veertiende werd tijdens het Eurovisie Songfestival. Zo klinkt ze ook. Twaalf uur naar het bloemencorso kijken is opwindender. De zangeres van Spinnerette, Brody Dalle, heeft vooral lekkere tieten en een goede zonnebril. Ik kijk een minuut of tien. Haar optreden voelt aan als een taakstraf.

Niets ontroert, niets raakt. Nog niemand zien huilen. En dan gebeurt het. Ik val als een blok voor Laura Manuel van Reverend and the Makers. Dat is een goed teken. Ik word altijd verliefd op musicerende rare vrouwtjes. En raar is ze. Prachtige bewegingen. Terwijl de muziek op zijn Happy Mondays doordendert danst zij een Kate Bush-dans. Doodsbang vleermuizen van je af slaan, in een legging met fout shirt. Godverdomme, ja zo hoort het. Niet je tepels vlak voor een optreden nog even in het vriesvak van de Grolsch-tent duwen, maar dansen als een tweedejaarsstudente Kunst en Nijverheid. Ze buigt het lichaam, geniet van haar ter plekke bedachte slangenbezweerderbewegingen, kijkt dan opeens weer verbijsterd de zaal in en slingert daarna woest met de benen. Simon Vinkenoog, de ongebakken deegsliert, die tijdens het boekenbal danste als een aangeschoten aalscholver, is zo te zien lekker vlotjes gereïncarneerd in het lichaam van Laura Manuel.

Het verrassingsoptreden. Alle geheimzinnigheid lijkt te hebben gewerkt. Heel Lowlands komt even kijken. Net als een jaar eerder bij de Sex Pistols, wordt het een teleurstellende freakshow. Muzikanten spelen voor muzikanten, die sfeer. Luchtgitaar spelen en onbekommerd genieten van tempowisselingen en vreemde maatsoorten. Het domme gemep van Dave Grohl begint me te storen. Dat weten we nu wel, iedere partij drummen alsof je er de wereldvrede mee oplost. Rock alleen begrijpen als iets waar je wild bij moet doen. Veertig keer de honderd meter vlinderslag met stokjes in je hand, veel meer is het niet. Zoals ik vorig jaar glimlachend heb staan kijken naar Steve Jones, de gitarist van de Sex Pistols, zo glimlach ik nu naar John Paul Jones. Oom Zeppelin doet zijn neefjes op het podium een groot plezier en speelt een moppie met ze mee. Strontvervelende nummers. Het grote gebaar. Geen zelfspot. Jezelf een verrassing vinden, dan zit je gevaarlijk dicht in de buurt van Gerard Joling die zich vanuit een helikopter in een stadion laat zakken, met een gekleurde tuinslang uit zijn reet.

Ik kijk het niet uit. Even wat eten. Ik koop patat en kijk geamuseerd naar de kar vlak naast mij. Je kunt er een swirl kopen. Daar mag ik graag naar kijken, mannen met tribals op hun rug die maar niet kunnen kiezen tussen bosbessen met stukjes kiwi of toch gewoon de strawberry dream nemen.

Terug in de Grolsch-tent wacht ik op het optreden van Wilco. Ze komen op. Ik hoop dat Moke ook kijkt. Mooie blik van Jeff Tweedy. Hij doet dit meerdere keren per week, optreden. Het is zijn beroep. Een fijn beroep. Hij pakt zijn gitaar. Jeff zegt nog niets. Hij zwaait ook niet, want hij kent ons nog niet. Hij hoopt dat we van hem gaan houden tijdens het spelen. Tweedy heeft het shirt aan waarmee hij uit de tourbus is gestapt. Zijn haar zit vreemd. Het maakt Tweedy weinig uit of we uit Holland komen. Alle festivals zijn hetzelfde. Er staan veel mensen voor het podium, die over een paar uurtjes gaan kijken of ze de schaamlippen van Grace Jones uit haar broek zien hangen. Tweedy opent cynisch met Wilco (the song). Fijne, passende zinnen, op dit Lowlands, waar iedereen het publiek vertelt dat ze het mooiste festivalpubliek ooit zijn. 'Wilco, Wilco, Wilco, always love you.' De bandleden kijken elkaar nauwelijks aan. Ze acteren geen opwinding. Ze hebben twee dagen eerder nog met elkaar staan spelen. Ze kennen elkaar. In de bus lezen ze iets. Ze moeten nog een paar maanden met elkaar. Niets erger dan de gitarist en de bassist van een band die met open monden voor elkaar gaan hangen en doen alsof hun lichaam in vuur en vlam staat. Bruce Springsteen, die binnen vier dagen twee keer dezelfde Jezus-preek houdt en doet alsof hij hem ter plekke verzint. Dat alles is Wilco niet. Ze spelen hun liedjes.

Midden in een nummer doet de band een stapje achteruit, en begint Nels Cline, de gitarist, te soleren. Een echte solo. Niet weten waar je uitkomt. Het mag even duren. Hij neemt zijn tijd. Zijn lichaam begint te bewegen. Zijn been begint te trillen. Vanuit zijn enkels trekt de vervoering door zijn lichaam. We kijken en luisteren met zijn allen naar iemand die met de ogen dicht speelt. Een beetje voor ons, maar vooral voor zichzelf. Het gaat maar door. De muziek heeft inmiddels zijn bovenlichaam bereikt. Hij zwabbert. Het hoofd in de nek. Door. Door. Dan wordt het onverdraaglijk. Is dat het? Of is het ongemakkelijk? Snapt opeens iedereen in die tent waar het echt om gaat? Om mij heen beginnen steeds meer mensen te klappen, midden in de solo. Ik ook. We herkennen iets, maar wat? Die man op dat podium, hij is waarschijnlijk wat wij allemaal willen zijn. Hij doet wat wij allemaal willen kunnen. Bij andere mensen het hoofd binnendenderen. Nels Cline omarmt ons met zijn gitaar. We juichen en klappen omdat we niets anders kunnen verzinnen. Nog is hij niet klaar. Twee minuten na het applaus doet hij zijn ogen weer open. Vanavond is het gelukt. Overmorgen kan het weer anders zijn. Om mij heen zie ik veel mensen huilen. De band doet een stapje naar voren en zet een volgend liedje in. In de perstent bestelt de pr-man van die en die een bordje scholfilet met tapenade. In de Magneetbar zuigt iemand aan een pantervel. Op de camping probeert een jongen of het nu rustig is tijdens het douchen. Er bestelt iemand een pannenkoek.

En toch is er iets voorgoed veranderd.

Tractor Pulling

Vorige week wilde ik, op weg naar München voor de Grosse Tolle Gadget Expo 2006 Expositionne, een stuk afsteken over een middeleeuws bietenweggetje en godverdomme, vlak voor me, opeens een tractor. Meneer had geen haast. Erlangs kon ik niet door twee stinkende boerensloten langs de weg. Tussen het vloeken en toeteren door had ik alle tijd om zo'n tractor eens goed te bekijken. Twee wielen en negenhonderd kilo samengeklonterde varkensstront, meer was het eigenlijk niet. In de stromende regen kwam de tractor opeens tot stilstand. De chauffeur groette mij vriendelijk, nam naast de tractor plaats en zette een stuk uitgebakken zwoerd aan zijn mond. Ik stapte uit en liep op hem af. 'Goedemiddag, smakelijk eten.' Geen woord. 'Luister, ik rijd in een gewone mensenauto, die daar, met die kleine wieltjes en die vier stoelen en ik wil een soort van doorrijden, dus zeg maar, echt snel vooruit, maar u staat hier en dat is dus niet goed.' Hij at rustig door, stond twintig minuten later op, stapte in zijn cabine en daar gingen we weer, met vier kilometer per uur, terwijl de slagregens op mijn voorraam beukten. Ik volgde. Ah, hij stopte weer. Nu was het genoeg. Ik ging deze levende uier met oogjes eens vol in zijn boerenkruis schoppen. Tierend en vloekend bewoog ik me naar de voorkant van zijn tractor en keek opeens in de gezichten van ongeveer honderdzestig mannen met petjes en bloeddoorlopen ogen. Er stonden tractors tot aan de horizon. Een frietkraam, een podiumpje. Niemand zei iets. Ik hoorde alleen het geluid van zuigende modder aan groene laarzen.

In de stromende regen klonterden de mannen bij elkaar onder een tentdoek. Er werd druk gesproken. Ik liep wat over het terrein. Waar was ik in godsnaam terechtgekomen? Ik keek angstig naar negen boeren die vlak naast mij zwijgend om een tractor heen stonden. Een van hen raakte een wiel aan en moest huilen. Kijk, een aanplakbiljet. 'Trekker Trek Nieuw-Vennep. Tractor Pulling Vereniging Nieuw-Vennep Full Pull Evenement met Madmen 6013 en Lady Dubbeldam. Patatkraam open om 08.30 uur. Met professionele geluidsinstallatie. Komt allen.' Dat had ik. Op weg naar een gadgetbeurs in München en dan dit. Misschien, als ik snel reed, redde ik het nog. Even snel een bak boerenkoffie halen en dan pang, in één streep naar Duitsland. Ik mengde me tussen de boeren, wachtte geduldig op koffie en keek, onder het tentzeiltje, naar de boerenactiviteiten om mij heen. Een hoop geouwehoer maar ondertussen gebeurde er nog geen moer op het wedstrijdterrein. Er werd nog weinig getrekkietrekt. Ik besloot het maar eens te vragen. Beetje connecten met de boerenmedemens. Wanneer de wedstrijd begon? Als het droog was? Ik had er meteen zestien om me heen. Woeste verhalen. Ja, vorige maand nog had Douwende Berend uit Oude Schapema een full pull getrokken. Schitterend was dat geweest. Klauwen Arend van Graanverwerkingsbedrijf Klauwen Arend was zes centimeter achter hem geëindigd, want zijn bijna full pull was door de jury nietig verklaard omdat hij de week daarvoor de dochter van Berend Schoorsma had leren zuigen. Zo had je altijd wat.

Ik raakte geïnteresseerd. Dit was weer eens wat anders dan tussen wat Duitsers over een nieuwste espressoautomaat staan lullen. Ik zag het vuur in de ogen van deze mannen. Ik riep nog maar eens wat. 'En Schele Schouwsma dan, in de viertaktklasse, dat was mij er ook eentje geweest, of niet dan?' Ik lulde maar wat, maar meteen op het woord viertakt gingen ze los. Schuim om hun bek. Jaja, dat waren nog eens tijden, toen er nog naar eer en geweten gepulled werd. Toen een full pull nog een full pull was. De tractoren liepen nog op steenkool. Toen werd er nog gewerkt. Nu sliep iedere boerenlul uit tot een uur of vier uur 's ochtends. Het was niet meer wat het geweest was. Stonden ze daar te wachten omdat het een beetje regende. Dat was in hun tijd wel anders. Of ik een berenhap zonder satésaus wilde. Ja graag. Er werden armen om me heen geslagen. Hoe dat nou was in de grote stad? Of ik nog een berenhap wilde. Waarom niet.

Oorverdovende feedback uit de geluidsinstallatie. De wedstrijdleiding ging nog één keer het veld testen. Het was namelijk nat. Hoongelach van de diehards om me heen. Nat. De legendarische Natte Jelle dan, nog maar een paar jaar terug, vlak voordat hij een leuk huis in het Ruhrgebied had gekocht, die deed voor iedere wedstrijd een wilde boerenregendans. Die lachte om regen. Op Suzie 64, zijn lievelingstractor, met de kenmerkende iets afstaande voorwielen, had hij in Scheuterheide zestien tonnen, gevuld met gelooid kuipvet, dwars door het drijfnatte weiland van boer Medenvorst getrokken. En nu zou het te nat zijn? Gelul! Ze riepen het ook. 'Gelul!' Ik riep mee. Nog maar een berenhap voor iedereen? Ik keek naar de wedstrijdleiding. Dat schoot niet op. Wat gewroet in de grond met een schepje, gesnuffel aan de aarde, geschud met de koppen en maar weer een half uurtje naar de lucht kijken. Daar kwam weer een mededeling. Het was helaas geen weer voor tractorpullen. Het regende. Daar waren tractors niet op gebouwd, slecht weer. Einde bericht. Berusting bij mijn nieuwe vrienden. 'Als de regen op het land staat, dan is de pull gezompt,' zeiden ze, en gingen weer eens op huis aan.

Gek werd ik van die boerenwaarheden. Dat was niet goed, die enorme nederigheid bij ieder stuk autoriteit. Daar ging ik iets aan doen. Ik sloop achter de tent langs, zocht de ruigste tractor uit, startte en accelereerde. Mooi bochtenwerk. Ik verraste mezelf. Daar passeerde ik in razende vaart de tent vol boeren. Ze herkenden me. Ik gebaarde. Ze begrepen het. Een prachtige versmelting tussen mens en boer. Met vereende krachten koppelden ze mijn leasetractor aan een blok beton en weg was ik alweer. Rakelings langs de friettent slipte ik het terrein op. Een verbijsterde wedstrijdjury keek mij recht in het gelaat. Even maar was er oogcontact voordat ik vooruitdaverde. Te nat het veld? Mijn reet! Zó trok je een stuk beton door het zompige land, mannetjes! Veertig meter, vijftig meter, een ovatie, er werd meegehold langs de kant, zestig meter, zeventig, die full pull ging er komen, Alles haalde ik uit mijn trouwe dieselmonster. Nu kwam het erop aan. 'Kom aan, Viertakt Berta Buizendzoon,' schreeuwde ik tegen mijn tractor. Honderd meter, een full pull. Uitzinnig werden de agrariers in de tent. Als een boeren Zorro stopte ik even kort, groette

de mensen op het land en weg was ik alweer, op weg naar
München. Het Full Pull-record staat nu op dertienhonderd
kilometer.

Cruijff is een kaas

'Ik heb een broer wat een hele mooie kaas was, waarvan ik nu alleen nog maar een korst in mijn hand heb.' Aan het woord is Henny Cruijff, Johans broer. In de documentaire *Cruijff & Beckenbauer*. 'Het blijft toch je broer…' probeerde hij op deze manier de teloorgang van de mens Cruijff te beschrijven. Johan was een hele mooie kaas. Dat kan. Zo was Piet Keizer bijvoorbeeld een hele mooie autoband. Coen Moulijn was een hele mooie beenham. Waarom niet. Henny raakte een gevoelige snaar. Wat is er toch mis met Johan? Is hij echt een korst geworden?

Ik ben bang van wel. Het is angstig stil rond Johan Cruijff. Dat verontrust me. Normaal gesproken veroorzaakte hij een relletje of twee per week. Cruijff die de selectie van Tscheu La Ling, na dertig jaar weer opgeroepen door Marco van Basten, onnavolgbaar verdedigt, ik zou ervoor tekenen. Het lijkt erop dat niemand zich meer druk maakt om Johan. Natuurlijk, we verheugen ons allemaal enorm op zijn zestigste verjaardag. We gaan hem met zijn allen het hele land door dragen. Vijf verschillende uitgeverijen geven het definitieve Grote Fijne Cruijff Bewaarboek uit en we zien Cruijff hoogstwaarschijnlijk voor de 23.167e keer met een wit lintje in zijn hand een doelpunt maken. Mooi, maar ik heb ook het gevoel dat we met dit volksfeest het tijdperk-Cruijff definitief gaan afsluiten. Nederland neemt afscheid van zijn helden.

Willem van Hanegem zit al volop in zijn afscheidstournee. Hij bouwt langzaam af en doet zittend stand-up bij *Voetbal Insite*. Verslaafd aan de lach, tot zichtbare ergernis van Johan Derksen, die onlangs, naast een hikkende Van Hanegem, verzuchtte dat woordgrapjes voor hem wel ongeveer de grens zijn. Willem van Hanegem is in zijn eentje De Mounties. Pijnlijk om te zien hoe een groot voetballer is verworden tot een ijdeltuit die wekelijks hetzelfde kunstje opvoert. 'Barbara, trek eens aan mijn vinger.'

Gelukkig is Johan niet zo van de humor. Dat maakt het kijken naar zijn afscheid dragelijk, maar niet minder pijnlijk. Het moet aan hem vreten dat hij, net als Van Hanegem, vooral wordt gezien als een ongevaarlijk voor zich uit pruttelend mannetje. Oude glorie. Cruijff moet het voelen, de apathie na het WK. Daar heeft hij zijn hand overspeeld. Ja, Marco had hem wel gevraagd als bondscoach, maar hij moest ergens met iemand een tuinschuurtje bouwen. Kwam helaas slecht uit, dat WK. Goed werk van Marco. Niets op aan te merken. Hijzelf zou het ongeveer net zo hebben gedaan, maar dan iets beter. Daar is Cruijff ons definitief kwijtgeraakt.

Enkele weken geleden gebeurde er iets opvallends. Cruijff legde na afloop van de wedstrijd PSV-Arsenal uit waarom Wesley Sneijder nog lang niet klaar is voor Barcelona. Helaas, te weinig inzicht. Tweebenig, leuk, maar die voortzetting naar de zestien toe leek nergens op. Nee, die Sneijder was er nog lang niet. Eerst nog maar eens lekker vier jaar tegen RKC voetballen en dan zouden we nog weleens verder kijken. Ik veerde op. Een ouderwets aanvalletje. Cruijff genoot van het moment. Zo, dat was eruit. En nu maar genieten, de dagen daarna. Lekker op woensdag de kranten kopen en kijken wat ze nu weer allemaal van hem gingen vinden.

Niks. Niemand had het erover. Het werd voor kennisgeving aangenomen. Oud-voetballer Cruijff vindt Sneijder niet goed. Jammer dan. Wat eten we morgen? Pas weken later vragen ze Sneijder tijdens *Studio Voetbal* om een reactie. Hij antwoordt niet eens en lacht het weg. Het mag eindelijk, Johans voetbalkennis in twijfel trekken. De jongens van *Holland Sport* nemen iedere maandag gierend van het lachen zijn column uit *De Telegraaf* door. Zeven miljoen mensen kunnen hem inmiddels geniaal imiteren. Gevaarloos is hij. Henny ziet het dan ook verkeerd. Johan is een heel mooi stuk oude kaas dat in je handen verbrokkelt.

LV Roodenburg

Ik wilde weer eens ouderwets voor mijn kanis worden geschopt, laveloos met mijn wang tegen een pisbak in slaap vallen. Ik wilde mensen zeggen dat ik van ze hield, uiterlijk maakte niet uit, het ging om het karakter en het maakte me niks uit dat ze zes kinderen en straatvrees hadden. Ik wilde weer eens wat voelen.

Dat werd dus een zondagmiddagje naar voetbalvereniging LV Roodenburg in Leiden-Noord. Dat hielp altijd. Sommige mensen reisden af naar Orvelte en gingen in het Afrikahuis huilend op een djembé zitten trommelen, andere mensen gingen op een waddeneiland tot hun knieën in de zee staan en huilden schreeuwend een gedicht van Smart en Troost over Onvervuld Verlangen, maar ik, ik ging naar LV Roodenburg. Werkte het beste voor mij.

Na mijn vorige bezoek was ik maandagmiddag wakker geworden tussen de benen van een vrouw met paars haar terwijl een enorme hazewindhond mijn voetzolen likte. Leuk interieur als je van bruin hield. Pas later kwamen bij vlagen de herinneringen. Ik op de bar met een accordeon, iets met een spoelbak en een föhn en vaag iets van 's nachts douchen met de achterlijke terreinknecht. Nu reed ik er weer naartoe. Ik verlangde hevig naar dit jaarlijkse schot hagel in mijn gezicht.

Roodenburg was, na roemruchte jaren, weggegleden naar de vierde klasse. Buitenkant voet kwam nooit aan, keepers waren iets te klein en de tribune iets te groot. Nog steeds lulden ze over oud-lid Wim Rijsbergen. Ik verheugde me er echt op. Misschien won ik ook wel een set sportsokken met de bingo. Zo een dag was het. Alles was mogelijk.

Binnen in de kantine was er gelukkig niets veranderd. Zeventig procent van de aanwezigen speelden onafgebroken met hun kunstgebit. Achter de bar was ook alles in orde. Een verbijsterend lekkere publieke tapvrouw leunde met haar kin op haar hand. Wat dat met haar in panterhuid gestoken keiharde voetbaltietjes deed, had ze goed in de gaten. Dit was eigenlijk een kunstwerk. Even kennismaken. Ik schakelde mezelf in de voetbalstand. Geluid maken. 'Hoi, mop, een pijpeflessie voor me, maar net zo goed tappie maakt niet uit, pijpeflessie, tappie is om het even, doe maar tappie, maar pijpeflessie is ook goed, vind je het leuk? Ja, vind je leuk, werk met voetbal en bier dat je bier tapt of een pijpeflessie natuurlijk, maar wel leuk, hier met mannen en kijken en dat je zegt, ja, ja, nou, niet gewonnen maar wel een goede middag niet dan, ja, toch, doe maar tappie toch in plaats van pijpeflessie.'

Dat was ze wel met me eens. Of ik loten wilde kopen, was de vraag. Ze wees naar de tafel, in de hoek van de kantine. Dat was niet mis. Vorige keer was ik nog in een weiland wakker geworden met zestig kilo doorregen riblappen van slagerij Van der Zalm tegen mijn buik aan en tante Sjonnie had toen dat geintje met die leverworst uitgehaald. Viel nu ook niet tegen, de uitstalling van de prijzen. Een paar flessen sterke drank maar ook een schoonmaakpakket voor het hele gezin. Ja, ik deed mee. Ik zou wel gek zijn om mij de bonnen níét uit te laten tellen door Belinda Candy Carlissa Royale, want zo heette de bardame volgens mij, dit heerlijke pantervel vol vlees.

In een andere hoek van de kantine zaten een mannetje of twintig PSV Feyenoord te kijken op Canal+. Men was het nergens mee eens. Kiefts commentaar werd om de minuut door aanzwellend geloei begeleid. Goede stemming vond ik. Er hing knokken in de lucht. Even kijken of ik mijn steentje kon bijdragen. Ik riep dwars door de uitzending heen: 'Rijstbergen, die oude lul die hier dan zo lekker heeft lopen pingelen, hier op dit veld, met die korte Rijstbergenpootjes van hem, met dat Rijstbergenhoofd van hem, die Rijstbergen moet gewoon even een pasje op de plaats maken want het is een galbak, Man man man, wat een laffe hond is dat met zijn volgevreten Roodenburgmentaliteit. Jongens jongens, wat een armoe.'

Het maakte weinig los, mijn provocatie. Candy Royale zetten een cd'tje op. Alle dertien volkomen naadje. Dit keer wel emoties. Ze verstonden Kieft niet meer. Gedoe, getrek aan elkaar. De muziek beukte genadeloos door de ruimte. 'Het is een avond voor een heterofeest' van de veel te jong gestorven zanger Magic Jantje en zijn Vocale Uitspattingen. Wel een goede move, die muziek. Er werd bewogen. Tientallen matjes haar deinden mee op het ritme van de speed bouzouki van Bandido Gijs, nummertje twee op de cd. Alles werd wat losser, zag ik. Een reusachtige vrouw achter de snoepbalie telde vloekend voor acht euro dropsleutels uit. Achter mij viel iemand tegen een raam. Lachen. Hopla, daar waren de voetballers ook, fris gedoucht. Even connecten met de gewisselde Jonge Belofte Die Het Niet Helemaal Waar Had Gemaakt. 'Hé, pik, jij werd gewisseld hè, toch, dat je niet meer meespeelde zeg maar. Je was namelijk niet goed, dat was het denk ik waarom je werd gewisseld. Je was ruk. Helemaal ruk. Je ziet het niet, het spelletje. En hij daar en die daar en die daar, alle anderen zeg maar in jouw team, die zien het wel maar jij niet. Terechte Wissel, zo heet jij. Echt hoor, ik zou liever wat anders zeggen maar we zeiden langs de kant, goed dat hij eruit is want hij is niet goed maar slecht, snap je?'

Nee, snapte hij niet. Ik kon net bukken. Rooie Har ving de fles Tsjechische Apfelkorn op die we meteen maar, waarom niet, we gingen toch dood, even goede vrienden, soldaat maakten, zand erover. Pang nummertje zes van de cd, Fransien Dekkers met haar lokale Leidse hit 'Hutspot Forever'. Hakte er goed in. Iemand viel door een tafel heen. Het ging los. Nummer twaalf van de cd. 'Kees die heeft een ijsbeer gekeest' van Trio Onbeperkte Fun barstte los en meteen na het intro volgde er een betwiste lotto-uitslag. Wéér ome Bennie aan de haal met het hele ossenworstpakket, wat qua kansberekening helemaal niet kon, veertien jaar achter elkaar het ossenworstpakket winnen dus er ontstond terechte commotie, een vechtpartij en een verplaatsing van de stofwolk naar het hoofdveld waar we uiteindelijk met zijn allen strafschoppen hebben genomen op Blinde Teun die zijn broek kwijt was.

Die heb ik nu aan, die broek en ik kijk nu, tijdens het schrijven, doodsbang naar een onbekende blonde vrouw met een zwarte legging die twee meter bij mij vandaan voor me staat te koken.

Bruiloften en partijen

Hoe het gaat. Je speelt met je band in een kroeg en verdomd je blijkt precies de nummers te spelen die hij ook leuk vindt. Dat schept een band. Je kent hem vaag. Ergens weleens tegengekomen daar en daar met die en die. 'Leuk man, tijd niet gezien, staat je goed die snor, hé ik moet spelen, spreek je zo.' Al halverwege het eerste nummer annexeert hij de piepkleine dansvloer vlak voor ons. Hij zal de rest van de avond met ziel en zaligheid laten zien dat hij een Dansende Vriend van de band is.

Vanuit mijn ooghoeken zie ik hem tekeergaan. Hare Hare, Krishna Krishna. Het lijkt of George Harrison zelf in hem is gevaren zo gaat hij tekeer. Een uitdrijving. Een sitar die door de anus naar buiten moet en daar dan de juiste bewegingen bij. Een uitzinnige dans met de armen rondtollend als wentelwieken. Sluit er een houten raderwerk op aan en je kan voor veertien gezinnen koren malen. Hopla, weg is hij opeens, in volle draf door het café. Hij herkent een nummer dat wij spelen. Extase. Hij veegt hollend en wapperend met de armen alle tafeltjes in één keer leeg. Zijn benen beginnen nu ook op onze manische bluesrock te reageren. Geen weg meer terug. Alle kanten slingert het op. Al kijk je er twintig minuten naar, het is niet te voorspellen welke kant ze op zwabberen. Simon Vinkenoog met een spierverslappend middel wint de lotto, dat beeld.

Ja, mensen, hier gaat onze vage kennis helemaal te gek op ónze muziek! We spelen stevige rock maar wat maakt het hem godverdomme allemaal uit, meneer vindt het prachtig. Midden in een partij gierende feedback implodeert hij. Angstig om te zien. Alsof hij een schot hagel in zijn rug krijgt. Je dvd op de pauzestand tijdens *Saving Private Ryan*, daar lijkt hij op. Hij blijft drie kwartier met rollende ogen op één been midden op de dansvloer staan. Wij pauzeren even. Men loopt gewoon om hem heen. Iemand hangt zijn jas op aan zijn naar het plafond wijzende vinger. Een met de omgeving. Als onze drummer 'Hard to Handle' aftikt opeens weer totale beleving. Alsof je water op limonadesiroop gooit. Het leeft! Nog woester beweegt hij op onze muziek. Baltsende reiger in te krappe habitat. Ruimte, ruimte! Wederom klapwiekend door het café. Hij schreeuwt er nu ook bij. 'MAATTHEERRRFOOOCCKKERRRR.' Gek genoeg zijn we blij met deze man vlak voor ons. Het is net alsof iedereen plezier heeft.

Na het optreden. Hij heeft, willen we dat geloven of niet, een heerlijke avond gehad. Hoe flikken we het in godsnaam? Het moet iets prachtigs zijn, ons door god gegeven muzikale talent. Ik zeg dat het vooral heel belangrijk is om regelmatig nieuwe snaren op de gitaar te zetten. 'Alleen met goede snaren stijg je boven jezelf uit, vergeet dat nooit, jongen!' Ik pak zijn hand en leg er zwijgend een plectrum in. Ik speel, schijtlollige muzikant als ik ben, de oude kungfumeester die zijn achterlijke neef onderricht in het bespelen van de Aziatische ukelele.

Een inside muzikantengrap. 'Gebruik het alleen ten goede, mijn vriend' tegen de bassist zeggen als hij zijn instrument uitpakt. Maar deze vogel schrijft het op. Hij heeft een papiertje geleend bij de bar. 'Nieuwe snaren, nooit vergeten' zie ik hem opschrijven. Dit wordt een zware avond.

Lang verhaal kort. Aan het eind van de avond staan we geboekt voor zijn bruiloft drie maanden later. Is nu aanstaand weekend.

Foute boel, spelen op bruiloften. Al te goed herinner ik me ons laatste optreden tijdens een lopend buffet. Danny, de bruidegom, legt het ons nog één keer uit. Het is vooral de bedoeling dat we 'lekker ons eigen ding doen'. Lak aan tante Beef van ome Raam. Niks lekker zachte muziek. We mogen de gasten trakteren op een stevig portie hedendaagse noise met hardcore invloeden. Nee, echt, onze gastheer weet het zeker. 'Precies, jongens, niet dat stijve, niet dat benauwde, gewoon zoals jullie normaal spelen, niks aan de hand. Succes!'

Al tijdens het tweede nummer een hyperventilerende ceremoniemeester naast het podium. Midden in een aanzwellend F-akkoord even met mijn oor tegen zijn mond. 'I don't bump no more no big fat woman,' schreeuwt hij. Onze vage kennis is onder de immense druk bezweken. Net alle enveloppen ontvangen, dat maakt hem kwetsbaar. Graag ook iets spelen voor ome Leep later op de avond, iets met pom-pom-pom erin en aan het eind dan pam-pam-pam, kan dat?

Ik durf niet naar onze zanger te kijken. Hij zingt nu 'shake shake shake, shake shake shake, shake your bootie, shake your bootie'. Onze B3-hammondorganist is verdwenen. Levensgevaarlijk figuur in dit soort omstandigheden. Wil nog weleens volkomen onafhankelijk van de rest van de band een setje Emerson, Lake and Palmer dwars door ons heen spelen. Opeens het onbegrepen genie spelen. De schijt aan blues, vanavond alles in zevenachtste volledige artistieke vrijheid opeisen tussen de sateetjes en de vlammetjes, dat zou echt iets voor hem zijn. Godzijdank is hij onvindbaar. Hij is een tijdbom, dat weten we, alleen heeft hij niet zo'n handige digitale display met rode cijfers in zijn voorhoofd, waarop je, zoals in films, kan zien wanneer de bom afgaat. Vind ik netjes, dat boeven dat erin bouwen, opdat je precies weet hoeveel tijd er nog is om je leven als een film aan je voorbij te zien trekken.

Opeens krijgen we weer een rebelse opleving. Ze kunnen de kolere krijgen. Niks 'let's do it let's dance let's dance across the floor'. De neten voor ze. We zetten rock-'n-roll van The Velvet Underground in. Direct verschijnt onze toetsenist. We zien het meteen. Foute boel. Lou Reed in deze setting heeft iets vreselijk in hem losgemaakt. Hij heeft een mondharmonica tussen de tanden geklemd. Het syndroom van *Once upon a Time in the West*. Midden in het ingetogen middenstuk doet hij de hardste solo ooit op een harmonica geblazen. Zijn mond zit als een bankschroef om het metaal. En maar zuigen en maar blazen. HAAAAAAHOEEEEEEEE, HAAAAAAAHOEEEE, snerpend, een ijzeren long over asfalt, een minuut of twintig.

Dit is de laatste keer dat we op een bruiloft spelen.

Op de terugweg in de bus zijn we alles alweer vergeten. Volgende week spelen we, zonder de organist, op de bruiloft van een zekere Rik, in Gorkum. Zulke hoeren zijn we ook wel weer.

Eigenlijk is het onbegrijpelijk dat ik steeds weer afreis, want ik weet wat een bruiloften-en-partijen-optreden met mij doet. Het vreet me op. Eerst de zenuwen voor de juiste lyrics. In bijna alle nummers doe ik maar wat. Ik zet fonetisch alles ongeveer in de goede volgorde. Alleen vlak voor bruiloften maak ik me daar opeens zorgen over. We spelen ook nog eens het nummer 'Hard to Handle', waar de halve wereldbevolking de tekst van kan meezingen.

Was ik maar de zanger van Skik en zong ik in het Oud-Drenths. Dialectrockers komen overal mee weg. Een beetje van achter uit je galblaas staan kokhalzen en je gaat als het nieuwe onverbiddelijke fenomeen uit Zuid-Beveland op de schouders.

Ik hoor een toetertje. De band staat beneden. Ik sleep de hele kolerezooi naar buiten. Het eerste wat ik doe is naar onze bassist kijken. Daar gaat veel van afhangen vandaag. Die kan zich vanavond midden in een nummer zomaar uitkleden om daarna aandachtig zijn eigen pielemoos te bestuderen onder een bühnelampje. Hij lacht. Dat is tenminste nog wat. Tijdens de rit naar Gorkum wordt er niet veel meer gelachen. We doen niet eens ons best om de schijn op te houden. Dit wordt een vreselijke avond.

Ik wil het niet te literair maken, maar het multifunctionele partycentrum (ook voor al uw congressen en zilveren bruiloften) doemt als een vesting aan de horizon op. Onder de lokale bevolking staat het gebouw bekend als 'De Trouwfabriek'. We rijden onze bus met zijn achterkant tegen de artiesteningang. Vlak naast mijn raampje staat iemand onbeperkt saté uit verpakkingen te knippen voor het Indonesisch Buffet in een Romantische Setting. We zijn thuis.

We zijn zelfs vroeg. Er is nog geen gast te bekennen. We bouwen op. De ceremoniemeester kijkt mee. Ondertussen geeft hij onze drummer handige tips hoe hij zijn bekkens op moet stellen. 'Je moet je bekkens circulair neerzetten, zodat je beter je syncopen kunt slaan.' Meneer heeft er blijkbaar verstand van. Tegen onze bassist hoor ik hem zeggen dat spelen over een Fender Bassman-versterker veel zegt over de psyche. 'Meestal zijn dat wrakken.' Als alles staat, vraagt hij of we misschien even iets willen spelen. 'Doe maar iets wat iedereen kent.' We zetten 'Hard to Handle' in.

Al na twee maten onderbreekt de ceremoniemeester ons. 'Ja, leuk. Geinig zelfs, met die akkoordjes en zo. Maar ik zou in het eerste couplet meteen een verminderde kwint pakken en dat de drummer daar dan asynchroon in gaat leunen. En jij daar, hé bassist, ik lul tegen je, jij daar met die snor, die er trouwens ook af moet, dat jij dan, als je dat kunt tenminste, dat je er een beetje subwoof in het laag onder legt, waardoor je het nummer sowieso beter dansbaar maakt. Nog maar een keer, jongens.' Hij onderbreekt ons weer. Niets meer aan veranderen. Nu alleen nog de goede tekst erbij zingen, jij, kale. Veel plezier.

Een mevrouw achter de bar vraagt of ze onze ansicht mag hebben. Verbazing. Ansicht? Waar heeft dit Teutoonse tietenbastion het over? Twee uurtjes van huis en dan een ansicht naar huis sturen. Hahaha, we lachen wat rock-'n-rollerig voor ons uit. 'We komen uit Amsterdam, vrouwmens,' zeg ik. Ze wijst naar een wand achter haar. Grote schrik. De gehele wand is bekleed met publiciteitsfoto's van orkesten waar je het bestaan alleen maar van vermoedde. Ik zie volwassen mannen in knickerbockers met een bijpassend jasje. Bijna iedereen draagt een baard tot in zijn hemd. De drummers hebben, om zich te onderscheiden van de rest van de band, een stokje in hun hand of houden met veel moeite een snaredrum onder hun arm. Ik zie namen als The Roundabouts ('ook voor visweekendjes'), The Jumping Diamonds ('jaren-vijftigrock overgoten met een seventies sausje') en Trio Fatale Amour. Die hebben het lekker voor mekaar. Een uitklapansicht. Op de linkerfoto zien wij ze stemmig musicerend in leuke band-plooibroeken, op de middelste foto allemaal springend in een weiland en op de rechterfoto zingend om een brandend olievat heen.

Paniek, We beseffen opeens dat het echt foute boel is. Men ziet ons hier als de professioneel spelende van alles en nog wat band. 'Waar is jullie muziek, waar draaien jullie je muziek mee, bandjes, tapes, minidisc?' wil de barvrouw weten. 'Wij spelen live, wij komen uit de grote stad,' zegt onze drummer nog maar eens, maar daar neemt men geen genoegen mee. 'Muziek, in de pauze, die verzorgen jullie.' We zien dat het menens is. Een ijzeren wet in dit circuit. Je biedt als band een muzikaal totaalpakket aan. Het personeel bakt bitterballen en vlammetjes. Samen maak je er een heerlijke avond van. Die sfeer. Iemand roept ons. Of we kunnen beginnen. We betreden, onopgemerkt door het vretende schuim der aarde, het podium.

We weten wat ons te doen staat. De vrouw van de vriend wilde graag iets ondeugends, waarin op een speelse manier wordt verwezen naar de huwelijksnacht. Dat komt goed uit. Laten de Isley Brothers nou een nummer hebben geschreven over zuigen° We zetten 'It's Your Thing' in.

Open water

Ik heb mijn sport gevonden. In open water zwemmen. Maakt niet uit waarnaartoe. Ik wil traag door oneindig laagland zwemmen. 's Ochtends opstaan, ontbijtje, kaalscheren, leuke tekst op mijn kop schilderen en dan fijn naar Hoorn zwemmen. Zwaaien naar dagjestoeristen. Als een dolfijn naast boten meezwemmen. Soms een beetje openwatergeluiden maken. En dat komt allemaal door Maarten van der Weijden.

Laat ik eerlijk zijn, tot twee dagen geleden had ik niet zo veel met openwaterzwemmen. Het is toch iets dat zich voornamelijk in open water afspeelt en daar kom ik niet veel. Als je vist is het misschien anders. Ploegt er opeens een peloton zwemmers door je lijn. Maar ik vis niet. Ik had eigenlijk nog nooit een openwaterzwemmer gezien.

Jammer dat het zo laat in mijn leven komt, het open water. Ik heb de gouden race van Maarten van der Weijden zeker vier keer gekeken en steeds weer vallen mij andere dingen op. Het gezellig tegen elkaar aan zwemmen vind ik mooi. Nog zeven kilometer te gaan en dan al dringen alsof je met zestien vaders op een zak friet staat te wachten in het openluchtbad.

Die prachtige letters op Maarten zijn hoofd. Bij welke sport mag dat nou, iets leuks op je schedel zetten? Dat is meteen mijn enige kritiek. Het had spannender gekund. Misschien mag je officieel maar drie letters op je hoofd hebben. Maar dan nog. Kut zou mooi zijn geweest. Dag. Sok. Of een eerbetoon aan Jan Hanlo. Mus.

Tijdens de race deed Pieter van den Hoogenband het deskundigencommentaar. Dat luidde in de laatste honderd meter ongeveer als volgt: 'Mwaaahhhbrrrrrrpprrttttt jjajajajajaja hahahaha ooohhhh man.' Ik had het zelf niet beter kunnen verwoorden. Het lachje tussendoor kwam omdat de nummers een en twee de verkeerde kant op zwommen. Dat was inderdaad koddig om te zien. Alsof twee atleten tijdens de honderd meter het stadion uit hollen.

Vlak daarvoor, tijdens de laatste kilometer, leverde Pieter heerlijk commentaar. Op het moment dat Maarten van der Weijden bij de nummer een in het veld aansloot, zei hij: 'Jaaa, kijk, nu gaat hij hem even op zijn voetjes tikken. Laten weten dat je er bent.'

Prachtig. Denken dat je een gewonnen race zwemt en dan opeens nageltjes op je voetzool voelen. Eerst denk je: dat is een Chinese zoetwaterkrab. Doorzwemmen en dan voel je opeens een hand om je enkel. Aangenaam, Maarten van der Weijden. Ik zwem vlak achter u.

Na zijn gewonnen race was Van der Weijden ontroerend nuchter. Van den Hoogenband, die de impact kent van goud, hing vol ongeloof tegen deze prachtige Nosferatu aan en probeerde hem tot springen te bewegen. Dat wilde niet echt lukken. In antwoord op een vraag zei Maarten dat vooral het sociale aspect van het openwaterzwemmen hem aanspreekt.

Zo zit het denk ik. Op de kant een verlegen jongen, in het

water een sociale zwemmer. Tot achthonderd meter voor de finish. Dan tikt hij op enkels. Het is de mooiste medaille van dit toernooi. Dank je, Maarten.

Culinair recenseren

De gastvrouw van La Bohémien in Raalte, een pasgeopend restaurant, prachtig gelegen aan de uitvalsweg naar Schuipveld, kon haar verbazing nauwelijks verbergen toen wij zwierig haar pand betraden met een breeduit wapperende cape om onze nek. Mijn partner en ik doen altijd graag capes om als we gaan recenseren. Je maakt een grootse entree. Veel zwaaiende bewegingen maken met de nek en dan maar lekker wapperen met je cape, niet veel restauranthouders kunnen daarmee omgaan, maar Meike Koutens keek geamuseerd toe, ook toen ik in één zwaai negen droogboeketten van haar asymmetrisch in de ontvangsthal geplaatste tafelensemble wapperde.

Veel klandizie in La Bohémien, ook op een doordeweekse avond, en natuurlijk kregen wij een mooie tafel aan het raam met uitzicht op de langzaam kabbelende Schuitervaart. De amuse, een in ganzenveer verpakte zalmrug, kort geflambeerd dwars op de zwemrichting en daarna in glas geblazen door een met tijm gevulde koperen blaasstok deed wat klassiek aan, maar evenzogoed een mooi uitgebalanceerd gerecht waar je je niet snel een buil aan valt. De menukaart, met illustraties van de eigenaar zelf, deed wat eenvoudig aan en hij was heel blij met mijn aanwijzingen over materiaalkeuze en hoe je een stuk rabarber in perspectief schildert, maar dan niet op een Bob Ross-achtige manier, dat je gewoon maar een half uur wat aan kut en dat je dan altijd twee bergen met een rivier en een meertje hebt, maar nee, ik heb hem uitgelegd dat je uit moet gaan van het valse licht en dan altijd pas later de diepte erin moet schilderen. Zou hij onthouden.

De voorgerechten. Mijn partner koos voor de schele op de huid gebakken hermelijn (traperties voyage au bout de la nuit) en ik koos weer eens voor de vertrouwde opgeschuimde wapitischilfers met Ruud Cola. Verrassend dat mijn hermelijn nog levend aan tafel kwam en dan zie je dat die beesten, ook nadat ze in de keuken al op de huid zijn gebakken, nog best willen leven want ik moest er bijna met mijn hele gewicht bovenop gaan liggen en dan die poten naar achteren houden en dan is het zaak om hem met het hermelijnmesje in één keer open te roetsjen, waar ze niets meer van voelen, achteraf. Erg lekker. Mijn wapitischilfers waren helaas iets aan de taaie kant, maar dat is een beginnersfout die ik de royaal bijschenkende Meike graag vergeef. We dronken een heel prettige flamboyant mousserende cabalier uit het Sugeregotdistrict, en dat proefde je wel, die negenenveertig bosbranden die vorig jaar dwars door de streek zijn getrokken. Een lekkere ribfluwelen, bijna terlenka afdronk met een heel lichte neus van gebakken bokking.

De hoofdgerechten. Ik koos voor de gevulde pelikaan gestoofd in een iets te klein pannetje (pélicane brûlée dans une creuset petit) en mijn partner liet zich verrassen door gebakken scholletjesijs met elandkrullen. Allemaal erg smakelijk, goed klaargemaakt en uitnodigend tot gepassioneerd gedrag, dus heb ik mijn cape weer opgehaald bij de garderobe en dat mag ik dan graag even doen, met een enorme grandeur door dat restaurant lopen en bij alle andere gasten het eten van de tafel af zwiepen. Meike kon dit Franse bohémiengedrag gelukkig op juiste waarde inschatten.

Al met al een heel prettig restaurant met oog voor details (de tandenstokers laten verversen door een Indonesisch vrouwtje!). La Bohémien heeft nog wel wat kleine schoonheidsfoutjes weg te werken (kuipschors hoort altijd naar de bast toe omgevouwen te worden!) maar al met al een prima nieuwkomer. Proficiat.

Beachsoccer

Een aantal maanden geleden bezocht ik de Groenoordhallen in Leiden om eens goed kennis te maken met beachsoccer. Voetballen in het zand, op voorhand had ik er niet veel mee. Ik vond het zoiets als waterpolo. Volwassen mannen met een mutsje en een balletje in het water, dat nam je ook niet serieus. Beachsoccer is zo'n activiteit die in 2074 demonstratiesport wordt bij de Olympische Spelen in Oezbekistan. Of het wordt ganzenborden. De treurigheid van beachsoccer in een evenementenhal trok me wel. Daar was ik gevoelig voor, die opgefokte gezelligheid. Dezelfde dodelijke sfeer trof je wel aan bij Pasar Malams. Tweeduizend weemoedige Indonesiërs met een stokje saté op een plastic bordje die stonden te lullen over dat ene fameuze liedje van de helaas veel te oud overleden Rocking Baliboys. Een tropical totaalgebeuren in een veredelde veehal, ik verwachtte er veel van, qua bijna-doodervaring.

Ik was de enige betalende bezoeker. Een enorme hal volgestort met zand, een stuk of twintig trendy standhouders en daar kwam ik door een krakende deur naar binnen. De kleine neringdoenden keken mij hoopvol aan. Die zes ton schuld hadden ze nu toch al, dan maar focussen op die ene bezoeker. Ik negeerde de surfdude die mij zo te zien dolgraag een heel geile wetsuite wilde verkopen. Ik wilde weten of het beachsoccer nog wel doorging, daarna ging ik eens nadenken over de geheel vrijblijvende aanschaf van een opvouwbare kano.

Totale landerigheid bij de Beachsoccer Nederland-stand. Een jongen keek, hangend in een bank, aandachtig naar zijn knie. Mooi ding, als je hem van zo dichtbij bekeek, al dat scharnieren en zo en dan dat vlees eromheen. Weer een andere modieus gekapte boy stond met zijn hoofd in zijn nek te kijken hoe ze dat nou eigenlijk maakten, zo'n overkapping in een hal. Grote schrik toen ik vroeg of er nog gevoetbald werd. Die vraag hadden ze wel aan voelen komen. Druk gebel met de baas. Ik was net te laat om nog weg te glippen. Ik wist wat me te wachten stond. Een manisch pr-verhaal van de man die beachsoccer groot wilde gaan maken in Nederland. Daar had je hem al. Fuck. Aangenaam. Ja, nee, o zeg wat was dat jammer. Het ging niet door. Aan hem had het niet gelegen maar de organisatie en ook vooral de communicatie en dan specifiek de interne die waren niet helemaal gefinetuned hier want er was gerekend op om en nabij de vijftienduizend mensen per avond en dan was één bezoeker, met alle respect naar mij toe natuurlijk haha, dat begreep ik wel, een soort teleurstelling. Of ik het me voor kon stellen, hoe dat had gevoeld, vanochtend, toen hij Fred Grim had moeten afbellen. Die zat net zijn voeten in te tapen en had de avond daarvoor speciaal voor het beachsoccer niet geneukt. Hij ratelde maar door. Opeens twijfel in zijn blik. Wie was ik eigenlijk? En waar schreef ik voor?

Voor de *Johan*. Hij stortte nu helemaal in. Man man, nou dat was me een prachtblad. Schitterend met allemaal bladzijden en zo en verhalen en ook foto's, ja die las hij altijd, de *Johan* als hij hem nog kón kopen want er werd om de *Johan* daar geknokt bij hem in het dorp. Steeds maar vragen bij de bladenman, of hij er al was. Ze hadden het erover bij de bakker. Nieuwe *Johan* al gelezen, banketbakker? Doodzonde dat het nu niet doorging. Had hij bijna in de *Johan* gestaan! Of ik even naar de videodemonstratie wilde kijken, dan kon ik daar misschien iets over schrijven voor de *Johan,* dat het leuk was en zo, beachsoccer. Ik keek samen met hem in een mediatent een kwartier lang naar Aaron Winter die beachsoccer helemaal de toekomst vond.

De pr-man nam emotioneel afscheid van mij. De *Johan,* een parel vond hij het, vooral de dierenreportages en de kookrubriek. Op 16 mei was er weer een beachsoccerfeest, dit keer op de Nieuwmarkt in Amsterdam. Of ik dan ook kwam, voor de *Johan?* Ik beloofde het hem. Hij verdiende het, deze kleine slaaf van de commercie.

Het ging om de opening van het Holland Beach Soccer kampioenschap 2005. Romário acteren naast de Waag. Ik las op de website dat het gebruikelijke blik bekende Nederlanders was opengetrokken. Kraaijkamp sr. deed helaas niet mee. Een hartstilstand en voorover in het zand leverde altijd mooi drama op. Het zat meer in het segment *Goede tijden, slechte tijden,* qua bekend zijn. De Amsterdammers deden niet moeilijk. Veel publiek rond de zandvlakte. Verdomd, daar had je de pr-man uit de Groenoordhal. Ik groette hem even. We hadden zo'n warme band, de *Johan* en hij. Hij keek dwars door me heen. Blinde paniek. Hij mompelde, wild om zich heen kijkend, steeds dezelfde tekst: 'De Belgen willen douchen, de Belgen willen eerst douchen.' Ik rook drama. Je werkte voor de *Johan* of niet. Ik kroop wat dichterbij. Druk overleg tussen de beachsoccer pr-man en zijn staf. Ik luisterde mee.

'Luister, er staan nu hier een paar honderd mensen om dit veld heen die het beachsoccer in Nederland een enorme lift kunnen geven en die dinges van GTST is er ook, kom hoe heet hij, die vorige week zijn vrouw vergiftigde en die vreemdging met Natasja die toen met die verbrande schizofreen trouwde, die, ja, die, Bas Muijs, maar die moet dus zo ook nog een zwembad openen in Grollo dus die Belgen moeten gewoon opfucken en niks zeiken over eerst douchen want beachsoccer is zand en geen water en thuis hebben die Belgen alleen een kraantje in de keuken waar ze zich met zijn zessen wassen dus de tyfus voor die Belgen maar we gaan nu beginnen en dan gaan we heel voorzichtig eens aan douchen denken. Stuur anders in godsnaam die Surinaamse trommelaars maar weer het veld op. Ga ze maar halen. Ga maar op het geluid af. Die zitten wel ergens te trommelen. Dan kondig ik ze wel even aan, als tussenoplossing.'

Dat deed hij goed, vond ik, dwars door zijn zenuwen heen, die aankondiging. 'Dames en heren, beachsoccer zou beachsoccer natuurlijk niet zijn als daar ook niet was de muziek van de Amerikaanse zuidelijke staten waarop men de samba danst tot in de ochtend iedereen vanuit zijn eigen beleving en ja, mensen dat kan ook in Nederland want beachsoccer is totale beleving vanuit een strandgevoel en daarom ben ik trots u te kunnen aankondigen als pauzeact terwijl we op de Belgen wachten die net zoals ik juist hoor aan zijn gekomen op de ringweg-zuid, wil ik dus aankondigen een ploeg ontzettend okeeje negers, ik heb het natuurlijk over de legendarische Brassband Brotherhood, dames en heren, jaaaa, de Brassband Brotherhood terwijl wij nog steeds wachten op de Belgen.'

Daar kwamen twaalf trommelende Antillianen het kunststrand op. Een blies op een fluitje en dan deden ze allemaal tegelijk hun been omhoog en riepen ze: 'HUUHHH!' Ik herkende er een. Die werkte doordeweeks in een broodjeszaak bij mij op de hoek.

Ondertussen dreven de Belgen de organisator tot waanzin. Een moddervette woordvoerder van het Belgenteam stapte op de pr-man af. Ik luisterde weer mee. 'Nee, zeker en vast dat mijn jongens geen bal beroeren zonder de afgesproken aanwezigheid van een propere douche.' Daar waren de Belgen opeens. Mooie koppen met een scheiding. De Brotherhood werd van het veld gestuurd. Schijtziek was iedereen van dat hysterische getrommel.

Daarna volgde de anticlimax. Ik wist het al, maar nu ik er zo met mijn neus bovenop stond viel het extra op. Op zand is niet te voetballen. Het is namelijk geen gras. Om gek van te worden. Geen bal kwam aan. Keepers zweefden door de lucht als kleiduiven. Gewip met balletjes, dom gehol en alweer dat gekmakende commentaar van de organisator. 'Prachtig mensen, zag u dat, dat is wat beachsoccer zo aantrekkelijk maakt. Alles mag.'

Dat was niet tegen dovemansoren gezegd. Kwaad werd ik. Pathetisch was het. Een braderie met een bal, meer was het niet. Ik besloot in te grijpen. Ik rukte de microfoon uit de pr-man zijn hand en riep: 'DE BELGEN KUNNEN DOUCHEN. NA-

MENS DE JOHAN MAAK IK BEKEND DAT DE BELGEN KUNNEN DOUCHEN.'

Ik snap het ook zo goed. Niets fijner dan zand van je af douchen.

Rudeboy op een pontje

De jaren tachtig lopen ten einde en Rudeboy staat op een pontje naar Amsterdam-Noord. Met een mutsje op, want hij is Rudeboy. Het ziet er prachtig uit. De weemoed die hoort bij vertrekken over het water, even zes minuten met elkaar aan de railing staan, meeuwen om je hoofd.

Rudeboy is dan nog niet boos. Hij bruist. Zijn ogen staan wijd open. Het gebeurt allemaal, hier en nu. Er wordt eindelijk naar hem geluisterd. Hij praat hard, tegen de wind in. Ieder woord is een statement, een waarheid. Die heerlijke prikkende vinger-in-je-borstteksten van hem. Rudeboy staat naast zijn vriend MC Showcase, een man uit Amsterdam-Noord. Dat laat Rudeboy niet onbewogen. Met zijn handen diep in zijn zakken legt hij aan Bram van Splunteren uit dat echte mannen uit Amsterdam-Noord komen. De letterlijke tekst weet ik niet meer en dat wil ik ook graag zo houden, maar zo zit het ongeveer in mijn hoofd.

'Mannen van Amsterdam-Noord, Bram, dat zijn de mannen. De echte mannen met een andere mentaliteit. Mannen van Noord rapten al in 1962, Bram. Ja, kan je lachen maar ik vertel je de shit. Mannen van Noord kwamen samen, daar, bij die kade waar ik nu naar wijs, en dan stonden ze urenlang met zijn allen naar die fokkingstad aan de overkant te rappen. Dat was legendarisch, dat is de shit waar we het nu nog over hebben, dat was de basis van de hiphop, mind you. Maar die mannen vonden dat gewoon natural. Dat was hun ding, Bram. Mannen van Amsterdam-Noord die rapten op een flow die wij nu niet meer kennen en, hell Bram, ik zeg je dat mannen van Amsterdam-Noord de absolute kings zijn. Hier, deze man naast me komt uit Amsterdam-Noord en hij kent de moves, hij kent de breakes en hij kent de shit want fok hij komt uit Noord. Dat is genoeg. Je komt uit Noord. Dan is het klaar. Uit. Hij is een fokking man van Amsterdam-Noord. Dat is genoeg, Bram. Ik vertel je geen joke, broeder.'

Aangekomen in Amsterdam-Noord legt Rudeboy uit hoe je schijntjes maakt. De danspas niet helemaal doen, maar hem suggereren. Op dat moment, zo te zien, het belangrijkste in zijn leven. Hij doet het even voor, maar niet te lang want ze moeten op zoek naar mannen van Amsterdam-Noord. Die zitten op verborgen plekken typische Amsterdam-Noord-dingetjes te doen.

Een schat van een jongen, Rudeboy. Altijd gevonden. Hoe boos hij ook was – op de wereld, op DJ DNA, op muziekkrant *Oor* na een slechte recensie, op Tom Holkenberg of op de eigenaar van comicwinkel Henk op de Zeedijk – je wilde hem altijd omarmen. Even troosten. Zeggen dat je het best wel een heel lieve jongen vond, al kwam hij dan niet uit Amsterdam-Noord.

Ik vind het ook zo lief dat hij bijna in ieder interview moet huilen. Emotie, dingen voelen, het hakt er bij Rudeboy altijd extra hard in. Of het nu om de zanger van XTC gaat, om het

eten van zestien hardgekookte eieren per dag, om de puur-
heid van de hiphop of hoe de media hem neerzetten, altijd
zwellen er tranen in zijn ooghoeken. Rudeboy is iemand die je
geëmotioneerd aan kan treffen op de groenteafdeling van de
C1000 met een avocado in zijn hand. Film hem en je hebt alweer prachttelevisie. 'Deze vrucht is een fokking vrucht uit
het Zuiden. Met een harde pit erin. Een pit met ziel en zacht
vlees eromheen, net zoals ik. Ik ben Rudeboy, en hé, just take
me as I am. Deze avocado ben ik. Zacht en hard. Better believe
it.'

Alles wat Rudeboy in zijn leven meemaakt is groot en belangrijk. Hij leeft al twintig jaar lang van grootste moment
naar grootste moment. Rudeboy heeft een hoofd vol gecon-
centreerde limonadesiroop, dat gaat vloeien en stromen als je
er een gebeurtenis in gooit.

Ik vergeef het hem allemaal, zelfs dat rare gedweep met het
originele kostuum van Tom Hanks uit de film *Saving Private
Ryan*. Ik heb hem er zelfs in op zien treden, met een wapen aan
zijn riem. Die verbeten kop in een soldatenuniform. De schat.

Vaak is het volkomen krankzinnig wat hij zegt, maar laten
we zuinig op hem zijn. Daar hebben we er in Nederland niet
veel van, popartiesten die het echt menen. Die jongen op dat
pontje leeft nog steeds. Rudeboy wist het toen zelf nog niet,
maar diep van binnen was hij toen al een echte man van Amsterdam-Noord.

Boksen

Op internet zag ik een filmpje van een bokser die op zijn donder krijgt. Zo gaat dat met boksen. Overmoedig worden omdat je heel hard op een zak kunt slaan. Dan de wedstrijd. Je vriendin zit aan een tafeltje, vlak bij de ring. Samen met je moeder. Gelukkig kunnen ze goed met elkaar opschieten. Je loert naar je tegenstander. Die heeft helemaal niemand bij zich. Hij kijkt alleen maar naar jou. Jij de zak, hij de vuisten. Je weet meteen: ik ben een jaartje te vroeg begonnen.

Net als ik denk dat hij nu gaat bezwijken onder die vierentwintig combinaties op het hoofd en het lichaam, dendert zijn moeder het beeld binnen. Dat is erg ontroerend. Zij vergeet het publiek. Iemand slaat haar zoon en ze kan het niet langer aanzien. Ze ziet er ook nog eens uit als de moeder der moeders. Met een heel lief jurkje aan. Ze heeft haar schoenen uitgedaan en slaat daarmee in op de tegenstander van haar zoon.

Wat een prachtig gebaar. Een vrouw die haar schoenen uitdoet. Bijna net zo mooi als een vrouw die geld tussen haar borsten stopt. Of de klap met de vlakke hand in het gelaat. Het glas wijn in het gezicht. Allemaal klassiekers.

De boksende zoon geneert zich een beetje. Bij de moeder zie ik onvoorwaardelijke liefde zonder schaamte. De zoon moet eerst nog wat leven om de schoonheid van dit moment te begrijpen. Zoals ik.

Toen ik dertien jaar oud was werd er, tijdens de les, aangeklopt bij onze lerares Engels. Ongewoon. Alle leerlingen keken op. De deur zwaaide open en daar stond mijn moeder. Met een broodtrommel en een peer. De peer was met een elastiek op de broodtrommel gebonden. Ik schaamde mij toen voor mijn moeder. Nu pas, een leven later, begrijp ik dat het pure liefde was die haar tot aan de deur bracht. Je zoon helpen, ook als er mensen kijken, daar is moed voor nodig. Dank je wel, mama. Heerlijke peer!

De voetbalveiling

Als ik een kantine van een amateurvereniging binnenkom mag ik graag kijken wie de geldschieters zijn. De plaatselijke weldoeners. Vaak zijn het mannen met dikke rode koppen die vanuit een strategische positie bier blijven uitdelen aan arme mensen die de volgende dag weer naar hun werk moeten. Het zondagmiddagsfeertje. Allemaal mannen met natte haren om een sporttas heen, tante Dina dollen met haar nieuwe kapsel, godverdomme Bea wat is die dochter al groot geworden en om te zieken allemaal tegelijkertijd een broodjes bal zonder mosterd, nee weet je wat doe toch maar wel, nee toch maar niet, bestellen bij Schele Sjonnie die morgen precies zevenenzestig jaar achter het snackbuffet staat. Die sfeer. Kleedkamers die zijn vernoemd naar een van de big shots. 'Deze kleedkamerdeur werd geschonken door rijwielhandel Dopperts, ook voor al uw visschotels.' Je ziet ze zo naar hun auto lopen, 's avonds, de rijke mannetjes. Weer veel te veel rondjes weggegeven aan de jongens in ruil voor een omhelzing en een vaste zitplaats op de vorig jaar in een weekend gebouwde tribune, die inderdaad misschien wel comfortabeler was geweest als hij niet pal op het oosten was gebouwd.

Ik zoek het op, die romantiek. Openingen van nieuwe clubhuizen, ze ontroeren mij. Heerlijke toespraken. 'En ja mensen, dan wil ik toch, en ik weet dat hij er niet van houdt, dan wil ik toch ome Tonnie even naar voren hebben, ja mensen, ja, nee het is je gegund ome Tonnie, dames en heren, ome Tonnie heeft alle kranen gemonteerd in de kleedkamers van de tegenpartij want dat moet ook iemand doen, haha, maar goed, mensen, ja je kunt weer gaan zitten Tonnie, leuk haar heb je trouwens, haha, maar mensen, lieve mensen van B.K.O.V.G., we kunnen trots zijn op deze nieuwbouw die onze vereniging weer met twee benen stevig in 2005 zet want met een teil warm water van de kantine in je blote toges naar de kleedkamer lopen dat was dan wel die typische B.K.O.V.G.-sfeer maar ik wil nogmaals Van der Wal Mengkranen bedanken voor de belangeloze kranen, applaus!' Die lange stoet van clubmensen, met van trots gezwollen borstjes. Langs voorzitter Ruwiel, voor al uw hang-en-sluitwerk.

Twee weken geleden reed ik door Lisse en verdomd, de zo kenmerkende enorme gele houten borden langs de weg. De grote FC Lisse-veiling. LAAT ONS NIET IN DE STEEK HET WOORD IS NU AAN DE KOPERS, stond er op de borden. Ik zou er zijn. Voor hen. Voor de kleedkamers en voor mezelf.

Research, dat was bij een veiling erg belangrijk. Ik had er al wat meegemaakt. Zo nauwkeurig mogelijk de producten leren kennen die de meeste emoties los gaan maken bij de clubmensen. Een gesigneerd shirt van Dirk Kuijt interesseerde me niet. Dat was het bekende werk. Ik was juist dol op de op geel kopieerpapier geprinte cadeaubonnen van de plaatselijke middenstand. Die sloegen een bruisende veiling bijna altijd dood. Tussen al die geweldige collector's items opeens 'twee keer gratis wassen en haar drogen bij kapsalon Riet en Adje', dat brak zo'n avond in tweeën. Maakte het ordinair. Ik bekeek op internet de lijst met te veilen artikelen. Alsof Cees Buddingh' hem had geschreven. Ik zag verbijsterd een readymade van een paar duizend woorden. Een gedicht, niet meer en niet minder. Ik kon op een willekeurige plek zes artikelen uit deze lijst halen, ze achter elkaar zetten en hij stond over vier jaar bij de honderd mooiste gedichten van Nederland.

VOOR DE KLEEDKAMERS

Bollenpakket
geschonken door
Langeveld.

Sierkip voor tuin (bruin)
en
apk geschonken door
Bandeko.

Fietspomp
geschonken door
Cor Oppelaar.

Twee windlichten.

Een optreden van
Tom Blekendaal.

Aangeboden door
Tom Blekendaal.

Ik ging dit gedicht live zien. Wat een genot. De kantine van FC Lisse. Redelijk gevuld. Ik was net op tijd. De gebruikelijke zenuwen vooraf. Deed de geluidsinstallatie, ter beschikking gesteld door Karel Geluidskoning Voor Al Uw Geluid het wel? Klonk goed. Lekker veel sub in het laag. Niks meer aan veranderen. Een laatste instructie aan alle medewerkers. De bouwtekeningen waren niet opgehangen. Gerommel in een hoek, rolletje tape tussen de tanden en hij hing al tegen het raam, vlak naast het gesigneerde shirt van FC Den Bosch. De schijtlollige veilingmeester zat ook al klaar. Goeie kop. Lekker los. Hij had er zin in. Blijkbaar voetbalde hij bij FC Lisse want er werd veel gegroet, op schouders geslagen en gezwaaid. Ik zag hem in zijn aantekeningen kijken. Bij alle producten een gebbetje voorbereid. Hem maakte je niet gek.

Zo wild als indertijd bij de veiling van FC Osdorp zou het wel niet worden. Daar kreeg iemand na zijn bod van twee euro van de veilingmeester meteen de goede raad om daar maar cyaankali voor te kopen. Amsterdamse humor. Deze veilingmeester had alles goed onder controle. Daar gingen we. Een hoop gelul vooraf dat het allemaal heel erg was van de kinderen met zonder toekomst en dat dat geld er gewoon moest komen maar ook de kleedkamers natuurlijk nou mensen heerlijk avond allemaal succes applaus voor de voorzitter! Het eerste product maakte niet veel los. Een luxe champagneset. Ik snapte het ook wel. Even was de concentratie weg bij de aanwezigen. Want wat stond Jeanette, de dochter van Dien en

Kees, daar nou in een strak tietenshirtje met die mand boven haar hoofd? Leuke buik als je van buik hield. Het was voor iedereen even wennen. De producten volgden elkaar razendsnel op. Daar kwam mijn gedicht. Een bollenpakket. Doodstil was het in de zaal. Het leek me ook niet echt een lekkere prijs in Lisse. Zat je de hele dag tussen die kolerebollen, toeristen met je op de foto, Japanners in hordes door het veld, zat je bij je club, wéér die fucking bollen. Dat wisten we nou wel. Ze gingen liever dood dan er een cent op te bieden. Daar was Jeanette weer. Ze paradeerde met een bloot naveltje en een bruine sierkip in haar hand langs de aanwezigen. Was eigenlijk foute boel, voor mijn gedicht dan. Er kwam nu een rare dorpse geile lading bij die de poëzie geen goed deed.

Het optreden van Tom Blekendaal namens Tom Blekendaal ging voor een paar tientjes van de hand voor die meneer daar achterin. Ik keek achter mij wie zijn performance had gekocht. Dat werd een altijd moeilijk optreden achter in een garagebedrijf voor Tom.

Door ging het. Ontelbare onverkoopbare amaryllispakketten en pang, daar werd mijn avond gered door slagerij Clemens. Eén kilo varkensrollade. Werd ingezet op vijfentwintig euro. Gekkenwerk leek me. Bij de kiloknaller kocht je er drie voor die prijs. Het ging loos. Dertig euro geboden door een man voor in de zaal. Meteen een tegenbod. Ram, weer eroverheen, weer eroverheen. De varkensrollade deed al ongeveer een tientje per ons. Hier werd een koningsdrama uitgevochten. Piet Steeks die de doelen ooit had geschonken en Daan Bodemans die de dug-outs had gedoneerd, knokten voor wat ze waard waren. Het ging om het leiderschap van de club.

Geen duimbreed werd er toegegeven. Honderdtachtig euro. Twijfel bij Bodemans. Toch nog honderdnegentig. Stilte. Ver- kocht.

Volgende week eten alle medewerkers van Piet Steeks Zon- neschermen, ook voor al uw tuingereedschap, twee dagen rol- lade. Steeks, onthoud die naam. De keizer van Lisse, tot de volgende veiling.

The making of 'Last Christmas'

Ik ken George Michael goed. Sterker nog, hij ligt hier nu naast me op de bank met allemaal kots in zijn sik. Meneer is vannacht weer eens wezen cruisen in Rotterdam en kwam zo te zien uiteindelijk bij Shoarma Tonnie terecht. Andere mensen zouden daar misschien op afknappen, een gozer met wimpers van zes centimeter in een politiepak, die met zijn billen omhoog op je bank ligt te slapen, maar George en ik kennen elkaar al wat jaartjes. Om precies te zijn uit de tijd van zijn single 'Last Christmas'. Dat zit zo.

Ik zat in 1984 een beetje slecht met mijn ex-vrouw die al zes jaar iets bleek te hebben met de haringboer van de overkant. Ik heb toen impulsief twee moonboots gekocht, een fluorescerend skipak en een wintersportvakantie geboekt in Kaulzbach am Kuckensee. Het was precies wat ik ervan had verwacht. In mijn pak, met mijn harige moonboots tegen me aangedrukt, dronken op de vloer jankend in slaap vallen.

Zo lag ik op 12 november 1984 midden in mijn blokhut toen ik wakker schrok door luid gelach. Ik kroop op mijn knieën naar het raam en zag twaalf aangeklede moderne jonge mensen met weekendtassen aan komen lopen. Het waren stelletjes. Zes mannen met kapsels alsof ze keyboard speelden bij

Duran Duran en zes witte Engelse vrouwtjes. Kijk, ze hadden hun vakantiehuis gevonden. O o wat waren die klootzakken gelukkig en wat moesten ze dat aan iedereen laten zien. Terwijl ik iedere ochtend onderkoeld wakker werd met mijn hoofd tegen de verwarming aan, hadden die eikels het gewoon gezellig. Ik bleef ze de hele dag bekijken. Steeds ging de voordeur open en deden ze allemaal typische wintersportdingetjes. Ze peperden elkaar in.

Kijk, de deur ging weer open. Ik nam mijn positie naast het gordijn in. Adolf Dijkshoorn in zijn adelaarsnest. Niets ontging me. En toen zag ik pas wie daar door de sneeuw sjokte. George Michael! Ik had hem niet meteen herkend. Ik kende hem alleen uit de clip 'Club Tropicana' in een witte zwembroek met een saxofoontje in zijn hand. Ik bracht mijn hoofd iets dichter naar het raam. Hij liep met een meisje. Nou nou, wat had meneer het naar zijn zin en wat moest hij lachen om haar vrouwenhumor. Hij raakte haar aan. Arm om haar heen. Hij wees en zij keek. Kijk, daar in de verte zagen ze een hertje. Binnen zag ik zijn vrienden lachend de kerstboom optuigen. Het hertje vluchtte naar het woud en George en zijn vriendin holden snel naar binnen, waarschijnlijk om te vertellen hoe dit magische moment hun leven had veranderd. Ik gleed in mijn moonboots, trok de deur achter me dicht en liep naar hun huisje.

Aankloppen. Andrew Ridgeley, de sidekick van Wham, deed open. Achter hem in de kamer gingen zijn vrienden door met het optuigen van de kerstboom. 'Kan ik u helpen?' vroeg Andrew. Ik duwde hem opzij en wandelde de kamer binnen. Het ging nu even om George. Eerst tilde ik de kerstboom boven mijn hoofd en flikkerde die in een hoek. Ik had de aandacht. 'Sorry als ik erg stoor bij de wereldkampioenschappen heteroseksueel Kerst vieren. Ik heb begrepen dat hier illegaal twee homo's staan te doen alsof ze een vriendin hebben. Hij en hij daar.' George begon een emotioneel verhaal over dat het niet uitmaakte en dat we van binnen allemaal dezelfde kleur hadden. Ik onderbrak hem met een lel op zijn musketierbaardje.

'Man, wat sta jij nou te lullen. Luister nou, iedereen ziet het op kilometers afstand. Moet je kijken hoe je eruitziet. Alsof je een kapperconcours hebt gewonnen. Kijk nou even naar jezelf. Niemand gelooft ooit dat jij een vriendin hebt. Je loopt met een dikke trui en een sjaal om je nek in een legging door de sneeuw te huppelen. Gillen van de pret als je vrienden een sneeuwbal gooien? Meneer huilt om hertjes.'

Discussie in de groep. Het maakte wel iets los. George vond ook dat ik wel een punt had. Hij waardeerde mijn eerlijkheid, maar het kwam nu een beetje kut uit want ze gingen net een soort clip opnemen voor Wham. Daarna zou hij er zeker aan gaan werken. 'Ja, dat zeggen alle readyfreddies, maar de vraag is: wat gaan we eraan doen, George? Luister, die Andrew Ridgeley die nu met zijn hand op je reet naast je staat, moeten we die niet eens ontzettend hard de waarheid gaan zeggen? Wie kan er hier nou zingen? Wie schrijft hier alle nummers, George? Precies. Jij. Wie schreef 'Young guns go for it'? Juist, dat was jouw talent. 'Wake me up before you go-go', godverdomme jongen dat is pure poëzie. Ridgeley, ja ik heb het tegen jou, kan jij niet een ontzettend eind optiefen. George is de man. Luister nou, even serieus, maar dat ziet er toch niet uit, in iedere clip twee sissieboys die net staan te doen of ze keihard van voren willen op een vrouw met tieten. George, neem nou van mij aan, jouw echte vrienden verkleden zich als bouwvakker of als indiaan om zich op muziek van de Village People heerlijk rauw te laten rammen in een park. Die mensen daar, die ziekmakende kluit vrolijk bewegende Hematruien hier vlak voor me, die zitten jouw carrière in de weg, George. Kom op. Pak jezelf bij elkaar, loop met mij dit huisje uit en zeg: ja, ik doe ertoe. Ik zing met een hoog stemmetje gereanimeerde disco met een leren string onder mijn jeans, maar maakt mij dat een minder mens? Nee! Ik smeek je, neem hem niet op George, die clip. Doe het niet.'

Die kandelaar van Andrew Ridgeley heb ik nooit aan zien komen. In de clip zie je mij, als je goed kijkt, achter de kerstboom liggen. De rest is geschiedenis. Zeven jaar later beleefde George zijn coming-out en datzelfde weekend belde hij me op en heeft hij eigenlijk alleen maar gehuild. Andrew Ridgeley, de andere zanger van Wham, is nu medewerker kartonnen dozen klaarzetten bij een middelgroot veevoerverwerkingsbedrijf. Dat is de les van dit kerstverhaal. Wees wie je bent.

Paralympische Spelen

Dit wordt een ongemakkelijke column. Ik moet iets bekennen. Ik kan nauwelijks kijken naar de Paralympische Spelen. Niet uit tijdgebrek maar omdat ik er niets aan vind. Het is sporten met een gebrek. En dat kijkt niet lekker.

Zo, dat is eruit. Ik merk aan mijn versnelde ademhaling dat ik op een taboe ben gestuit. Je moet de Paralympische Spelen namelijk vooral prachtig vinden. Nee, het is anders. Je hoeft het niet te vinden maar je moet het in ieder geval zeggen. Ik breng dat niet meer op. Sorry. Ik vind het niet om aan te zien.

Ik kijk naar rolstoeltennis en denk maar één ding: het is geen echt tennis. Bij tennis spring je omhoog en smash je een bal in de verste hoek. Dat kan niet bij rolstoeltennis. En dat vind ik nu juist zo mooi, dat springen en duiken.

Het is prachtig dat gehandicapte mensen sporten. Blind zijn en dan een wedstrijd willen voetballen. Geen benen meer hebben en toch willen zwemmen. Ga eraan staan. Die ambitie begrijp ik, maar als kijkspel vind ik het niets.

Daar denken de verslaggevers in China heel anders over. Alsof je naar de finale van Wimbledon zit te kijken, zo opgewonden is de toon. Ik denk dat de reporters die hoorden dat ze wedstrijden tijdens de Paralympische Spelen moesten becommentariëren even hebben gevloekt. Waarom zijn Mart Smeets en Jack van Gelder niet wat langer gebleven? Waarom zie ik geen Bekende Nederlanders meer? Waarom staat Humberto Tan niet meer te schreeuwen in het Holland Heineken House, met een paar krukken boven zijn hoofd? Omdat ze sporten zonder handicap leuker vinden om te doen.

Jaren geleden tijdens de Dam tot Damloop voelde ik ook al een grimmige woede richting rolstoelers. Stond je uren langs de kant en dan kwamen er drie Kenianen de hoek om, met vlak naast zich een keihard aan zijn wielen draaiende invalide. Had ik hetzelfde. Knap, maar het is geen lopen.

Ik ben nooit tot harde acties overgegaan. Ik heb nooit een stok in hun wiel gestoken. Ik heb na de wedstrijd nooit aan een invalide deelnemer gevraagd: 'Zeg, jij daar, hoe heet deze wedstrijd? Juist. De Dam tot Damloop. En wat deed jij? Rollen ja.'

Ik moet eerlijk zijn. Ik kan niet volop genieten van mensen die geblinddoekt een bal in het doel van de tegenstander proberen te rollen. Ik vind het prettiger om naar zwemmers te kijken die geen handicap hebben. Die zwemmen namelijk sneller. Ik kijk graag naar mensen met benen, die zo snel mogelijk de honderd meter proberen te hollen. Een man met een onderlichaam van polytheen carbon fiber, die met de tred van een doodsbange kangoeroe op de finish af stuitert vind ik verbazingwekkend, maar niet mooi.

Ik denk dat veel meer mensen er zo over denken, maar daar merk ik tot nu toe weinig van. Ik zie Schiphol niet vollopen voor de medaillewinnaars. Dat zegt niets over hun prestatie. Die bewonder ik. Als ik er maar niet naar hoef te kijken.

Al die geacteerde oh's en ah's, de geveinsde opwinding van commentatoren tijdens wedstrijden, ik geloof er helemaal niets van. Dat manische Erica Terpstra-geram op de schouders.

Mocht ik ooit invalide worden, dan hoop ik dat u eerlijk bent. 'Schitterend gedanst, Nico, die chachacha in je rolstoel', dat wil ik niet horen. U hoeft niet te komen kijken en ik zal het met veel plezier doen.

De blues jamsessie

Ik zit in de auto en hoor John Lee Hooker. Aha! Radio iets harder. Ik realiseer me meteen weer waar Hooker zo goed in was. Neuken met zijn mond. Hoor hem kreunen. Ik rond mijn bocht in de richting van Apeldoorn net iets scherper dan nodig is. Zingen alsof je altijd gezogen wordt, dat was zijn handelsmerk. Ik vergeef hem grootmoedig zijn uitstapje met de verlichte heilsoldaat Santana, die nu voor straf de rest van zijn leven met Wyclef Jean moet samenwerken.

Luister eens, wat een lekker plaatje is het toch. Opeens een vreemde echo op zijn gitaar. Dan, als een mokerslag, een synthbas erin. Het is de vreselijke Franse diarreemix van St. Germain. Auto aan de kant. Wat is dit voor lauwe pis? Een schot hagel in het gezicht van de oude bluesman, deze bewerking. Razend word ik. Ik kreun zo hard mogelijk door de muziek heen, maar blijf de weeë housebeat dwars door Hooker heen horen. Steeds kwader word ik. Er moet een daad worden gesteld. Ik, Nico Dijkshoorn, zal de kern van de blues opzoeken. Ergens in een oude schuur in De Peel moet toch een Nederlandse bouwvakker bezig zijn op een Telecaster, wat zullen we nu krijgen.

Het internet op. Ha, kijk, 'Maloe Melo, home of the blues'.

Dat moeten we hebben. De pure bluesmentaliteit. Loners op reis. Spelen voor een glas bier. Eenzaamheid voelen en dan lotgenoten treffen in Maloe Melo. Op dinsdag, sowieso de bluesavond bij uitstek, is er een jamsessie. Edelsteentjes zullen ertussen zitten. Op weg!

Maloe Melo, dinsdagavond tien uur 's avonds. Lekker binnenkomen is anders. In plaats van vier zwarte vochtige muren tref ik een middelgroot proeflokaal aan. Godallejezus waar ben ik terechtgekomen? Ik kijk om mij heen. Achter in de kroeg zie ik twee klapdeurtjes die de concertzaal scheiden van de bar. In de hoek bij het toilet een uit papiermaché geknede cactus met een cowboyhoedje erop. 'Gemaakt door ome Kobus.' Aan de wanden hangen ongeveer veertienhonderd foto's van de eigenaar, terwijl deze zich als een met blues voedende amoebe in de nek van echte blues-Amerikanen vastzuigt.

Kijk nou! Verdomd, daar staat hij in het echt. Achter de bar. Hij rookt tegen zijn zin in een sigaar, want hij is de baas. Beetje human interest van mijn kant. Ik vraag hem of er een jamsessie is. Ja, dat klopt. Of ik mijn eigen gitaar bij me heb. 'Ik speel geen gitaar, ik kom kijken,' antwoord ik. 'Als je gitaar wilt spelen moet je hem zelf meenemen, namelijk, vandaar dat ik het zeg, dus eigen gitaar mee hè, oude pik, veel plezier, eigen gitaartje hè, dat weet je toch?'

Dat heb ik inmiddels wel begrepen. Het café vult zich langzaam met een ontzagwekkende hoeveelheid gitaristen. Nergens een bassist te bekennen. In plaats van klaverjassen eens een avondje fijn bluesen. Alsof we met zijn allen op de grote schoolvakantie staan te wachten zo opgewonden wordt er samengedrongen voor de klapdeurtjes. Iedereen praat net even iets te hard.

Binnen is men klaar met soundchecken. Zo direct vindt de bestorming van het podium plaats. Dertig rode koppen met een gitaarhalsje op hun rug. De deur zwaait open. De huisband kijkt verveeld op als we binnenkomen. Ze hebben net hun contractueel verplichte portie saté ajam naar binnen gewerkt en daar zijn die klerelijers van een gitaristen alweer. Aan de slag maar weer.

Hopla, de eerste gitarist het podium op. Heel verhaal. Meneer is helaas ook stand-up comedian. Ja mensen, het is wat met de blues, nou. Hij zei gisteren nog tegen zijn vrouw, dat is wat, met de blues, dit en dat, nou ja, lachen gewoon. Hij wil het volgende nummer spelen voor zijn achterlijke kleinzoon, Peter, van wie hij foto's bij zich heeft, vlak voor en vlak na het ongeluk, dus zo direct, in de pauze zijn we van harte welkom. Het nummer heette 'Blues voor Peter' en het is dus een blues. Tik tik tik tik en daar gaat hij. Zoals bijna iedere bluesmuzikant laat hij in een open e-akkoord wat snaren rinkelen en kijkt er moeilijk bij.

Mooie sfeer in de zaal. Niemand luistert. Alsof we met zijn allen op een broodje bal zonder mosterd staan te wachten. Nog vijftien mensen voor ons, dan mogen wij. Dit heeft weinig van de rokerige sfeer die ik dacht aan te treffen. Hier wordt geen muziek gemaakt maar hier wordt gemasturbeerd voor een gemêleerd publiek. Daverend applaus, meneer is klaargekomen. Terug naar Ouddorp, want morgen moet hij weer vroeg naar het werk.

Pang, daar springt de volgende gitarist al op het podium.

Meneer is een gekkie. Minutenlang geschreeuw. Of we allemaal happy zijn. Nee. Ook hij vertelt een heel verhaal. Hij is er
net achter dat de blues vanuit de Mississippi-delta in de vorm
van een klein insect via de Rijn ons land is binnengekomen.
Wat we daarvan vinden. De begeleiders kunnen het niet langer aanhoren. Tik tik tik tik. Een moordend snelle shuffle
wordt er ingezet. De zaal leeft op. Geamuseerd kijken we toe
hoe de ouwehoer tot zesmaal toe probeert in te vallen. Tevergeefs. Alle malen minstens drie seconden te laat. We genieten.

De volgende gitarist. Een bizarre sfeer. Niemand luistert naar
elkaar. Er wordt niet gepraat. Distributie bij een methadonbus,
daar kan je het mee vergelijken. Ik probeer het ijs te breken. Ik
wil communiceren met deze levende wezens. Aan de bar vraag
ik aan een gitarist naast me hoe hij het doet. 'Ongelooflijk wat jij
doet, witte bluesman, met vijf vingers tegelijk, je lijkt wel gek.
En ze zijn van hout toch, gitaren, ja, dat is mooi spul, hout, want
dat resoneert. Nou complimenten hoor. Je bent een hele goede
bluesjongen, groeten aan je vrouw.' Net de verkeerde heb ik
aangesproken. Hij laat me een plectrum zien. 'Nee, dank je, net
gegeten,' zeg ik. Een oude grap van Memphis Blind Lemon
Sam, maar weet hij veel. 'Het is een plectrum,' legt hij mij uit.
'Voor de snaren.' Deze gek begint me te vervelen. 'Snaren ja, dat
is ook mooi materiaal hè. Altijd nieuwe gebruiken hoor, dat
moet namelijk. De beste bluesmuziek wordt met nieuwe snaren opgenomen, maar ik vertel jou niets nieuws, oude pik.' Snel
weg.

Binnen staat men nu roerloos te kijken naar een man met
een enorme baard. Ook hij werd wakker deze morgen, hoor
ik. Dat is universeel, in de blues, dat je 's ochtends wakker

wordt en dat je het dan aan andere mensen vertelt. Zeg het in een bakker en je wordt de straat opgekeild. 'Ik werd vanmorgen wakker, mijn benen waren weg.' Sla je er een akkoordje bij aan, dan musiceer je opeens vanuit een eeuwenoude traditie.

Ik trek het niet langer. Nog even naar de barkeeper toe. 'Zeg, oude rammer, ik moet morgen weer vroeg katoen plukken, ik ga eens op huis aan. Je moet even naar binnen want ik zag drie mensen zonder eigen gitaar binnen. Ik zeg nog, mag niet van de eigenaar, je moet je eigen gitaar hebben, maar ze lachten me gewoon uit.' Weg is hij al.

Ik ook. Lopend langs de Lijnbaansgracht mompel ik in mijzelf. 'O Heer, U gaf de Nederlanders blues en kijk wat ze ermee doen. Neem het terug, Heer. Neem de blues tot U en trek haar met wortel en al uit de premie-A-woningen. Laat alle samples veranderen in wijn. Laat niemand 's ochtends meer wakker worden. Dank U.'

Het zwembad

Niets dat de verloren jeugd zo sterk oproept als de lucht van chloor. Ik hoef maar langs een zwembad te rijden en het slaat als een golf door mijn lichaam. De weemoed. De onschuld. Zwemmen deed je toen je nog niets hoefde. Zwemmen deed je als het lekker weer was. Als je in je korte broek naar huis reed. De opwinding. Thuis je tas met boeken in een hoek smijten, je zwembroek, je handdoek en je abonnement in een tas doen en dan snel naar zwembad De Poeloever.

Met zeven jongens en meisjes naar een zwembad rijden. Veel beter wordt het leven niet. Alles is nog mogelijk. Er staan veertienhonderd fietsen en toch vind je een plekje. Het genot van het abonnement. Je hebt inmiddels geleerd hoe je dat zo onverschillig mogelijk omhoog moet houden. Andere mensen in de rij, zonder abonnement, kijken je na. Ja, jij bent een door de wol geverfde zwembadbezoeker.

Die heerlijke grijze haken waar je je kleding aan ophangt. Pas drie jaar geleden, ongeveer veertig jaar te laat, begreep ik dat de twee onderste kromme stukken voor de schoenen zijn. De kleedhokjes. Het gekloot met het slot. Die belachelijke angst, toen al, dat iemand je lulletje ziet. En dan misschien wel het fijnste van een zwembad. Het naar elkaar roepen. 'Rob!

Rob!' 'Ja, wat is er?' 'Rob, je hebt een mongolenkop.' Het gelach. Om jou. Ik denk dat veel cabaretiers zijn begonnen in
een zwembad.

En dan het water. Het geschreeuw. De rij bij de duikplank.
De net iets te wilde sprongetjes in het gras, van jongetjes die
later nooit meer zo zullen springen. Zorgeloos. Twee gulden
vijftig onder je handdoek, om patat te kopen. Je wang tegen al
die blote ruggen voor je als je op je beurt wacht. En dan het
water. Boven je hoofd. Alles is stil en als je bovenkomt gil je.
Van blijdschap, al weet je niet waarom.

Inhoud en verantwoording

Op een dag was hij er gewoon: Kuif den Dolder, misschien wel de beste voetballer die Nederland gekend heeft. Een stille, dromerige jongen die graag naar de bomen keek en over knaagdieren las, maar tegelijkertijd een fenomenaal talent had voor de bal. Hij bracht de toeschouwers in Uffelte in vervoering, maar bleef zowel op als buiten het veld voor iedereen een raadsel.

In *De tranen van Kuif den Dolder* gaat Nico Dijkshoorn op zoek naar de legende die net geen legende werd. Door intensieve gesprekken met teamgenoten als Zweep Dukels en Kuitje Ruwiel, trainer Dolf Seegers en de mysterieuze Anneke Veldkamp probeert Dijkshoorn een antwoord te vinden op tal van vragen. Wie is de man die vertegenwoordigers van AC Milan de deur wees? Wat gebeurde er precies in België? Waarom werd hij niet onze Kuif?

'De roman zorgt voor een voortdurende glimlach op het gezicht, die op bijna elke pagina wel een keer overgaat in een schaterlach. [...] een aaneenschakeling van prachtige, herkenbare voetbalromantiek. [...] dolkomisch maar ook ontroerend [...] Kuif den Dolder is een hilarische variant van Kick Wilstra voor volwassenen.' *Dagblad van het Noorden*

'Het zijn die absurditeiten die maken dat je het boek met een constante glimlach leest. Cijfer: 8.' *Sportweek*

'Een van de beste sportboeken van 2009. Wie iets hilarisch wil wordt overtuigend bediend door Nico Dijkshoorn met *De tranen van Kuif den Dolder*.' *Het Parool*

ISBN 978 90 468 0533 6